Solaris

유닉스 에센셜

Unix Essentials for End User

박 영 준 저

도서출판 상 학 당

이 책의 머리말

1969년 초기 유닉스가 개발된 이래 지금까지 유닉스는 눈부신 발전을 거듭해 왔습니다. 인터넷이라는 거대한 네트워크를 통하여 전 세계의 모든 컴퓨터가 엮여지면서 모든 정보들은 인터넷을 통하여 서로 주고받고 공유하는 시대가 되었습니다. 이러한 인터넷의 기반에 바로 유닉스가 위치하고 있습니다.

운영체제라고 하면 제일 먼저 마이크로소프트사의 Windows나 애플사의 Mac OS 등이 먼저 떠오를 것입니다. 그러나 이러한 운영체제 이외에 유닉스가 근래에 폭발적인 증가세를 가져오고 있습니다.

유닉스는 이제 인터넷 서비스 제공업체, 기업 네트워킹 전문가 및 많은 프로그래머와 시스템 개발자들 사이에서 최고의 운영체제로 매우 빠르게 성장하고 있습니다. 특히 유닉스는 신뢰성과 확장성이 뛰어나 엔터프라이즈 IT 환경에 가장 적합한 운영체제입니다. 또한 조직의 규모가 커가면서 확장성뿐만 아니라 비용 측면도 고려되어야 하는데 이 점에서 저렴한 운영체제인 유닉스는 최상의 선택이 될 수 있습니다.

유닉스 시스템의 사용자는 크게 시스템 관리자와 일반 사용자로 구분할 수 있는데 시스템 관리자는 다시 서버 관리와 네트워크 관리로 구분할 수 있습니다.

이 책은 일반 사용자를 위해 가장 널리 사용되는 솔라리스(Solaris) OS를 중심으로 유닉스의 기본적인 내용을 서술한 책으로 전체적으로 두 부분으로 나누어 Part Ⅰ은 유닉스 기본, Part Ⅱ는 유닉스 응용으로 구분하여 총 13개의 장으로 구성되어 있습니다. 특히 유닉스를 처음 대하는 사용자를 위하여 다양한 예를 중심으로 이해하기 쉽게 구성하였습니다.

Part Ⅰ 유닉스의 기본 부문의 Chapter 1에서는 유닉스에 대한 간단한 소개를 하였고, Chapter 2에서는 유닉스 설치에 관하여 서술하였는데, 특히 일반 사용자의 경우 별도의 유닉스 시스템으로 운영하기 보다는 기존의 MS-Windows 환경에서도 쉽게 유닉스를 설치할 수 있도록 VMware 워크스테이션을 이용하여 솔라리스를 설치하는 방법에 대하여 설명하고 있습니다. Chapter 3에서는 처음으로 유닉스를 사용하면서 필요한 내용, 기본 명령 그리고 유닉스 전반에 대한 팁 등을 설명하였습니다. Chapter 4에서는 파일시스템을 구성하는 파일 및 디렉토리에 대한 내용 및 명령에 대한 설명을 통하여 파일시스템을 이해할 수 있도록 하였고, Chapter 5에서는 유닉스 전반에 효율적으로 사용할 수 있는 메타문자에 대하여 설명하였습니다. Chapter 6에서는 유닉스 상에서 파일을 편집할 수 있는 vi 편집기를 다루는 명령들에 관하여 설명하였습니다.

Part Ⅱ 유닉스의 응용 부문의 Chapter 7에서는 파일과 디렉토리 보안과 관련하여 퍼미션의 설정 및 변경에 관하여, Chapter 8에서는 유닉스 셸에 관하여 알아보고 특히 시스템 관리에 널리 사용되는 콘 셸에 관하여 자세히 설명하였습니다. Chapter 9에서는 유닉스 사용에 있어 특히 유용한 명령어들을 선별하여 설명하였습니다. Chapter 10에서는 파일을 아카이브하거나 압축하는 방법을, Chapter 11에서는 앞으로 시스템 관리에 필수적인 셸 스크립트 작성을 위한 기본적인 프로그래밍에 대하여, Chapter 12에서는 프로세스와 작업관리를 위한 기초적인 명령에 대하여, Chapter 13에서는 유닉스에서의 통신 및 네트워크와 관련된 기본 명령인 telnet, ftp, e-mail 사용에 대한 설명을 하였습니다.

특히 이 책은 대학의 저학년에서 한 학기 교재로 사용할 수 있도록 구성하였으며 기초에 충실할 수 있도록 하였습니다. 아무쪼록 이 책을 기본으로 하여 유닉스를 이용한 시스템 및 네트워크 관리에서도 효율적으로 할 수 있는 밑거름이 되었으면 합니다.

유닉스 운영체제를 배울 때 가장 중요한 것은 눈으로만 학습하는 것이 아니라 모든 명령을 실제로 입력해 보고 반복적으로 실행해봄으로써 완전히 자신의 것으로 만드는 것이 중요합니다. 가능하면 자신의 PC 환경에 유닉스를 설치하여 일상적으로 사용할 수 있도록 만드는 것도 좋은 방법이 될 것입니다.

끝으로 그동안 저의 강의를 열심히 들어준 학생들에게 먼저 감사의 마음을 전하며 이 책의 출판을 도와주신 상학당 임직원들께 감사를 드립니다.

2010년 10월

저자 씀

이 책의 차 례

Part I 유닉스 기본

Chapter 1 유닉스 개요 / 11

Chapter 2 유닉스 설치 / 23

Chapter 3 유닉스 시작하기 / 79

Chapter 4 디렉토리 및 파일 다루기 / 107

Chapter 5 메타 문자 / 135

Chapter 6 vi 편집기 / 153

Part Ⅱ 유닉스 응용

Chapter 7 파일 보안 / 173

Chapter 8 유닉스 셸 / 187

Chapter 9 유용한 명령어 / 215

Chapter 10 파일 압축 및 백업 / 241

Chapter 11 셸 스크립트 / 261

Chapter 12 프로세스 및 작업관리 / 281

Chapter 13 통신 및 네트워크 기본 명령어 / 299

Part Ⅰ
유닉스 기본

Chapter 1

유닉스 개요

1. 유닉스 소개
2. 솔라리스 소개
3. SunOS 운영체제

1. 유닉스 소개

우리가 공부하고자 하는 유닉스는 컴퓨터 운영체제의 하나입니다. 따라서 운영체제가 무엇인지 간단히 알아보고 유닉스가 무엇인지에 대해서도 알아보기로 합니다.

운영체제란

우리가 컴퓨터를 이용해서 작업을 할 때는 프로그램(program)을 이용합니다. 이렇게 사용자가 작업이나 임무를 수행하기 위하여 직접 실행시키는 프로그램을 응용 프로그램(application program)이라고 합니다. 응용 프로그램은 컴퓨터 하드웨어 상에서 직접 실행시킬 수는 없습니다. 컴퓨터 하드웨어 및 소프트웨어 전체를 제어하고 관리하는 소프트웨어가 하드웨어 상에 먼저 설치되어 있어야 응용 소프트웨어를 실행시킬 수 있습니다.

이렇게 응용 프로그램이 컴퓨터 하드웨어와 상호작용을 할 수 있게 해주는 소프트웨어를 운영체제(Operating System : OS)라 합니다. 개인용 PC, 기업에서 사용하는 대형 컴퓨터 그리고 휴대폰이나 PDA 등의 모바일 기기 등에도 운영체제가 들어가 있습니다.

운영체제는 컴퓨터의 하드웨어를 직접 제어하고 관리할 뿐만 아니라 실행되는 응용 프로그램들이 CPU와 메모리, 각종 입출력 장치 등의 자원을 사용할 수 있도록 해주고 그러한 자원들을 잘 조직화, 추상화하여 파일시스템 서비스를 제공하기도 합니다. 또한 여러 개의 응용 프로그램을 실행할 경우 프로세스 스케줄링을 하여 마치 그 프로그램들이 동시에 수행되는 것과 같은 효과를 주고 프로세스 간의 통신을 관리합니다.

이러한 운영체제의 목적은 사용자의 편의성을 제공하고, 처리능력의 증대, 응답시간 단축, 확장성 증대, 신뢰도 향상 등 시스템 성능을 극대화하는데 있습니다. 이를 위해서 운영체제는 다음과 같은 특성을 갖추어야 합니다.

- 처리량을 늘리고 평균 처리시간이 짧아야 한다.
- 자원의 추가나 제거가 용이해야 한다.
- 장애에 대한 내구성이 높아야 한다.
- 새로운 기술에 대한 적응이 용이해야 한다.
- 사용자가 쉽게 사용할 수 있는 인터페이스를 제공하여야 한다.
- 응용 프로그램의 이식성이 좋아야 한다.
- 시스템의 보안 정책이 잘 구현되어 있어야 한다.

최초의 운영체제는 1950년대 IBM사에서 개발된 이래 60여년 동안 많은 변화와 발전이 있었습니다. 1970년대 까지는 기업에서 사용하는 대형 컴퓨터 운영체제 위주로 발전되어 왔지만 1980년대 PC와 워크스테이션이 나오면서 비약적인 발전을 하게 됩니다. 컴퓨터 간 네트워크 기술의 개발, 인터넷의 등장이 운영체제의 발전에 많은 영향을 주었고 1990년대 하드웨어 성능의 획기적인 발전과 함께 일반 사용자도 쉽게 컴퓨터와 인터넷을 사용할 수 있는 환경이 만들어 지면서 운영체제도 다양해지고 많은 기능이 추가되었습니다.

현재의 운영체제의 주요 특징은 다음과 같습니다.

- 멀티태스킹(Multitasking) : 여러 개의 프로세스를 동시에 처리하는 것으로 하나 이상의 프로그램을 한 번에 실행할 수 있습니다.
- 다중 사용자(Multiuser) : 동일한 시스템 자원을 한 명 이상의 여러 사용자가 액세스할 수 있습니다.
- 분산처리(Distributed processing) : 네트워크를 통하여 다른 컴퓨터의 자원을 이용할 수 있습니다.

▣ 유닉스의 발전

유닉스(UNIX)는 하나의 운영체제입니다. 유닉스를 정의하려면 그 역사를 간단히 알아보는 것이 많은 도움이 될 것입니다.

1969년 켄 톰슨(Ken Thompson)과 데니스 리치(Dennis Ritchie), 그리고 그의 동료들은 AT&T Bell 연구소에 있는 거의 사용하지 않고 구석에 있던 Digital사의 PDP-7 컴퓨터 상에서 사적인 연구를 진행하면서 개발되었습니다. 이 컴퓨터의 운영체제는 단일 프로세스 MULTICS인데 Unix라는 이름은 여기에서 비롯된 것입니다(**un**은 단일의 "one"을 의미하고 **ix**는 MULTICS의 "ics"를 의미합니다).

이후 대부분의 PDP 컴퓨터에 효율적인 운영체제로 탑재되었고 소스코드가 공개되어 과학 분야 및 대학이나 연구기관에서 널리 사용하게 되었으며 크게 두 가지 계열로 나뉘어 발전하게 됩니다.

하나는 BSD(Berkeley Software Distribution) 계열입니다. UC 버클리 대학에서 유닉스를 더욱 발전시켰는데 이것이 "버클리 확장판"입니다. 1970년대 후반까지 상용화 버전으로 IS/1과 XENIX 등이 개발되었습니다. 가장 대표적인 상용화 버전은 Sun Microsystems 사의 SunOS입니다.

다른 하나는 System V 계열("시스템 파이브 계열"로 읽습니다)입니다. AT&T사에서도 독자적으로 유닉스 플랫폼을 개발하였습니다. 1980년 초 AT&T사는 유닉스의 여러 버전을 System III, IV, V로 통합하였습니다. 이즈음 AT&T사는 유닉스를 대학과 여러 기관에 라이센스를 주었지만 상용화는 금지하였습니다. 1984년 기업분할 후에 1989년에 USO(Unix Software Operation)부서를 만들었습니다. 이곳에서 XENIX, SunOS, Berkeley 4.3BSD, 그리고 System V를 통합하여 System V Release 4.0(SVR4)를 발표합니다. 이듬해 USO를 분리하여 USL(UNIX Systerm Laboratories, Inc.)이라는 자회사를 설립합니다.

1993년에 Novell은 USL로부터 System V 소스를 취득한 후 바로 다음해에 SCO(Santa Cruz Operation)에 판매합니다. 동시에 Novell은 UNIX 상표와 규격을 X/Open에 양도합니다. 나중에 X/Open은 OSF와 합병하여 The Open Group으로 다시 태어납니다.

다음 그림은 유닉스의 두 계열, 즉 BSD 계열과 System V 계열의 발전과정을 보여줍니다.

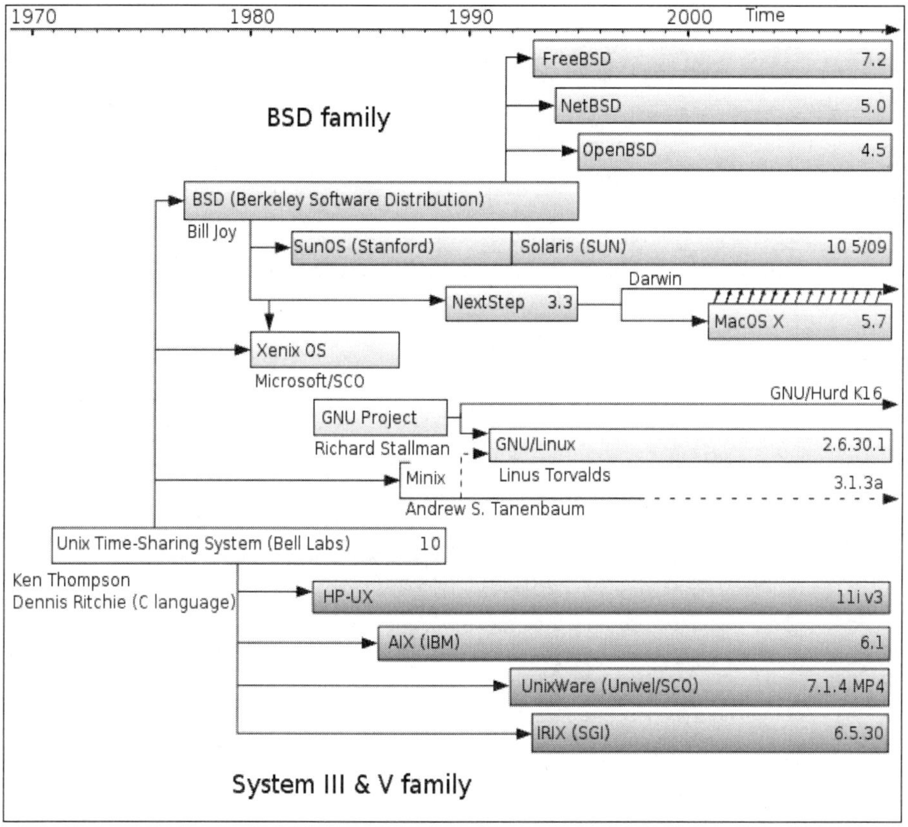

출처 : http://commons.wikimedia.org/wiki/File:Unix_history.svg

[그림] BSD 계열과 System V 계열의 발전과정

유닉스의 종류

유닉스의 종류는 상당히 많습니다. 그 중 현재 사용하고 있는 주요한 유닉스 종류는 다음 표와 같습니다.

〈표〉 주요 유닉스 종류

UNIX 종류	회사/기관	홈페이지
AIX	IBM	www.ibm.com
BSD/OS	Berkeley Software Design	www.bsdi.com
DG/UX	Data General Corp.	www.unix.digital.com
FreeBSD	FreeBSD group	www.freebsd.org
HP-UX	Hewlett-Packard Company	www.hp.com
Irix	Silicon Graphics, Inc.	www.sgi.com
NetBSD	NetBSD group	www.netbsd.org
Red Hat Linux	Red Hat Software, Inc.	www.redhat.com
Solaris	Sun Microsystems	www.sun.com
UnixWare	SCO	www.sco.com

2. 솔라리스 소개

솔라리스란

솔라리스(Solaris)는 썬마이크로시스템즈(Sun Microsystems)사에서 개발한 유닉스 운영체제입니다.

그러나 엄밀한 의미에서 솔라리스는 운영체제 자체를 의미하는 것이 아니라 솔라리스 운영환경(Operation Environment)을 의미하는 별명입니다. 솔라리스 운영환경은 SunOS 5.x 운영체제와 Open Network Computing(ONC+), 솔라리스 데스크탑 GUI(Graphical User Interface)를 모두 포함하여 일컫는 용어입니다.

1990년대 초반 썬마이크로시스템즈는 SunOS 4 운영체제를 가지고 있었습니다. 그 뒤에 Solaris 2가 나오면서 SunOS 4는 Solaris 1이라는 이름을 가지게 되었습니다.

SunOS 5 운영체제를 포함한 것이 Solaris 2입니다. Solaris 2.5 이후의 버전은 사소한 업그레이드 버전이었고 Sun OS 5.7이 포함된 Solaris 2.7 이후부터는 Solaris 7로 부릅니다. 즉 Solaris 10의 경우 SunOS 5.10 운영체제를 포함합니다.

한편 SunOS라는 명칭도 여전히 사용되고 있는데 솔라리스의 커널 버전으로 부르고 있습니다. Solaris 7 이후의 버전을 지칭할 때 커널 버전은 SunOS 5.7이라고 부르기도 합니다. 예를 들면 Solaris 10의 커널 버전은 SunOS 5.10입니다.

ONC+ 소프트웨어는 컴퓨터 간의 파일공유를 할 수 있는 NFS(Network File System)와 같은 네트워크 서비스를 제공합니다. 또한 네트워크 정보이름 서비스인 NIS(Network Information Service) 및 NIS+(NIS plus)를 제공합니다.

솔라리스의 최초 데스크탑 환경은 OpenWindows입니다. 이는 Solaris 2.5에서 처음 적용되었으며 CDE(Common Desktop Environment)를 기반으로 합니다. Solaris 10의 경우 GNOME(GNU Network Object Model Environment)을 기반으로 하는 JDS(Java Desktop System) 환경을 지원합니다.

2010년 10월 현재 솔라리스 최신 버전은 Solaris 10 9/10(2010년 9월)입니다.

솔라리스가 지원하는 아키텍처(architecture)는 기본적으로 SPARC 플랫폼이지만 Solaris 2.4 이후부터는 x86 플랫폼을, Solaris 10에서는 x86-64 플랫폼도 지원합니다.

2010년 1월 오라클이 썬마이크로시스템즈사를 공식적으로 인수하면서 썬 솔라리스는 앞으로 오라클 솔라리스로 불리며 2011년 오라클 솔라리스 11(Oracle Solaris 11)이 발표됩니다.

솔라리스 버전

다음 표는 솔라리스 버전의 역사를 정리한 것입니다.

〈표〉 솔라리스 버전 역사

Solaris 버전	SunOS 버전	릴리스 일자	지원종료일자
1.x	4.1.x	1991-1994	2003. 9
2.0	5.0	1992. 1	1999. 1
2.1	5.1	1992. 12	1999. 4
2.2	5.2	1993. 5	1999.5
2.3	5.3	1993. 11	2002. 6
2.4	5.4	1994. 11	2003. 9
2.5	5.5	1995.11	2003. 12
2.6	5.6	1997. 7	2006. 7
7	5.7	1998. 11	2008. 8
8	5.8	2000. 12	2012. 3
9	5.9	2002. 5	2014. 10
10	5.10	2005. 1	–

위의 표에서 알 수 있듯이 썬에서는 현재 Solaris 7버전까지 지원하지 않고 Solaris 8과 Solaris 9도 몇 년 뒤에는 지원이 되지 않습니다.

종종 솔라리스 버전은 업데이트 릴리스(update releases)가 포함되기도 합니다. 예를 들어 Solaris 10 u8의 u8은 "update 8"을 의미합니다.

3. SunOS 운영체제

유닉스 운영체제는 일반적으로 다음과 같은 구조를 갖고 있습니다.

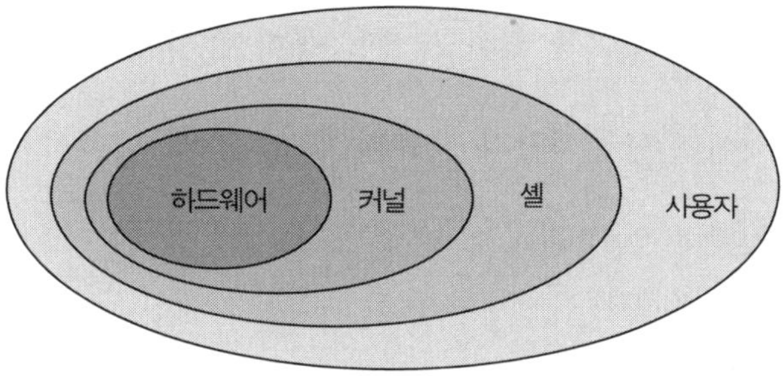

[그림] 운영체제의 구조

솔라리스 운영환경의 SunOS 운영체제는 다음과 같은 3가지 요소로 구성되어 있습니다.

- 커널(kernel)
- 셸(shell)
- 파일시스템(file system)

커 널

커널이란 솔라리스 운영환경, 즉 SunOS 운영체제의 핵심(core)입니다. 커널은 다음과 같은 컴퓨터의 모든 자원을 관리합니다.

- 장치(device), 메모리, 프로세스 관리
- 시스템 프로그램과 시스템 하드웨어 간의 정보전달과 같은 함수호출 제어
- 프로세스 처리 중에 커널이 사용하기 위해 별도로 지정한 디스크 영역(swap space) 관리
- 시스템의 특정 작업을 수행하는 프로세스인 데몬(daemon) 관리
- 디렉토리, 서브디렉토리, 파일 등의 계층구조(file system) 관리

셸

셸은 사용자와 커널 사이의 인터페이스(interface)로 명령어 해석기(command interpreter)입니다. 사용자가 컴퓨터를 사용할 경우 모든 명령은 커널로 전달되어 실행되는데 이 때 셸이 중간 역할을 담당하여 사용자가 입력한 명령을 받아들여 명령을 해석한 후 커널로 전달합니다. 그러면 커널은 명령을 실행(execute)하고 명령실행 결과를 셸을 통하여 사용자에게 보여줍니다.

솔라리스에서는 다음 3가지 종류의 셸을 지원합니다.

- 본 셸(Bourne shell)
- C 셸(C shell)
- 콘 셸(Korn shell)

본 셸은 오리지널 유닉스 시스템부터 사용되어 온 셸입니다. 또한 root 사용자의 디폴트 셸(default shell)로 설정되어 있습니다. root 사용자란 무제한의 접근 권한을 가지고 시스템을 관리하는 특별한 시스템 계정입니다. 일반 사용자의 경우 본 셸의 프롬프트는 달러 기호인 "**$**"이고 root 사용자의 프롬프트는 파운드 기호인 "**#**"입니다.

참고

☞ 프롬프트(prompt)란 컴퓨터가 명령을 받아들일 준비가 되어 있다는 표시로 명령을 입력하고 <Enter> 키를 누르면 명령이 실행됩니다.

C 셸은 C 프로그래밍 언어에 기초한 셸로 본 셸에 몇 가지 기능을 추가한 것입니다. 예를 들면 히스토리(history) 기능(이전에 입력한 명령어를 다시 이용할 수 있는 기능), 앨리어스(alias) 기능(명령어를 변형하여 별명을 만들어 쉽게 명령어를 사용할 수 있는 기능), 작업 제어 등이 추가되었습니다. 디폴트 C 셸 프롬프트는 일반 사용자의 경우 호스트명 다음에 퍼센트 기호인 "*hostname %*"이고 root 사용자의 경우 호스트명 다음에 파운드 기호인 "*hostname #*"입니다.

콘 셸은 본 셸의 초집합(superset)입니다. 즉 본 셸이 그대로 포함되어 있으면서 C 셸의 경우와 같이 여러 기능이 확장된 셸입니다. 디폴트 콘 셸 프롬프트는 본 셸 프롬프트와 같습니다.

솔라리스는 이 밖에도 다음과 같이 추가적으로 몇 가지 셸을 더 지원합니다.

- Bash 셸 : 콘 셸과 C 셸에서 유용한 특징들을 조합. 리눅스의 디폴트 셸
- Z 셸 : 콘 셸과 비슷하나 기능이 더욱 확장
- TC 셸 : C 셸과 비슷한 기능이 더욱 확장

파일시스템

파일시스템은 디렉토리, 서브디렉토리, 파일 등의 조직화된 그룹으로 이루어져 있습니다. 디렉토리 계층구조(directory hierarchy)라고도 합니다.

아래 그림은 트리 구조로 된 파일시스템의 예입니다.

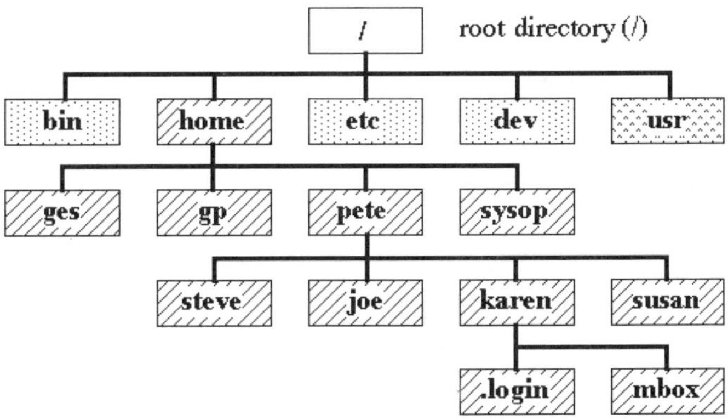

[그림] 파일시스템의 예

Chapter 2

유닉스 설치

1. VMware 워크스테이션 설치
2. 가상머신 만들기
3. 솔라리스 다운로드
4. 솔라리스 설치
5. VMware Tools

1. VMware 워크스테이션 설치

VMware 워크스테이션이란

현재 개인용 데스크탑 컴퓨터에서 널리 사용되는 운영체제(OS)는 마이크로소프트사의 Windows 계열입니다. 그런데 우리가 하려는 경우와 같이 Windows 운영체제와 함께 유닉스 운영체제를 운영해야 하는 경우가 있습니다. 경우에 따라서는 자신이 사용하고 있는 운영체제에서는 사용할 수 없고, 다른 운영체제(다른 Windows, 유닉스, 리눅스 등)에서만 실행되는 응용 프로그램을 사용해야 하는 경우도 있습니다.

이 경우 사용하고 있는 운영체제를 삭제하고 원하는 운영체제를 다시 설치할 수도 있고 또는 원하는 운영체제를 추가로 설치하여 멀티부팅을 통해 사용할 수도 있습니다. 그러나 포맷이나 저장영역 분할(파티션) 작업이 선행되어야 하고 경우에 따라서는 기존의 데이터가 손실되기 때문에 문제는 그리 간단치 않습니다.

참고

☞ PC에 Windows 7 64-bit를 설치한 경우 32-bit 프로그램이 실행되지 않는 경우가 있습니다. 이런 경우에는 가상머신에 32-bit 프로그램을 실행할 수 있는 Windows XP를 설치하여 가상머신 상에서 프로그램을 실행하면 됩니다.

따라서 이런 경우에 사용할 수 있는 것이 가상머신(Virtual Machine) 소프트웨어입니다. 가상머신은 운영체제를 에뮬레이트(emulate : 다른 프로그램을 흉내내어 그대로 실행하게 하는 것)해주는 소프트웨어로 현재의 운영체제를 그대로 운영하면서도 그 안에 새로운 운영체제를 설치할 수 있도록 해줍니다.

즉 현재 사용하고 있는 운영체제에 가상머신 소프트웨어를 설치한 후 가상머신 내에 새로운 운영체제를 설치한 뒤 이 운영체제 상에서 작동하는 응용 프로그램을 설치하여 사용합니다.

> **참고**
>
> ☞ 원래 사용하고 있는 OS, 즉 가상머신 소프트웨어가 설치되어 있는 OS를 호스트(host) OS라 하고 가상머신 상에 설치되는 OS를 게스트(guest) OS라 합니다. 예를 들면 Windows 7의 가상머신 상에 Solaris를 설치할 경우 Windows 7이 Host OS, Solaris가 Guest OS가 됩니다.

이러한 가상머신을 이용하면 가상머신의 운영체제(guest OS)와 본래 컴퓨터(Host OS)와의 파일 교환도 가능합니다. 그러나 운영체제 당 별도의 컴퓨터가 실행되는 환경이기 때문에 최소 1GHz 이상의 중앙처리장치와 1GB 이상의 메모리가 장착돼 있어야 제대로 사용할 수 있으며, 시스템의 전체적인 속도가 느려지고, 3차원 게임이 제대로 실행되지 않는 등의 단점은 있습니다.

일반적으로 많이 사용되는 대표적인 가상머신 소프트웨어로는 VMware 워크스테이션과 버츄얼 PC, 버츄얼 박스가 있는데 현재 VMware 워크스테이션이 가장 널리 사용되고 있고 안정적입니다.

VMware 워크스테이션은 데스크탑용 컴퓨터(주로 MS Windows나 Linux 사용자)를 위한 강력한 가상머신 소프트웨어입니다. 단일 PC 상에서 Microsoft Windows, Linux, 그리고 Novell NetWare 등의 여러 가지 운영체제들을 설치하여 네트워크를 완벽하게 구성할 수 있으며 동시에 실행시킬 수 있는 가상 머신입니다. 즉 VMware 워크스테이션은 단일 PC 상에서 동시에 여러 개의 운영체제를 동작시킬 수 있도록 해줍니다.

VMware 워크스테이션 설치 절차

이제부터 MS-Windows 호스트(여기서는 Windows 7)에 가상머신 VMware 워크스테이션(여기서는 VMware Workstation 7)을 설치한 후 그 가상머신 상에 게스트 운영체제로 솔라리스 운영체제(Solaris 10)을 설치할 것입니다.

이를 위한 전체적이고도 개략적인 절차는 다음과 같습니다.

1. VMware 워크스테이션 소프트웨어를 다운로드합니다.
2. VMware 워크스테이션 소프트웨어를 설치합니다.
3. VMware 워크스테이션을 시작하고, 시리얼 번호를 입력합니다. - 이 작업

은 설치 후에 VMware 워크스테이션을 시작할 때 처음 한 번만 해주면 됩니다.

4 **New Virtual Machine Wizard**를 이용해 가상머신(Virtual Machine)을 생성합니다.

5 만들어진 가상머신 내에 게스트 운영체제를 설치합니다. 게스트 운영체제의 설치 미디어(CD-ROM 또는 DVD, USB 등)가 필요합니다. 우리는 게스트 운영체제로 Solaris 10을 설치할 것입니다.

6 보다 나은 성능을 위해 가상머신 상에 VMware 도구 패키지를 설치합니다.

7 가상머신 상의 솔라리스를 사용하면 됩니다.

VMware 워크스테이션 다운로드

여기서는 30일간 무료로 사용할 수 있는 VMware Workstation 7 평가판을 다운로드받는 과정을 설명합니다.

1 VMware사 홈페이지를 방문합니다.
http://www.vmware.com

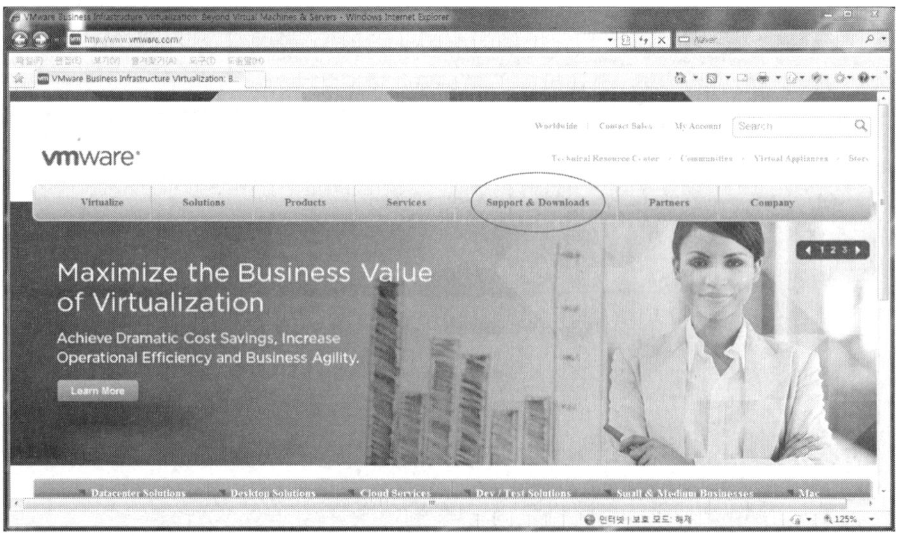

2 메뉴의 **[Support & Downloads]**를 클릭하면 다음과 같은 화면이 나타납니다. 오른쪽 중간의 [Product Downloads] 상자안의 오른쪽에 있는 **"VMware Workstation"**을 클릭합니다.

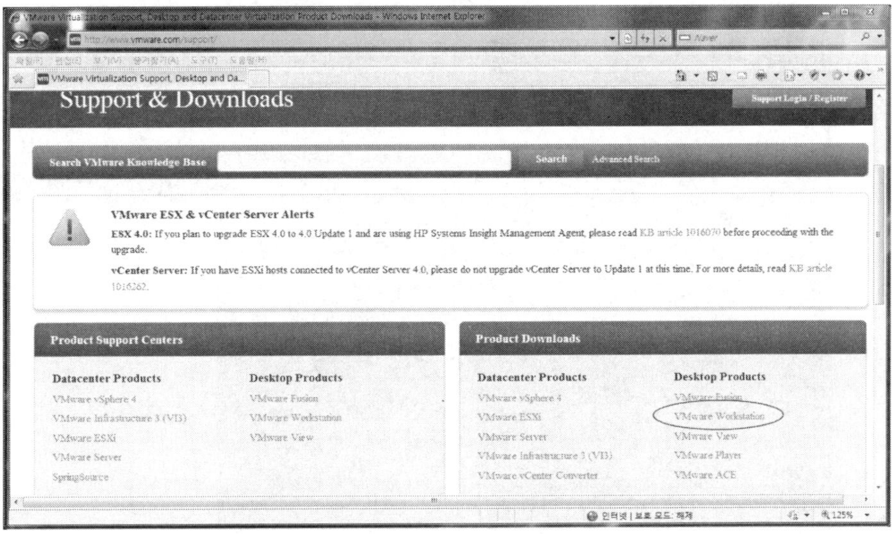

3 다음과 같은 화면이 나타납니다. 중간 오른쪽에 있는 **[Try Now]**를 클릭합니다.

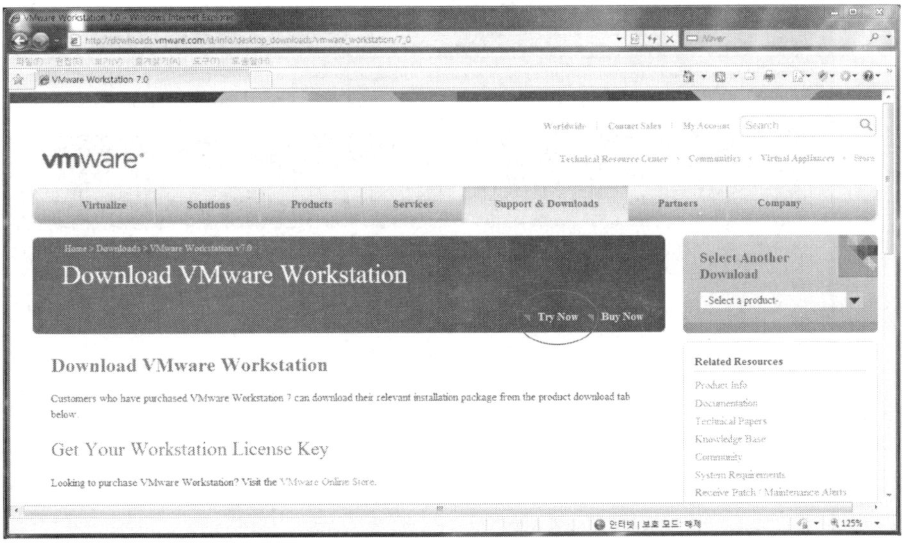

4 다음과 같은 화면이 나타납니다. 이전에 VMware에 등록이 되어 있는 사용자의 경우 **e-mail** 주소와 **password**를 입력한 후 **[Login]**을 클릭합니다. 새로운 사용자의 경우 윗부분의 "First Name", "Last Name", "Email Address" 를 입력한 후 [Continue]를 클릭합니다.

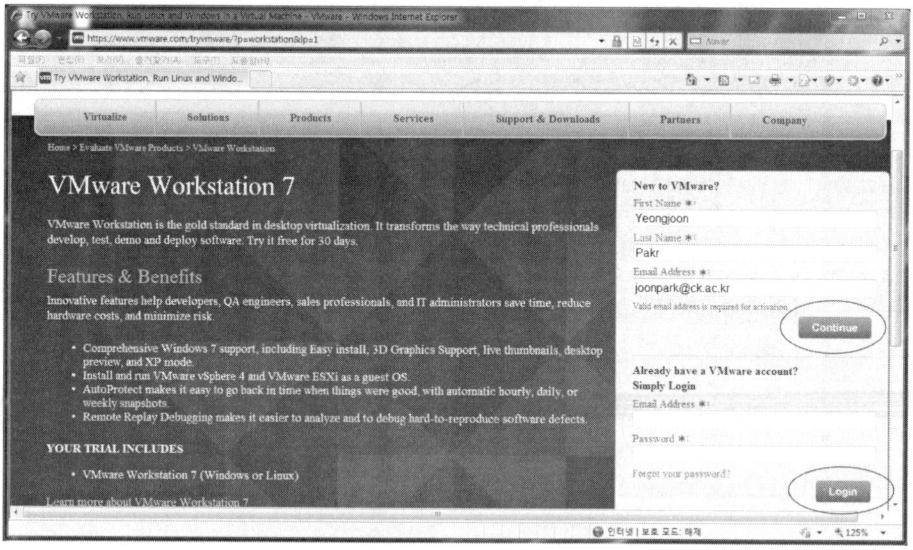

5 다음과 같은 화면이 나타납니다. 개인 정보를 입력한 후 맨 아래에 있는 **[Register]**를 클릭합니다.

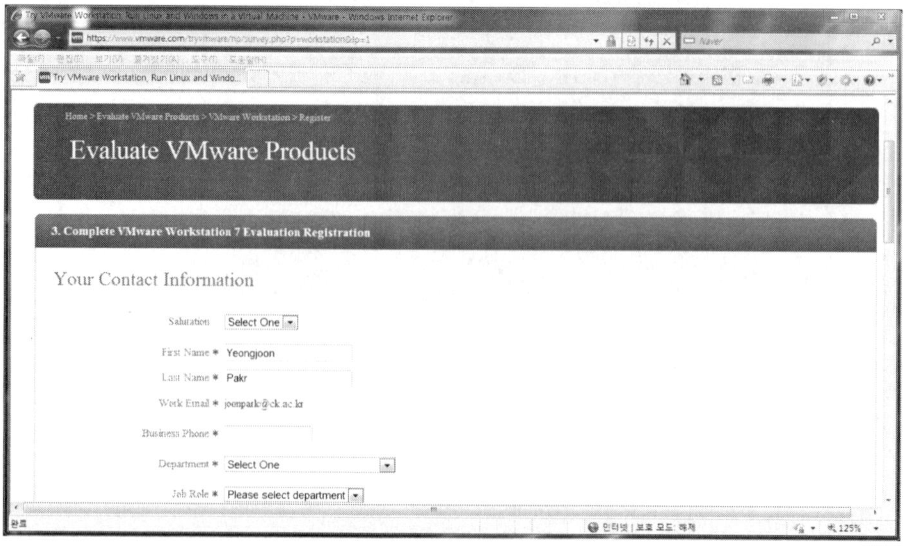

6 다음과 같은 화면이 나타납니다. 우리는 Windows 7에 가상머신을 설치할 것이기 때문에 화면의 [Binaries] 상자 안의 첫 번째 "Workstation for 32-bit and 64-bit Windows" 오른쪽에 있는 **[Binary (.exe)(512MB)]**를 클릭합니다.

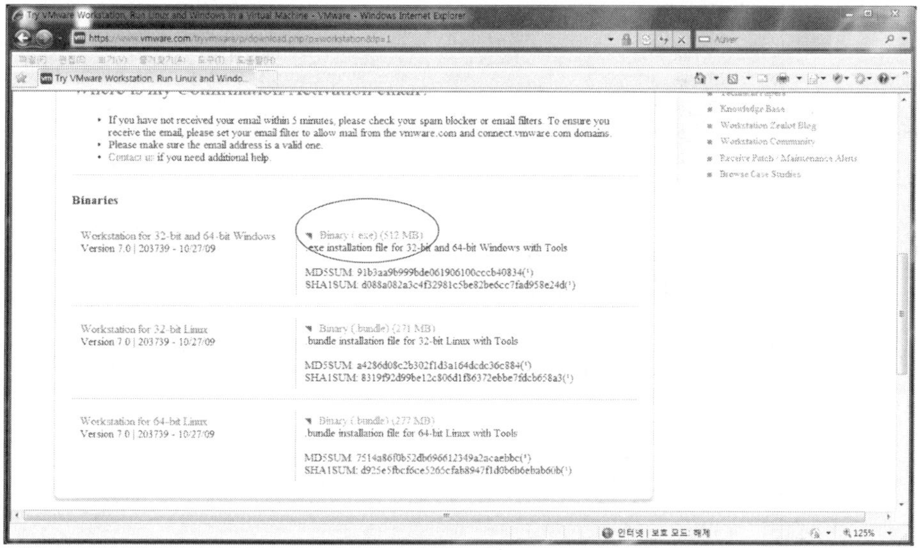

7 다음과 같이 파일 다운로드 창이 나타납니다. [저장]을 클릭한 후 나타나는 창에서 원하는 폴더를 지정한 후 다시 [저장]을 클릭하면 다운로드가 진행됩니다. 여기서는 저장 폴더로 [사용자-Park-다운로드]를 사용하며 파일명은 주어진 그대로 **"VMware-workstation-full-7.0.0-203739"**을 사용합니다.

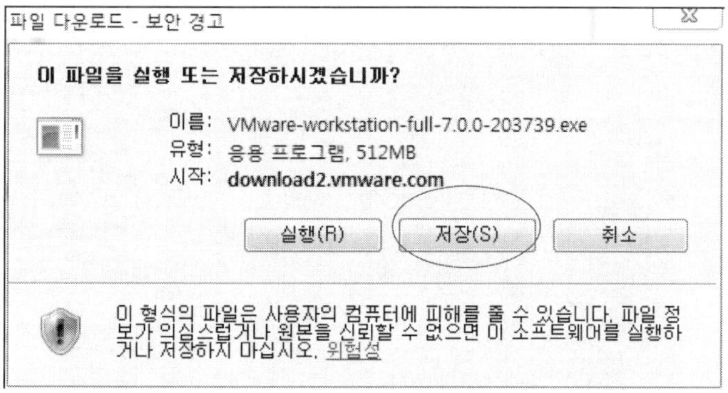

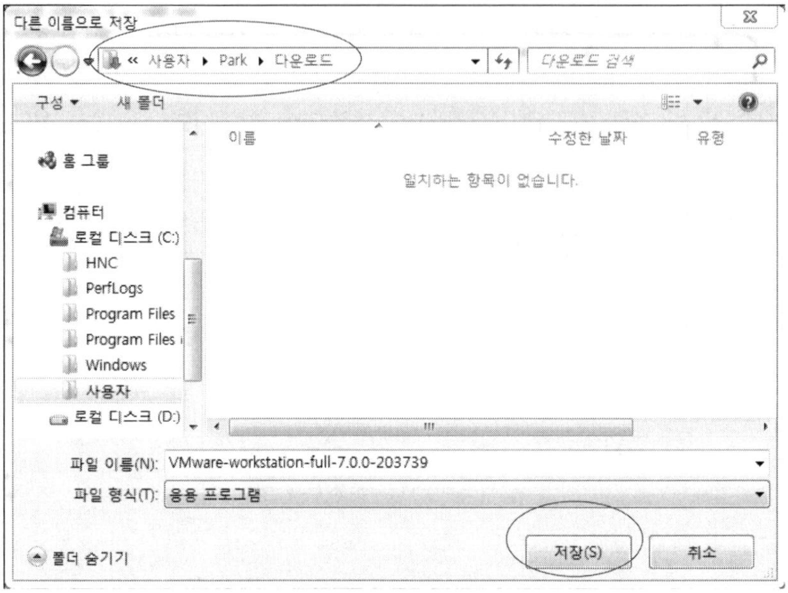
다른 이름으로 저장
« 사용자 ▸ Park ▸ 다운로드
다운로드 검색
구성 ▾ 새 폴더
이름
수정한 날짜
유형
일치하는 항목이 없습니다.
홈 그룹
컴퓨터
로컬 디스크 (C:)
HNC
PerfLogs
Program Files
Program Files
Windows
사용자
로컬 디스크 (D:)
파일 이름(N): VMware-workstation-full-7.0.0-203739
파일 형식(T): 응용 프로그램
폴더 숨기기
저장(S)
취소

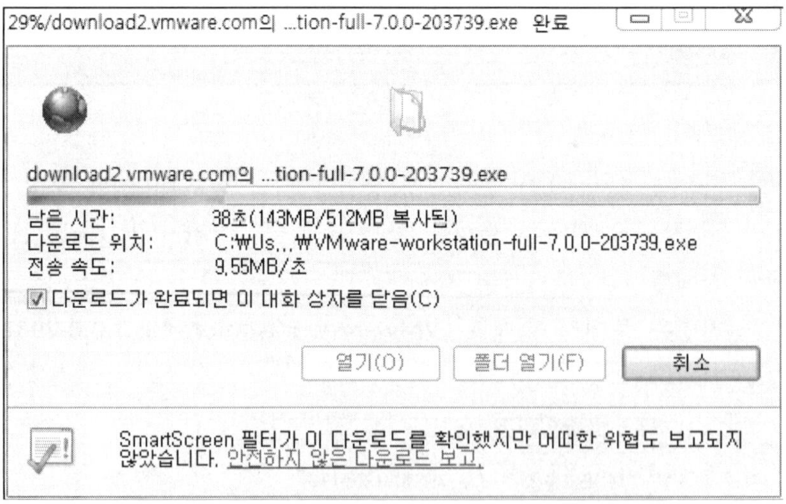
29%/download2.vmware.com의 ...tion-full-7.0.0-203739.exe 완료
download2.vmware.com의 ...tion-full-7.0.0-203739.exe
남은 시간: 38초(143MB/512MB 복사됨)
다운로드 위치: C:₩Us...₩VMware-workstation-full-7.0.0-203739.exe
전송 속도: 9.55MB/초
다운로드가 완료되면 이 대화 상자를 닫음(C)
열기(O)
폴더 열기(F)
취소
SmartScreen 필터가 이 다운로드를 확인했지만 어떠한 위협도 보고되지 않았습니다. 안전하지 않은 다운로드 보고.

VMware 워크스테이션 설치

1 먼저 MS-Windows 호스트에 Administrator 사용자 또는 Administator 그룹의 멤버 사용자 중 한 명으로 로그인합니다.

참고

☞ Windows 7, Windows XP 또는 Windows Server 2003 호스트 컴퓨터 상에서 VMware 워크스테이션을 설치하기 위해서는 반드시 로컬 관리자로 로그인해야 합니다.(도메인에 로그인하는 것이 아닙니다).
VMware 워크스테이션을 설치하기 위해서는 반드시 관리자 권한으로 로그인해야 하지만, 설치 후에는 일반 사용자들도 프로그램을 사용할 수 있습니다.

2 앞서 다운로드받은 파일 VMware-workstation-full-7.0.0-203739.exe을 실행합니다. 여기서 7.0.0은 버전을, 203739는 빌드번호를 나타내는 것으로 경우에 따라 다를 수 있습니다. 다음과 같은 화면이 나오면서 설치과정이 시작됩니다.

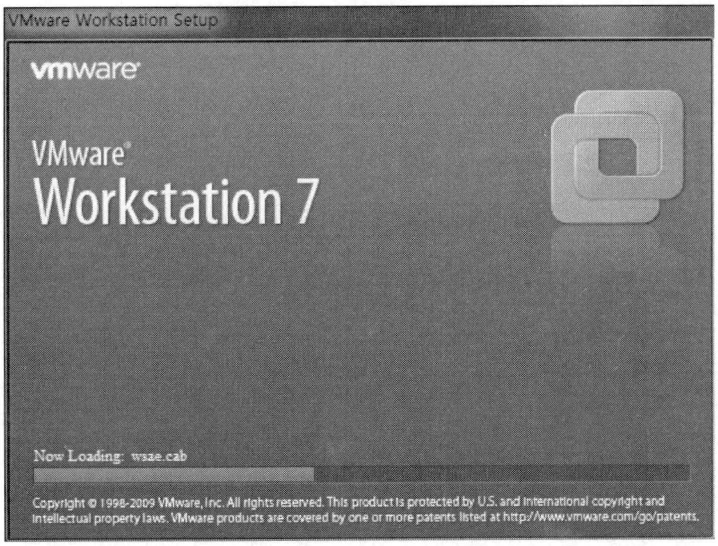

3 **[Welcome to the InstallShield Wizard for VMware Workstation]** 대화상자가 나타납니다. 환영한다는 메시지입니다. **[Next]** 버튼을 클릭합니다.

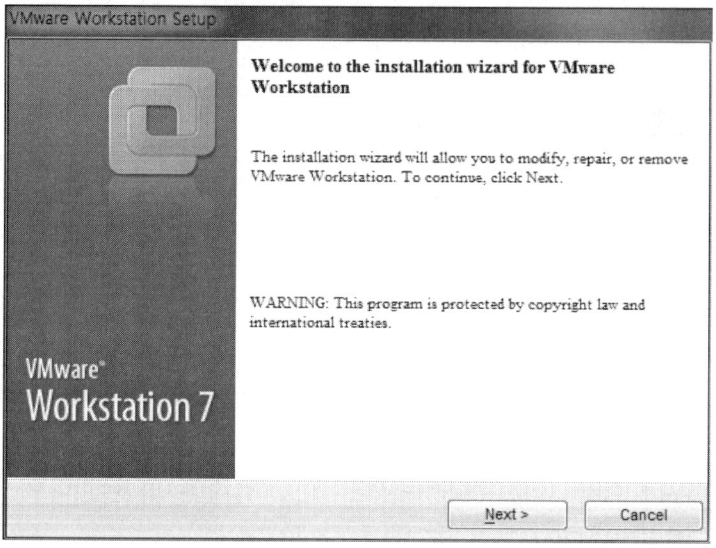

4 **[Setup Type]** 대화상자가 나타납니다. Typical 설치는 정해져 있는 권장사항 설치를 의미하고 Custom 설치는 사용자 정의 설치를 의미합니다. 여기서는 **"Typical"** 네모 아이콘을 선택합니다.

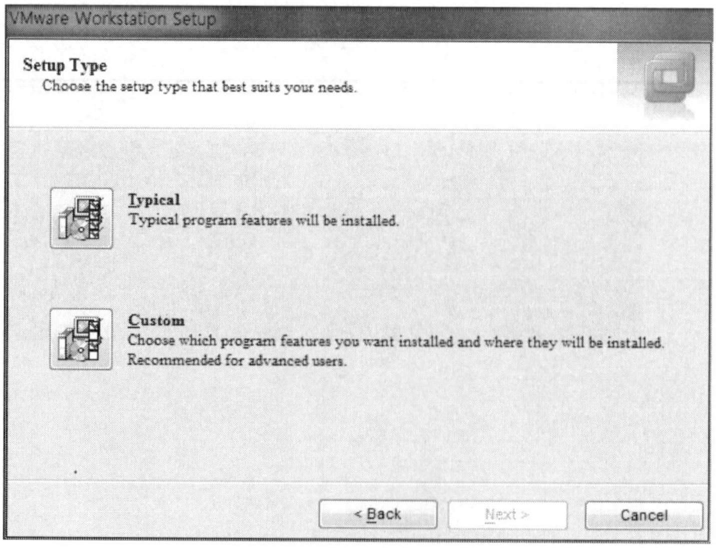

5 **[Destination Folder]** 대화상자가 나타납니다. VMware 워크스테이션 프로그램을 설치할 폴더를 변경할 수 있습니다. 디폴트로 "Program Files" 폴더 아래에 설치하는 것을 알 수 있습니다. 디폴트로 설정되어 있는 디렉토리 이 외의 장소에 설치하려면 [Change]를 선택하여 원하는 디렉토리를 지정합니다. 만일 디렉토리가 존재하지 않으면, 인스톨러가 자동으로 생성합니다. [Next]를 클릭합니다.

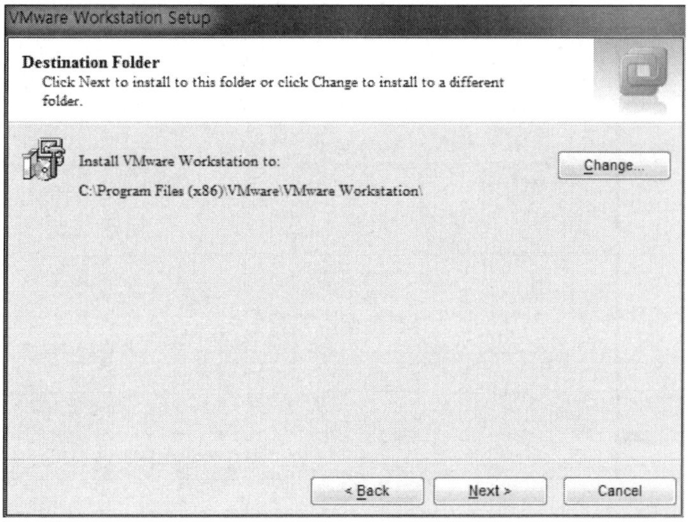

6 **[Shortcuts]** 대화상자가 나타납니다. 바로가기 아이콘이 생성될 곳을 설정하는 것으로 [Next] 버튼을 누릅니다.

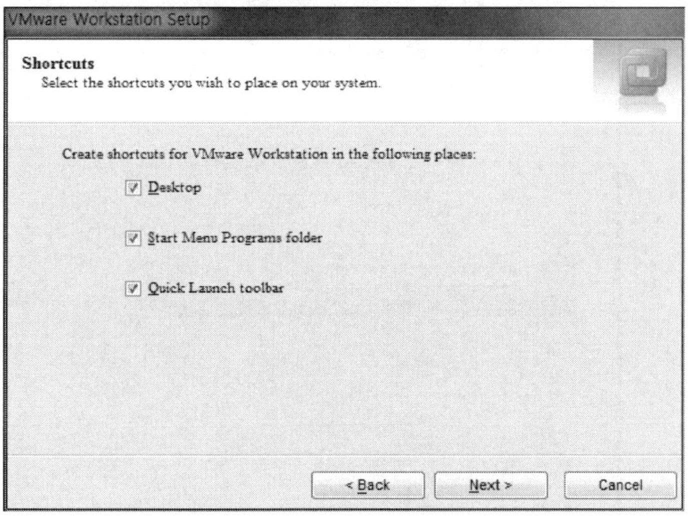

7 **[Ready to Perform the Requested Operations]** 대화상자가 나타납니다. 인스톨러가 소프트웨어 설치를 시작하는데 필요한 정보수집을 완료한 상태입니다. 혹시 변경할 사항이 있으면 [Back] 버튼을 클릭하여 수정하길 원하는 대화상자로 이동하여 변경합니다.
어떠한 변경사항도 필요치 않다면 [Continue] 버튼을 클릭합니다.

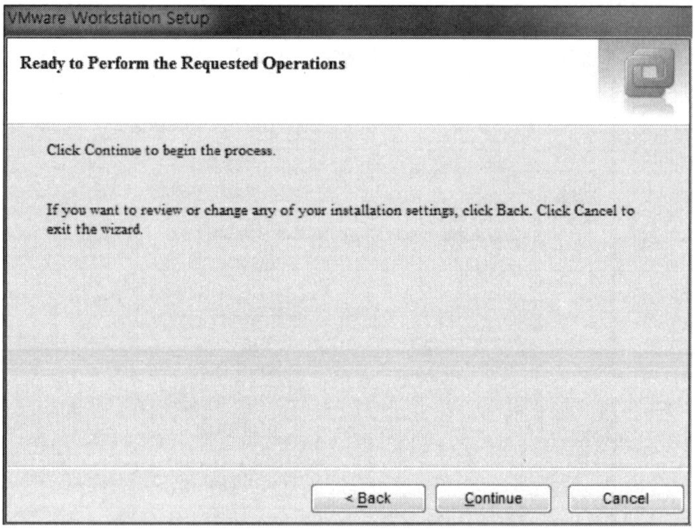

8 **[Performing the Requested Operations]** 대화상자가 나타나면서 소프트웨어 설치를 진행합니다. 대략 몇 분 정도의 시간이 소요됩니다.

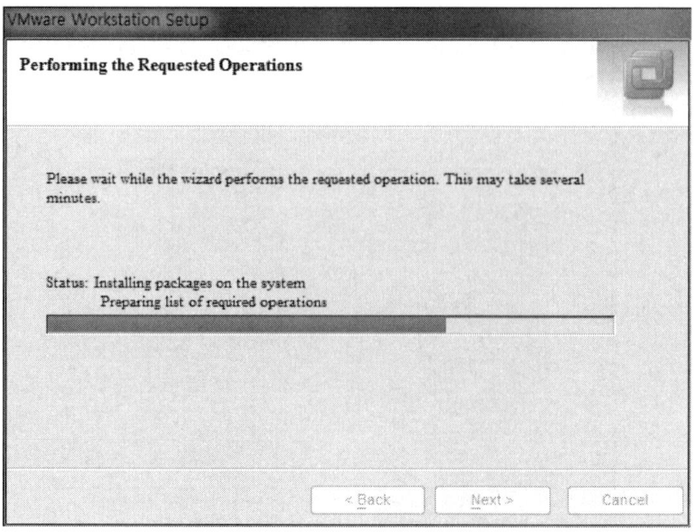

9 **[Registration Information]** 대화상자가 나타납니다. 정품을 구입한 경우 "Serial Number"를 입력하고 [Enter] 버튼을 클릭합니다. 여기서는 30일간 사용할 수 있는 평가판이므로 [Skip] 버튼을 클릭합니다.

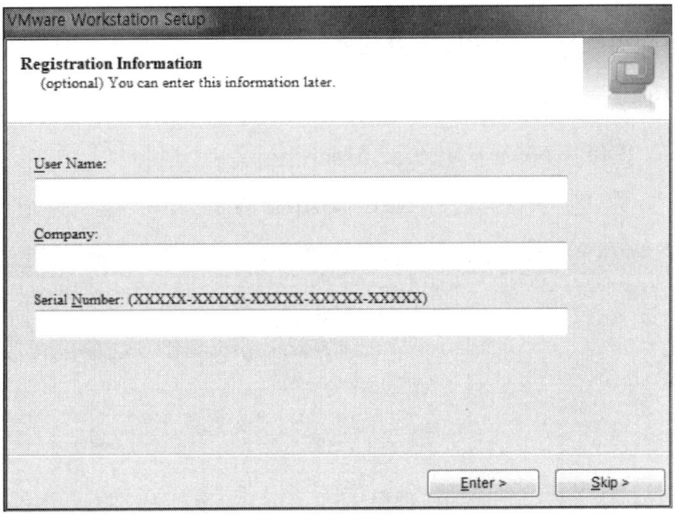

10 **[Setup Wizard Complete]** 창이 나타납니다. VMware 워크스테이션 소프트웨어 설치가 완료되었습니다. 프로그램의 원활한 작동을 위해서 시스템을 재시작합니다. [Restart Now] 버튼을 클릭합니다.

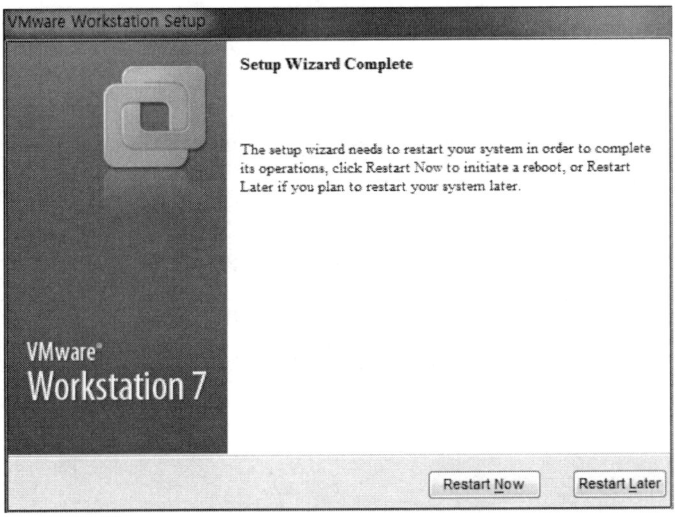

2. 가상머신 만들기

솔라리스용 가상머신 만들기

1 바탕화면의 VMware 워크스테이션 프로그램을 실행합니다. VMware 메뉴의 **[File - New - Virtual Machine]**을 선택합니다. 또는 가운데 그림 아이콘 중 맨 위에 있는 **"New Virtual Machine"** 아이콘을 클릭합니다.

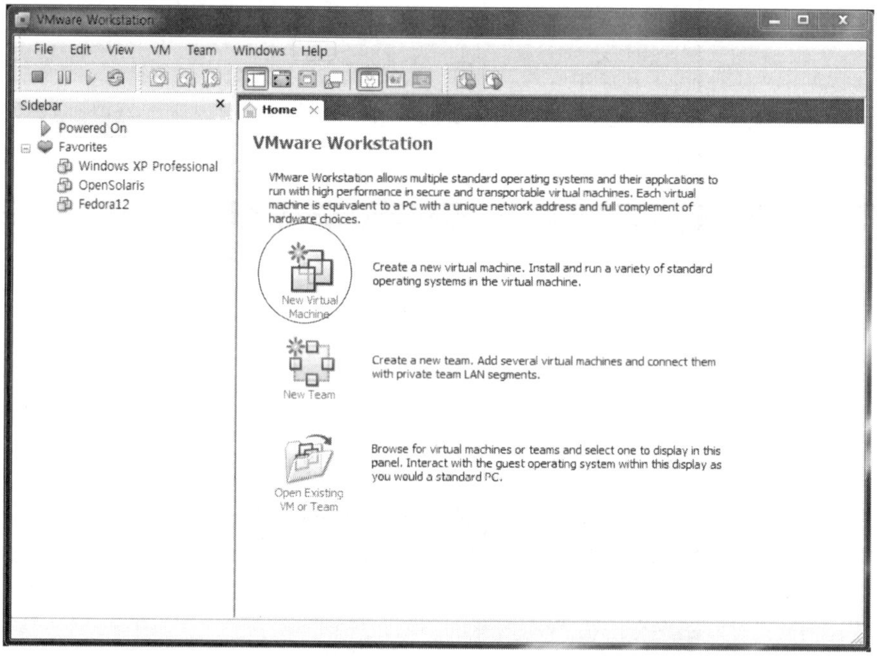

2 **[Welcome to the New Virtual Machine Wizard]** 마법사 대화상자가 나타납니다. 고급 사용자의 경우 "Custom"을 선택하지만 여기서는 프로그램에서 권고하는 **"Typical(recommended)"**를 선택한 후 [Next] 버튼을 클릭합니다.

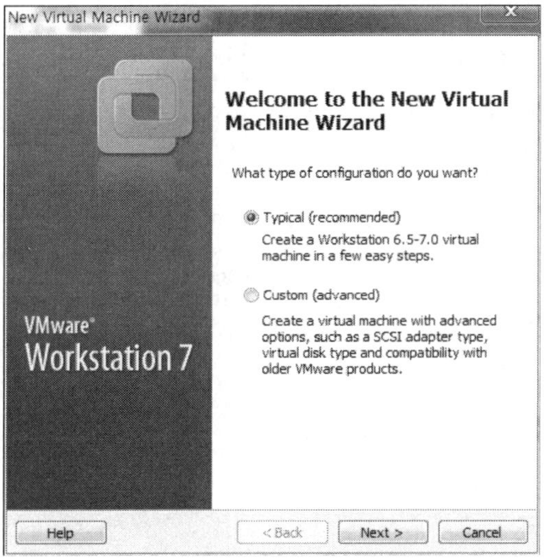

3 **[Guest Operating System Installation]** 대화상자가 나타납니다. 운영체제를 어떤 방법으로 설치할 것인가를 선택할 수 있습니다. "Installer disc"는 CD-ROM이나 DVD를 이용할 경우에 선택하고 "Installer disc image file(iso)"는 CD 이미지 파일이나 DVD 이미지 파일을 이용할 경우에 선택합니다. 여기서는 가상머신 생성 후 나중에 설치할 것입니다. **"I will install the operating system later"**를 선택한 후 [Next] 버튼을 클릭합니다.

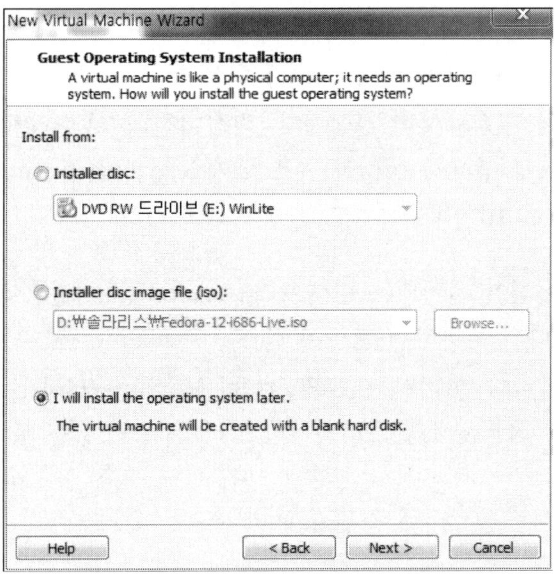

4 **[Select a Guest Operating System]** 대화상자가 나타납니다. 가상머신에 솔라리스를 설치할 것이기 때문에 [Guest operating system] 상자에서 **"Sun Solaris"**를, [Version] 상자에서 **"Solaris 10"**을 선택한 후 [Next] 버튼을 클릭합니다.

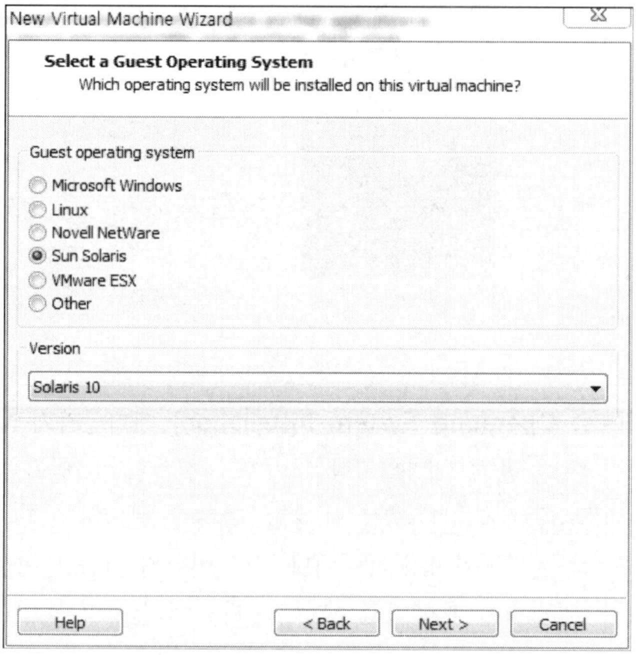

5 **[Name the Virtual Machine]** 대화상자가 나타납니다. 가상머신의 이름과 설치될 디렉토리를 정합니다. 가상머신의 이름(Virtual Machine Name)은 디폴트로 앞에서 설정한 게스트 운영체제의 버전이 표시되는데 여기서는 **"Solaris 10"**인데 이를 그대로 사용합니다.

가상머신이 설치되는 디렉토리(Location)는 디폴트로 설정된 것을 사용하기 보다는 가능하면 별도의 디스크나 파티션으로 정하는 것이 관리하기에 편리합니다. 여기서는 **"D:₩Virtual Machine₩Solaris 10"**으로 하였습니다. [Next] 버튼을 클릭합니다.

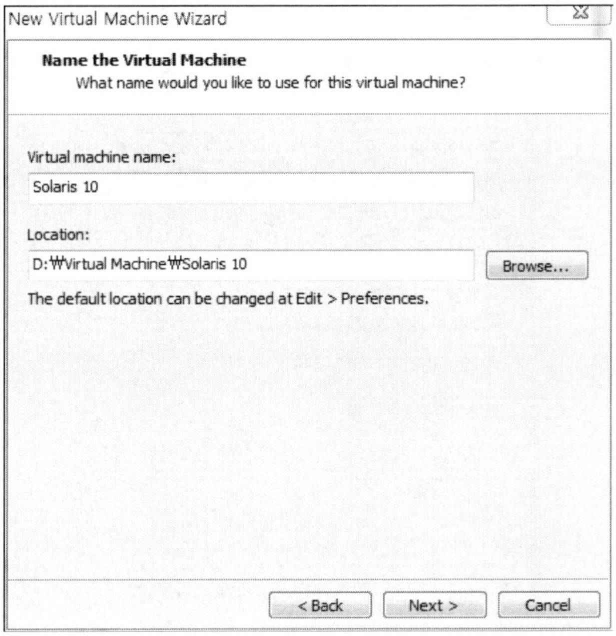

참고

☞ 여러 개의 가상머신을 운영할 경우 별도의 디스크나 파티션에 디폴트 위치를 정해두는 것이 편리합니다. 메뉴의 [Edit - Preferences]에서 지정할 수 있습니다. 여기서는 "D:₩Virtual Machine"으로 미리 정하였더니 위의 화면과 같이 지정되었습니다.

6 **[Specify Disk Capacity]** 대화상자가 나타납니다. 가상 디스크의 크기를 입력하는 것으로 디폴트로 "8GB"가 잡혀 있지만 가능하면 **"16GB"** 이상 "30GB" 정도로 잡아주는 것이 좋습니다. 나중에 디스크 크기를 확장하거나 축소시킬 수 있습니다.

또한 가상 디스크를 하나의 파일로 저장할지 2GB 파일로 쪼개어 저장할지를 선택할 수 있는데 여기서는 하나의 파일로 저장하는 **"Store virtual disk as a single file"**을 선택합니다. [Next] 버튼을 클릭합니다.

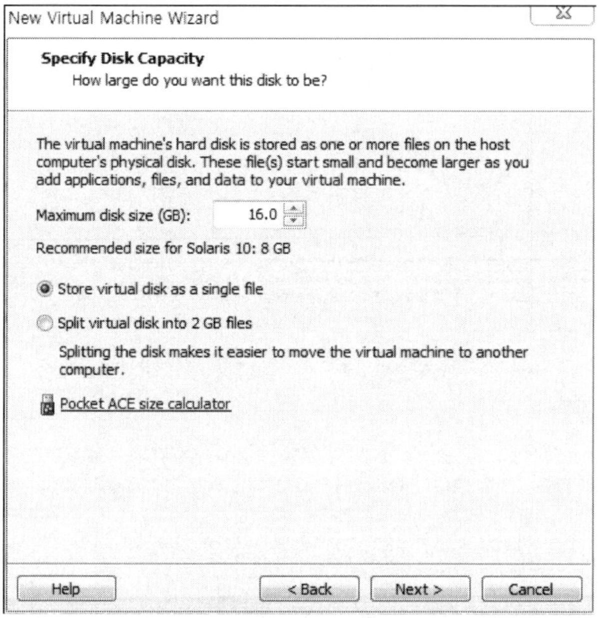

7 **[Ready to Create Virtual Machine]** 대화상자가 나타납니다. 설정된 요약 정보를 보여줍니다. 수정할 내용이 있으면 [Customize Hardware...] 버튼을 클릭하여 수정하면 됩니다. [Finish] 버튼을 클릭합니다.

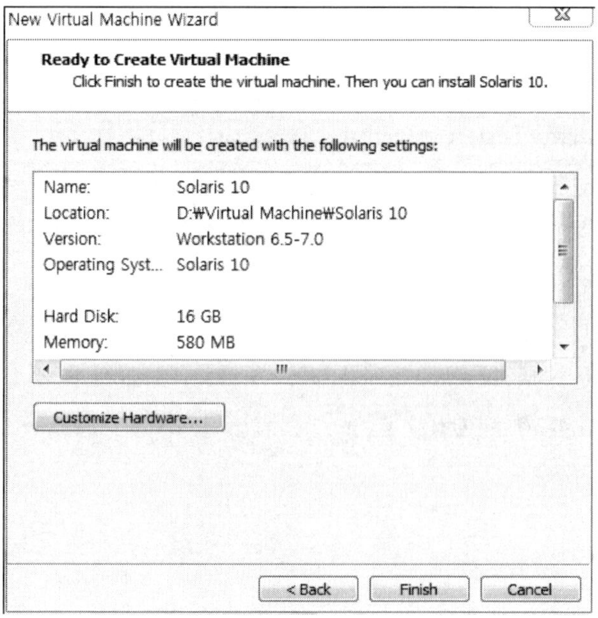

8 **[Hardware]** 설정 대화상자가 나타납니다. 기본적으로 "Memory" 현황을 보여줍니다. 우리가 설치하고자 하는 Solaris 10 update 8의 경우 메모리 크기가 768MB 이하일 경우 설치 시에 그래픽 모드를 지원하지 않기 때문에 그 이상을 잡아주어야 합니다. 여기서는 **"1024"**MB로 합니다.

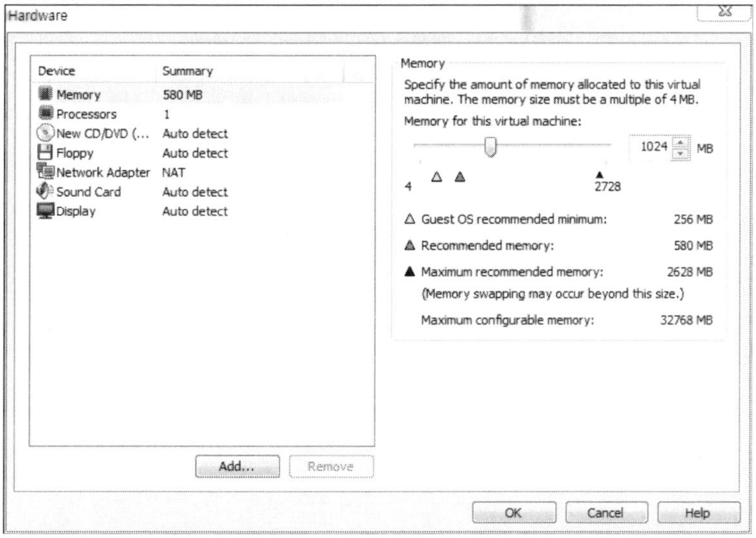

9 두 번째 줄의 **"Processors"**를 클릭하면 설치된 프로세서 현황을 보여줍니다. 자신의 컴퓨터가 멀티 CPU이거나 멀티 Core인 경우에는 늘려서 잡아주는 것이 좋습니다. 여기서는 모두 **"1"**을 선택한 후 [OK] 버튼을 클릭합니다.

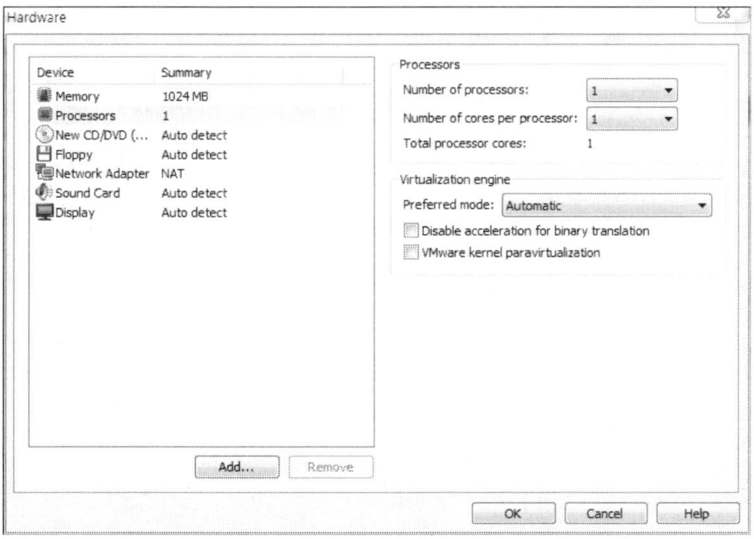

10 **요약정보**를 다시 보여줍니다. 수정사항이 반영되었는지 확인한 후 [Finish] 버튼을 클릭합니다.

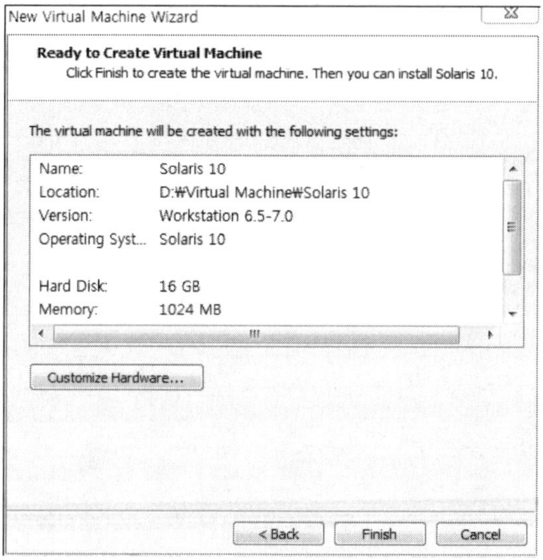

11 이제 Solaris용 가상머신의 설정이 완료되었습니다.

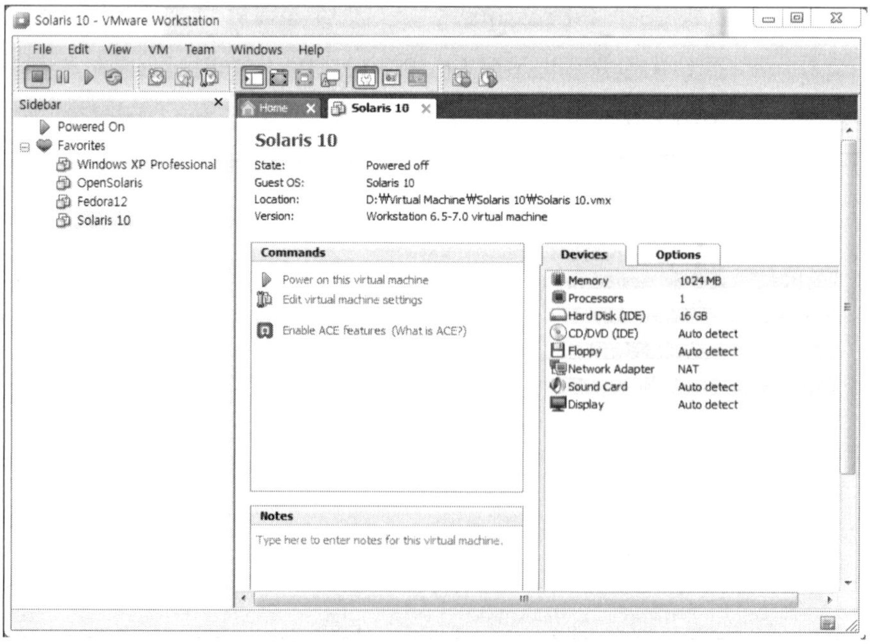

12 최초 사용자의 경우 전원을 켜는(power on) 경우 다음과 같은 창이 나타납니다. 이 창에서 시리얼 넘버를 입력해야 VMware를 사용할 수 있습니다. VMware 워크스테이션 평가판을 다운로드 받을 때 이메일 주소를 등록했을 것입니다. 이 이메일을 통해 평가판을 사용할 수 있는 시리얼 넘버를 확인 후 그 번호를 입력하면 됩니다. **[Enter Serial Number...]** 버튼을 클릭합니다.

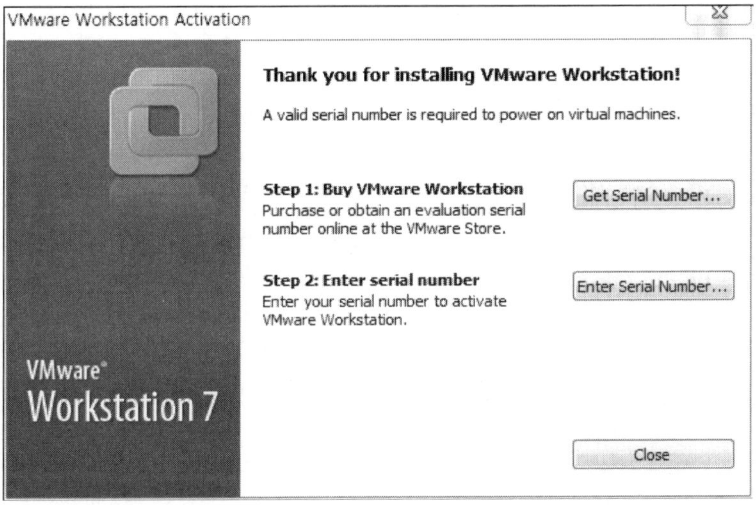

13 **[Enter Serial Number]** 창이 나타납니다. "Serial Number" 입력란에 이메일을 통해 확인한 평가판 시리얼 넘버를 복사하여 붙여 넣습니다. **"Name"**과 **"Company name"**은 개인이 적절히 입력하면 됩니다. [OK] 버튼을 클릭합니다.

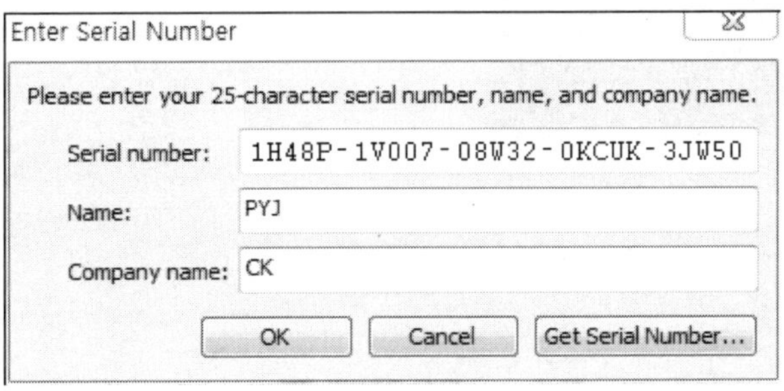

14 등록하라는 창이 나타납니다. [Close] 버튼을 클릭합니다.

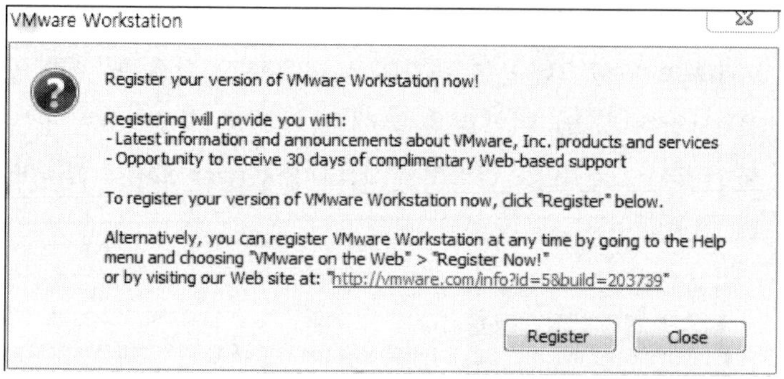

15 VMware 워크스테이션 평가판 사용에 고마움을 표시하는 창이 나타납니다. 평가기간이 앞으로 30일 남았다는 내용을 알 수 있습니다. **[Remind Me Later]** 버튼을 클릭하면 VMware 워크스테이션을 사용할 수 있습니다. 즉 이전에 만든 가상머신에 솔라리스를 설치할 수 있는 것입니다.

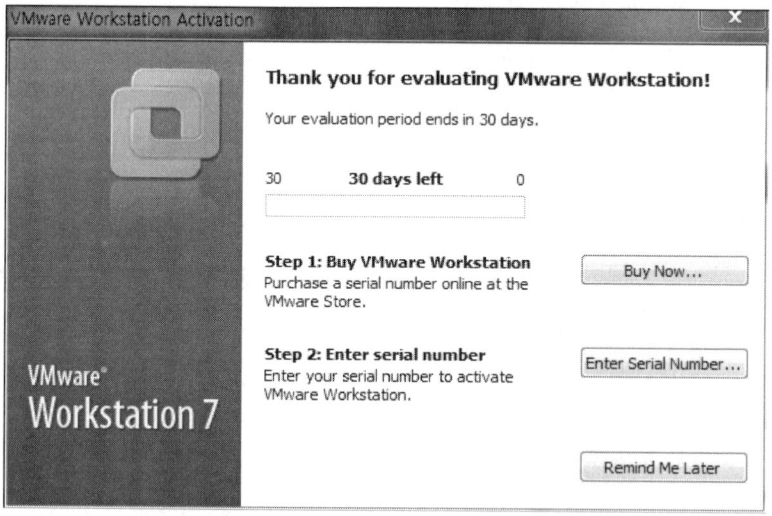

3. 솔라리스 다운로드

우리가 설치할 솔라리스는 **Solaris 10 update 8 x86** 용입니다. 이 소프트웨어를 다운로드하기 위해서는 SUN Microsystems사 홈페이지를 방문하거나 국내 ftp 사이트를 이용하여야 합니다.

다운로드받을 파일명은 DVD용 ISO 파일로 다음과 같습니다.

sol-10-u8-ga-x86-dvd.iso

> **참고**
>
> ☞ ISO 파일이란 ISO 9660 파일시스템으로 PC나 매킨토시 또는 다른 컴퓨터 등 플랫폼에 상관없이 CD-ROM을 읽을 수 있게 해주는 CD-ROM의 표준 파일시스템입니다. CD-ROM/DVD 드라이브를 장착하고 있는 거의 모든 컴퓨터들에서 ISO 9660 파일시스템에 기반을 둔 파일들을 읽을 수 있습니다.

1 썬마이크로시스템스사의 솔라리스 다운로드 홈페이지를 방문합니다.
http://www.sun.com/software/solaris/
왼쪽 아래의 **[Download Solaris 10 Now]**를 클릭합니다.

2 **[Get It]** 화면이 나타납니다. 어떤 형태의 솔라리스를 다운로드할 것인가를 선택하는 페이지입니다. 왼쪽 아래의 역삼각형(▼) 버튼을 클릭하여 **"Free DVD download FULL image"**를 선택한 후 그 아래의 [Download] 버튼을 클릭합니다.

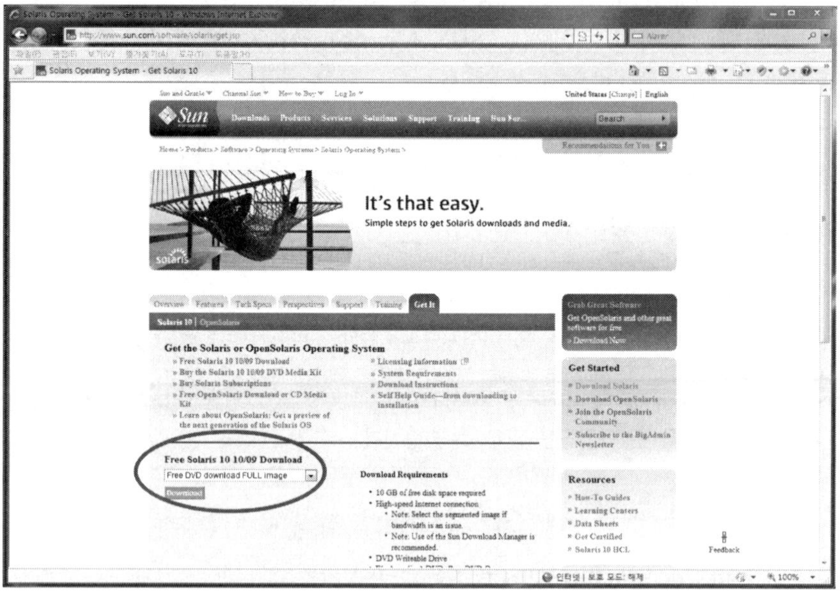

3 솔라리스를 설치할 플랫폼을 선택하는 페이지입니다. 우리는 PC의 가상머신에 설치할 것이기 때문에 **"Solaris 10 OS, x64/x86"**을 선택한 후 라이센스 약관 동의에 체크 "☑" 표시합니다. 썬마이크로시스템즈사에 계정이 등록되어 있으면 **"User Name"**과 **"Password"**를 입력한 후 맨 아래의 **[Log in and Continue]** 버튼을 클릭합니다.

처음 방문하여 계정을 새로 등록하는 경우에는 "Password" 바로 아래에 있는 **"Register Now"**를 클릭하여 먼저 사용자 등록을 하면 됩니다(화면생략).

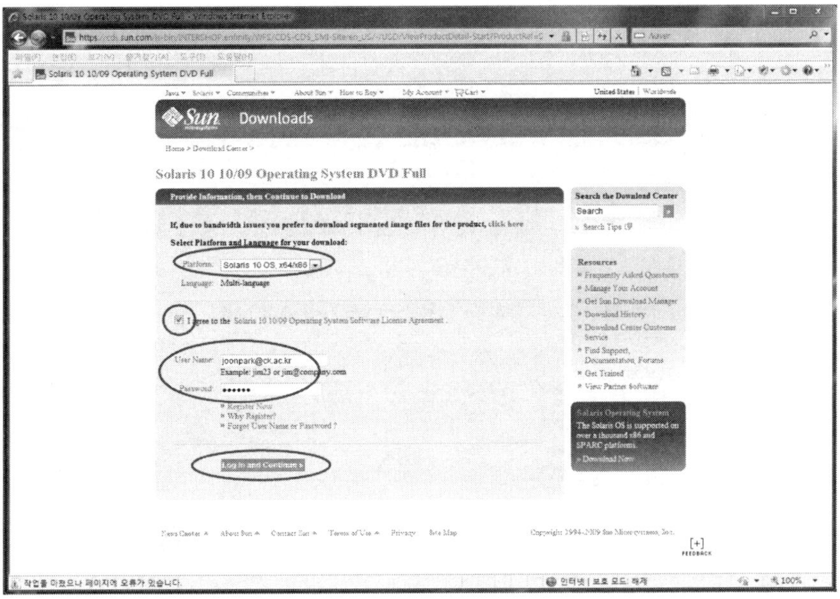

4 [Solaris Pre-Download Survey] 페이지가 나타납니다. 다운로드받기 전에 몇 가지 설문조사를 하는 것입니다. 여기서는 필수입력 항목인 첫 번째 항목 라이센스 수량만 입력(여기서는 "x64/x86"에 "**1**"을 입력)하고 맨 아래의 **[Submit and Continue]** 버튼을 클릭합니다.

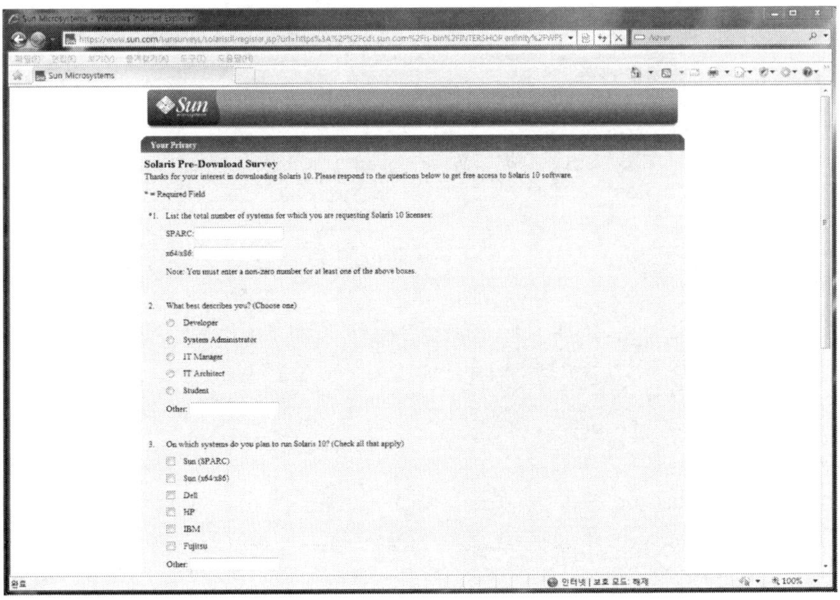

5 페이지 중간에 있는 "Required Files"의 **"sol-10-u8-x85-dvd.iso"**를 클릭합니다.

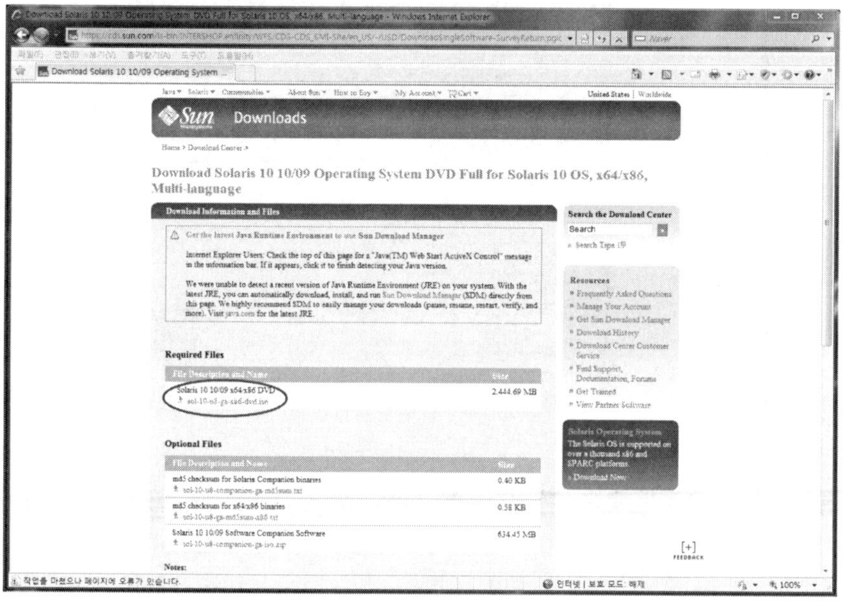

6 **[파일 다운로드]** 대화상자가 나타납니다. **[저장]** 버튼을 클릭한 후 나타나는 **[다른 이름으로 저장]** 대화상자에서 원하는 폴더를 지정한 후 **[저장]** 버튼을 클릭하면 다운로드가 진행됩니다.

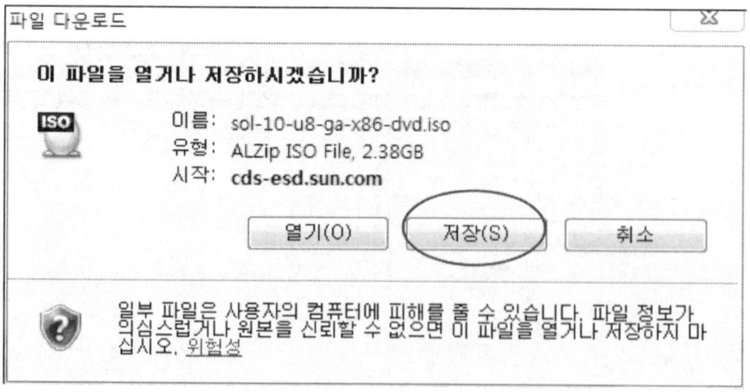

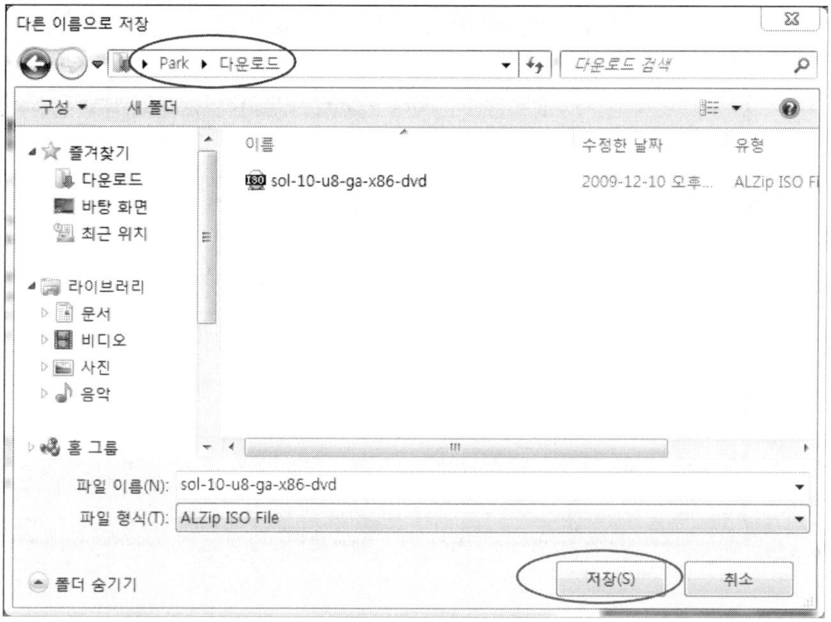

4. 솔라리스 설치

지금부터 가상머신에 게스트 OS인 Solaris 10 (x86)을 설치합니다.

> **참고**
>
> ☞ 호스트 OS에서 가상머신의 콘솔(게스트 OS)로 들어갈 때는 콘솔 화면을 마우스로 클릭하고, 다시 호스트 OS로 빠져나올 때는 <Ctrl + Alt> 키를 누르면 됩니다. 키 값의 변경은 VMware 메뉴 [Edit - Preferences - Hot Keys]에서 수정합니다.

1 먼저 설치 시 CD-ROM/DVD를 이용할 것인지 ISO 이미지 파일을 이용할 것인지를 지정하기 위해 오른쪽 "Devices" 상자의 **"CD/DVD (IDE)"**를 더블 클릭합니다.

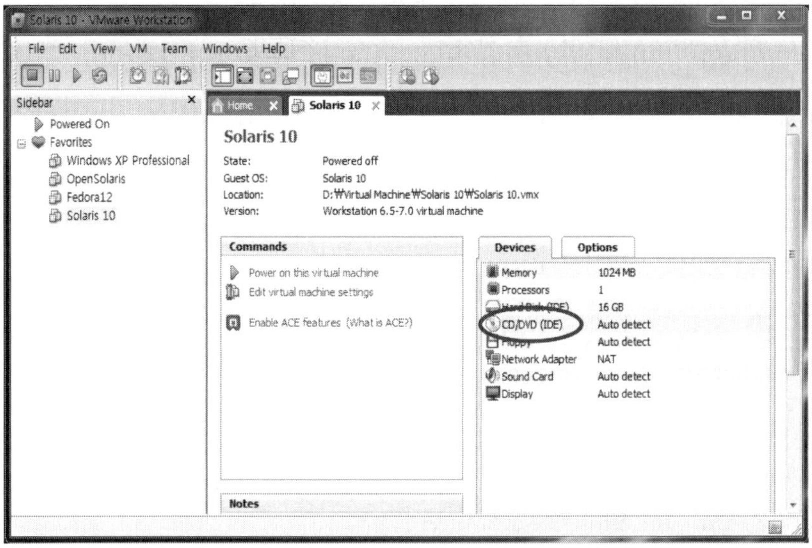

2 **[Virtual Machine Settings]** 대화상자가 나타납니다. 각종 하드웨어를 설정할 수 있습니다. 우리는 다운로드받은 ISO 이미지 파일을 이용하여 설치할 것이므로 오른쪽 "Connection" 상자의 **"Use ISO image file"**을 선택하고 [Browse] 버튼을 이용해 다운로드받은 이미지 파일을 지정한 후 [OK] 버튼을 클릭합니다.

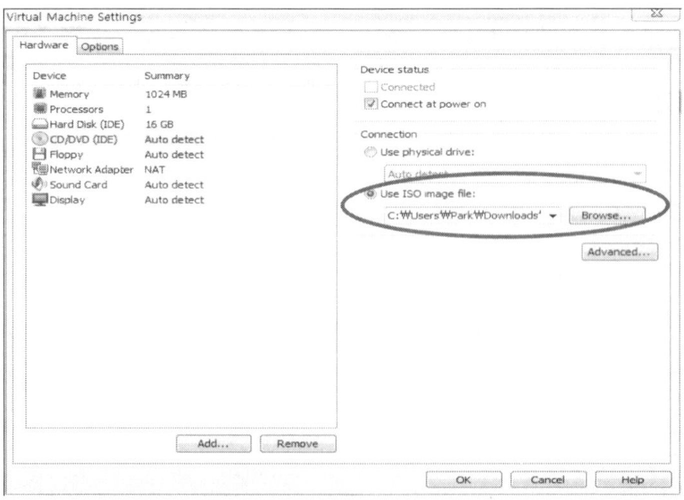

3 "CD/DVD(IDE)" 값이 변경된 것을 확인할 수 있습니다. 왼쪽 위의 전원(Power On)을 표시하는 녹색 [▶] 버튼을 클릭하면 Solaris 10 가상머신의 전원이 켜지고 설치가 시작됩니다.

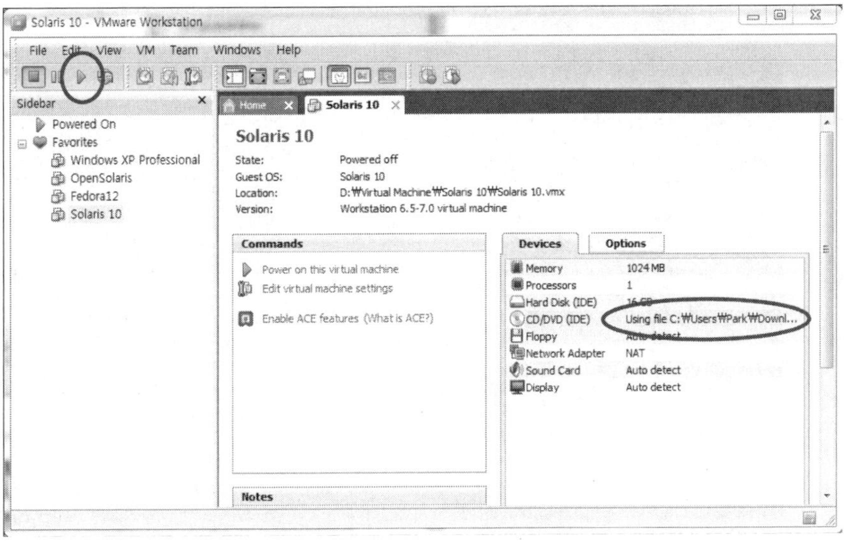

4 **[GNU GRUB]** 화면이 나타납니다. 맨 위의 **"Solaris"**가 디폴트로 선택되어 하이라이트되어 보여줍니다. <Enter> 키를 칩니다.

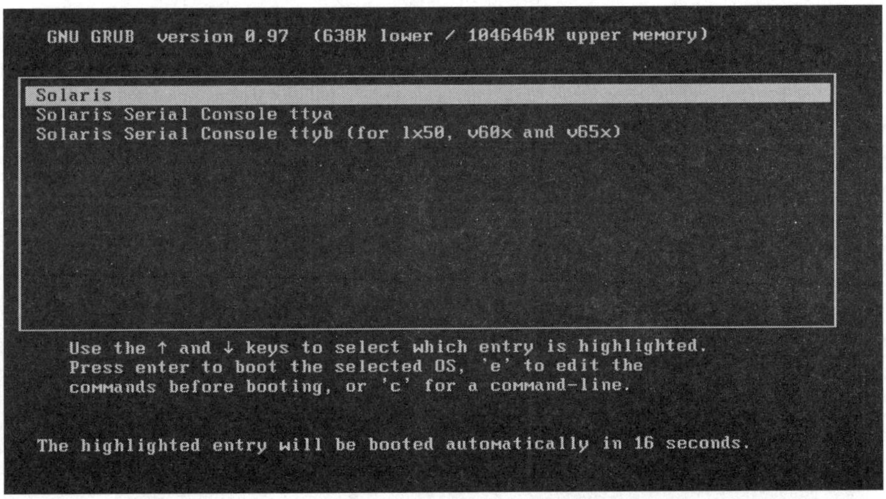

5 다음과 같이 설치방법을 묻는 화면이 나타납니다. 우리는 묻고 답하는 형식으로 솔라리스를 설치할 것이기 때문에 "1. Solaris Interactive (default)"를 선택합니다. **"1"**을 입력하고 <Enter> 키를 칩니다. 그러면 화면에 "Selected : 1"이라고 표시되고 계속 설치를 진행합니다.

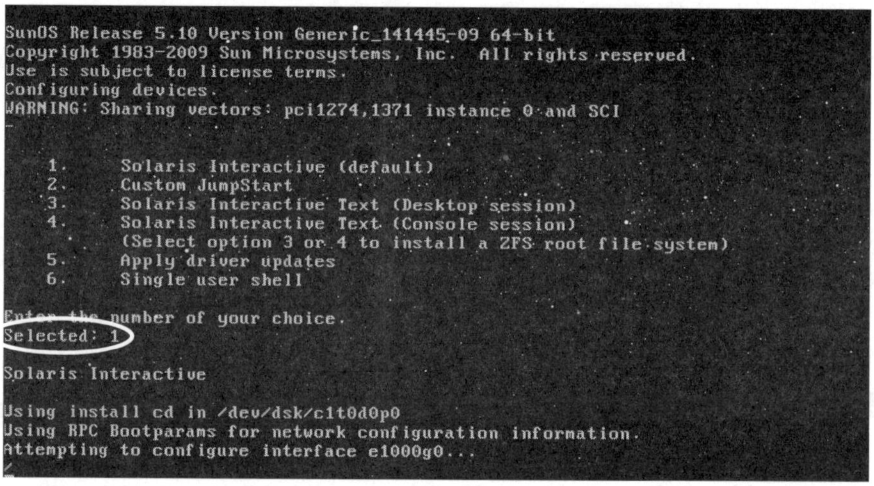

6 **[Configure Keyboard Layout]** 대화상자가 나타납니다. 키보드 레이아웃을 선택하는 화면인데 디폴트로 선택되어 있는 **"US-English"**를 사용할 것이기 때문에 계속 진행하기 위해 **<F2>** 키를 칩니다.

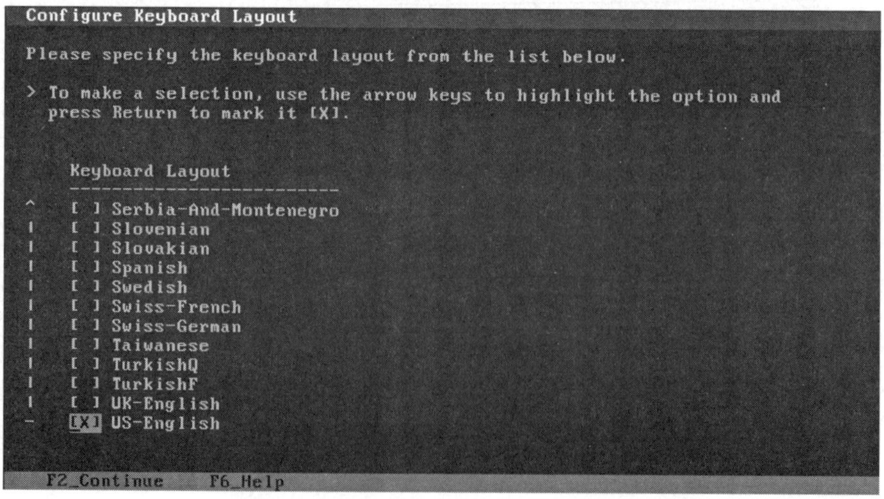

7 **[경고문구]** 화면이 나타납니다. 이 경고문구 다음에 나타나는 질문 창에서 30초 이내에 <Enter> 키를 치지 않으면 그래픽(윈도우) 모드가 아닌 텍스트 모드(콘솔 모드)로 설치가 진행될 것이라는 것을 알려줍니다. **<Enter>** 키를 칩니다.

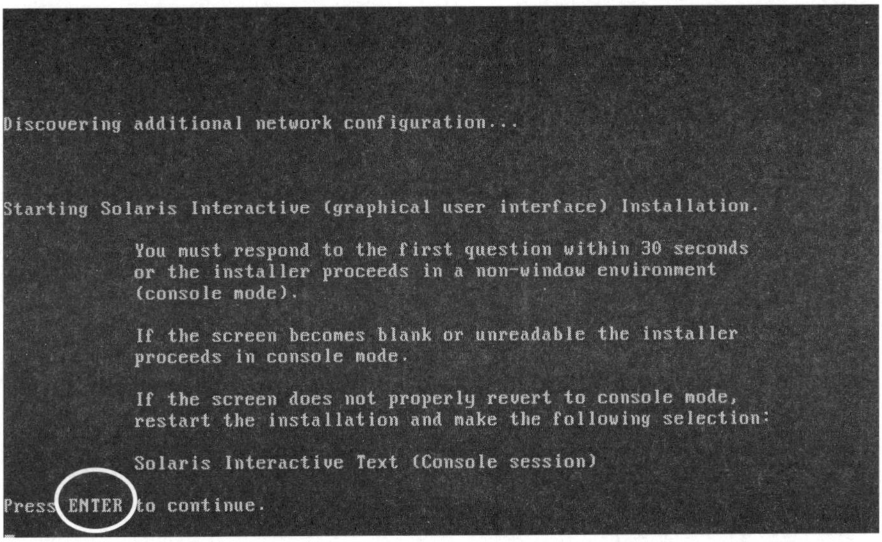

8 메모리를 확인하여 그래픽 모드로 설치가 가능하면, 즉 RAM이 384MB이상(512MB 이상 권장)이면 아래와 같이 화면이 정상적으로 잘 보이는지를 확인하는 창이 나타납니다. RAM이 383MB 이하인 경우에는 아래와 같은 창이 나타나지 않고 CLI(Command-Line Interface : 명령 라인 인터페이스) 모드로 설치를 진행합니다. 이 창으로 마우스를 이동한 후 반드시 30초 이내에 **<Enter>** 키를 쳐야 그래픽 모드로 설치가 진행됩니다.

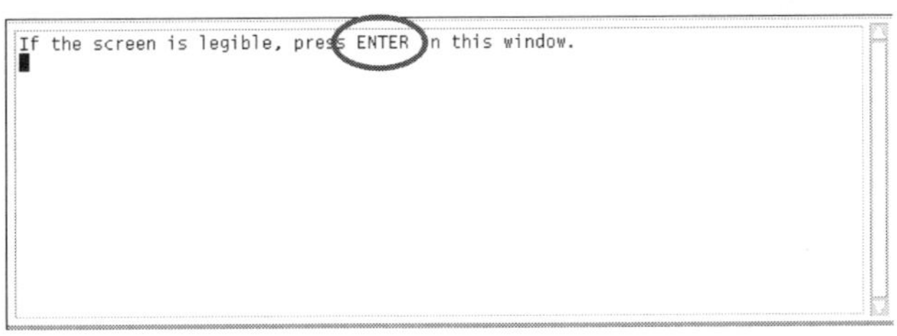

9 **[Select a Language]** 대화상자가 나타납니다. 설치과정에서의 언어를 설정합니다. 한글로 설치과정을 진행하기 위해 **"Korean"**을 선택합니다. **"5"**를 입력하고 <Enter> 키를 칩니다.

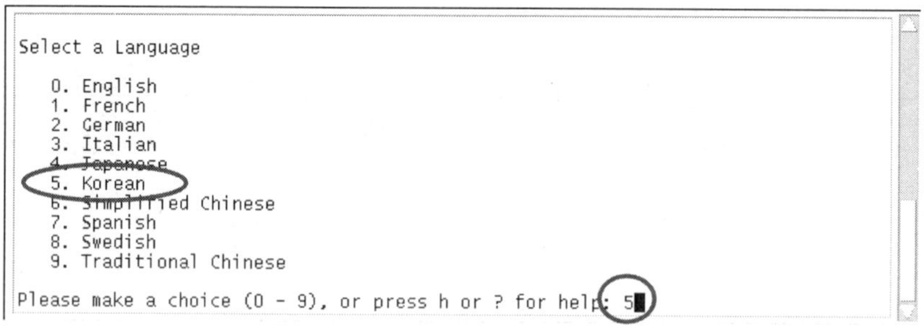

10 **[환영합니다!]** 대화상자가 나타납니다. 이제부터는 한글로 된 그래픽 환경에서 설치가 계속될 것입니다. [다음] 버튼을 클릭합니다.

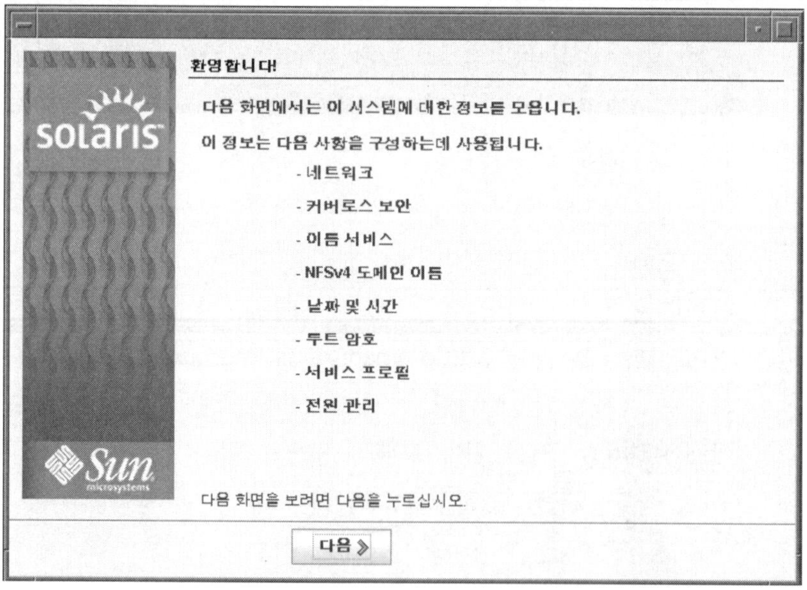

11 **[네트워크연결]** 대화상자가 나타납니다. 네트워크 설정을 위한 것이므로 **"네트워크에 연결되어 있음"**을 선택한 후 [다음] 버튼을 클릭합니다.

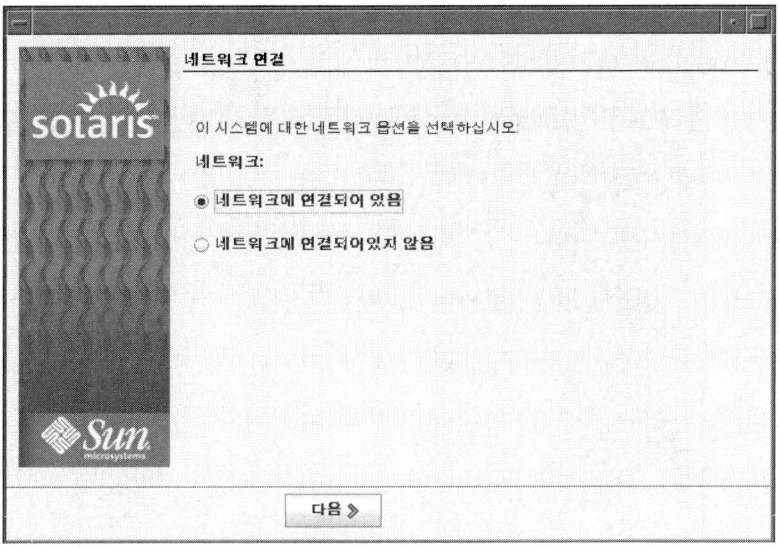

12 **[e1000g0에 대한 DHCP]** 대화상자가 나타납니다. 우리는 가정에서 사용하고 있는 PC의 가상머신 상에서 Solaris를 운영하려는 것이기 때문에 DHCP를 사용하는 것을 선택합니다. **"예"**를 선택한 후 [다음] 버튼을 클릭합니다.

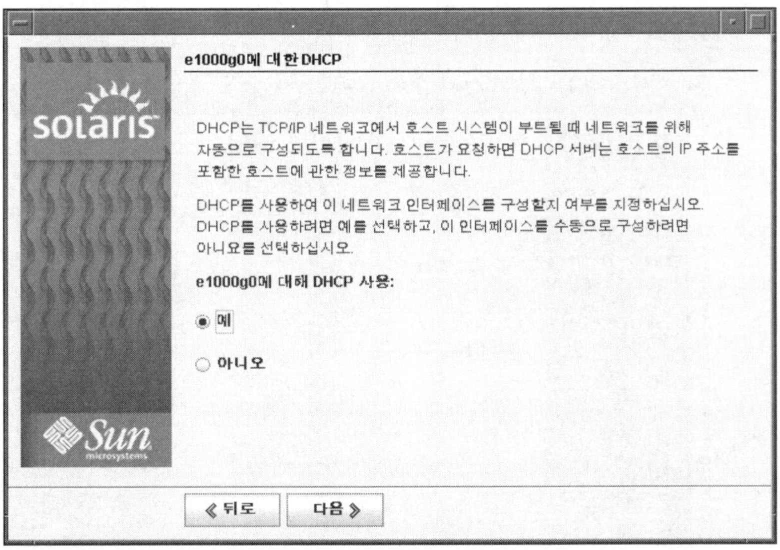

참고

☞ 일반적으로 솔라리스의 경우 고정 IP주소를 할당하여 서버로 사용합니다. 이 경우 DHCP를 사용하지 않는 것("아니오")를 선택하면 호스트 이름, IP주소, 넷마스크, 기본 라우터 주소 등을 입력하는 화면이 나타납니다.

13 **[e1000g0용 IPv6]** 대화상자가 나타납니다. 우리는 IPv6를 사용하지 않기 때문에 **"아니오"**를 선택한 후 [다음] 버튼을 클릭합니다.

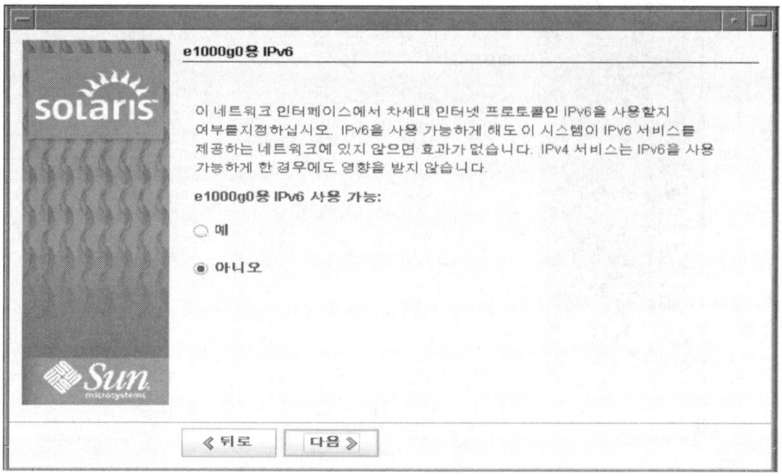

14 **[커버로스]** 대화상자가 나타납니다. 커버로스란 보안 및 인증 프로토콜로 이를 사용하는 클라이언트로 참여할 것인지를 선택하는 것입니다. **"아니오"**를 선택한 후 [다음] 버튼을 클릭합니다.

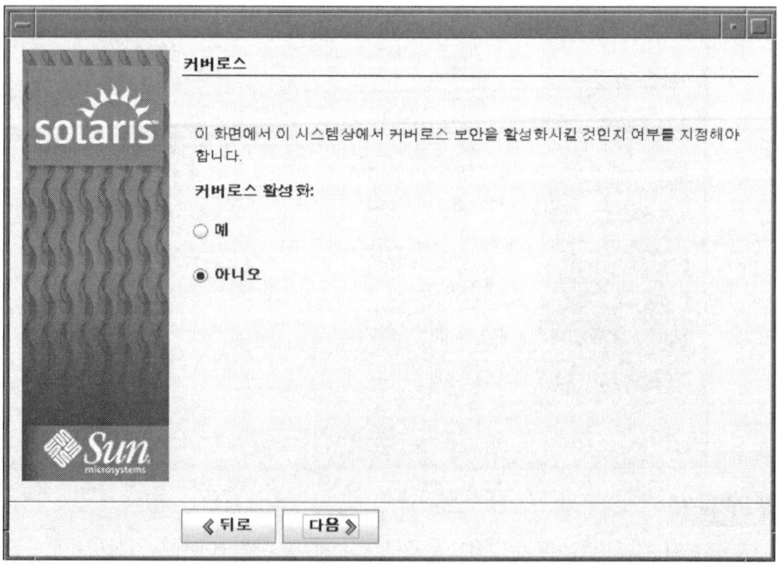

15 **[이름 서비스]** 대화상자가 나타납니다. 일반적으로 "DNS"를 사용하지만 우리는 호스트 OS인 Windows를 통해 자동적으로 네트워크 및 인터넷에 연결되기 때문에 **"없음"**을 선택한 후 [다음] 버튼을 클릭합니다.

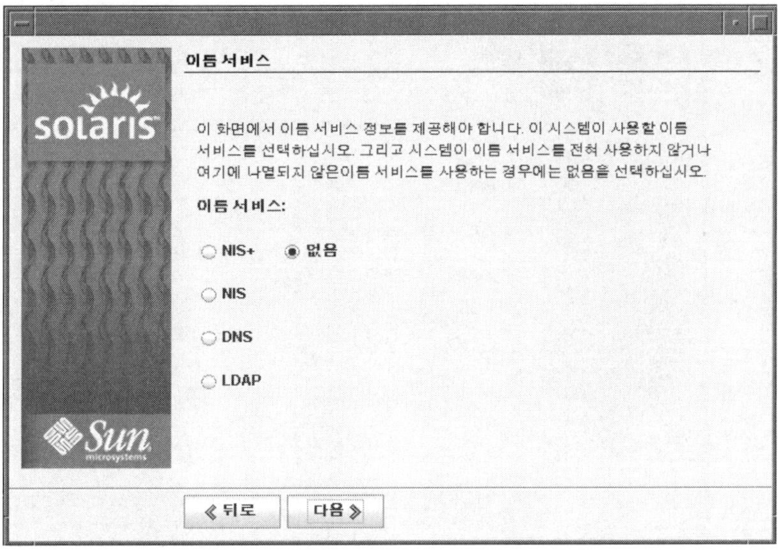

16 **[NFSv4 도메인 이름]** 대화상자가 나타납니다. 위에서 지정한 시스템의 "이름 서비스"에서 자동으로 파생된 도메인 이름을 그대로 사용하는 것이 적절합니다. **"시스템에 의해 파생된 NFSv4 도메인을 사용하십시오"**를 선택한 후 [다음] 버튼을 클릭합니다.

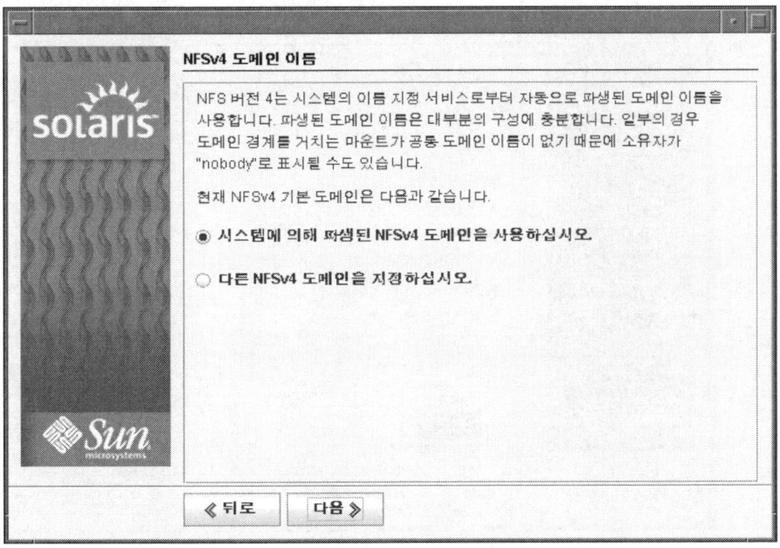

17 **[시간대]** 대화상자가 나타납니다. 기본 시간대(Timezone)을 지정하는 기준을 선택하는 것인데 **"지리적 대륙/국가/지역"**을 선택한 후 [다음] 버튼을 클릭합니다.

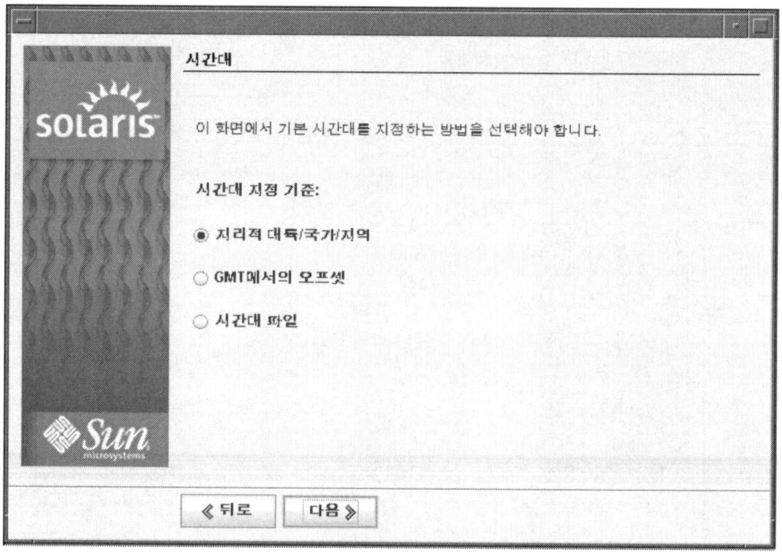

18 **[대륙 및 국가]** 대화상자가 나타납니다. **"아시아"**의 왼쪽에 있는 "▶"을 클릭하면 아시아의 국가들을 펼쳐 보여주는데 **"대한민국"**을 선택한 후 [다음] 버튼을 클릭합니다.

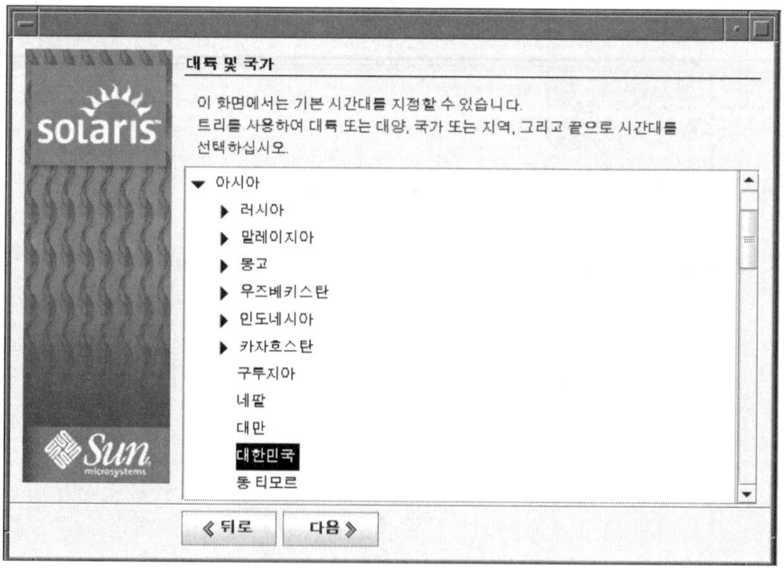

19 **[날짜 및 시간]** 대화상자가 나타납니다. 현재의 날짜 및 시간이 자동적으로 나타납니다. 수정이 필요하면 수정한 후 [다음] 버튼을 클릭합니다.

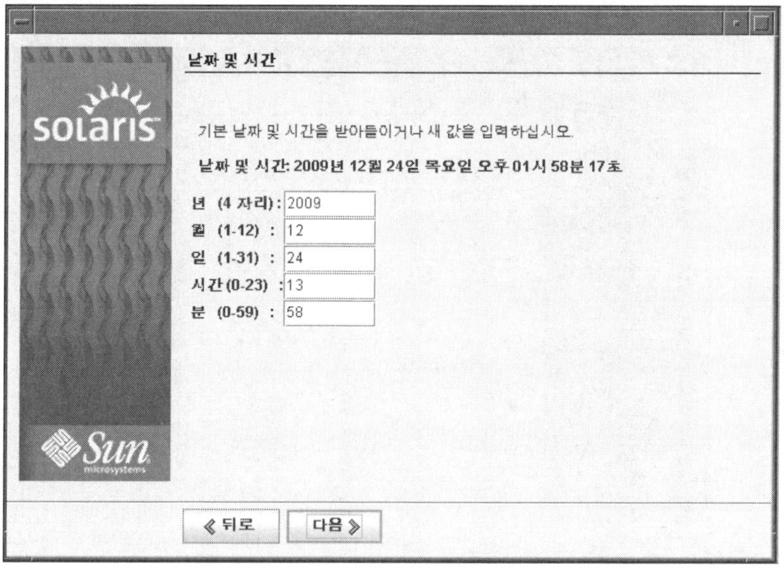

20 **[루트 암호]** 대화상자가 나타납니다. root 계정의 암호를 입력하는 것으로 매우 중요합니다. 적절한 암호를 입력한 후 [다음] 버튼을 클릭합니다.

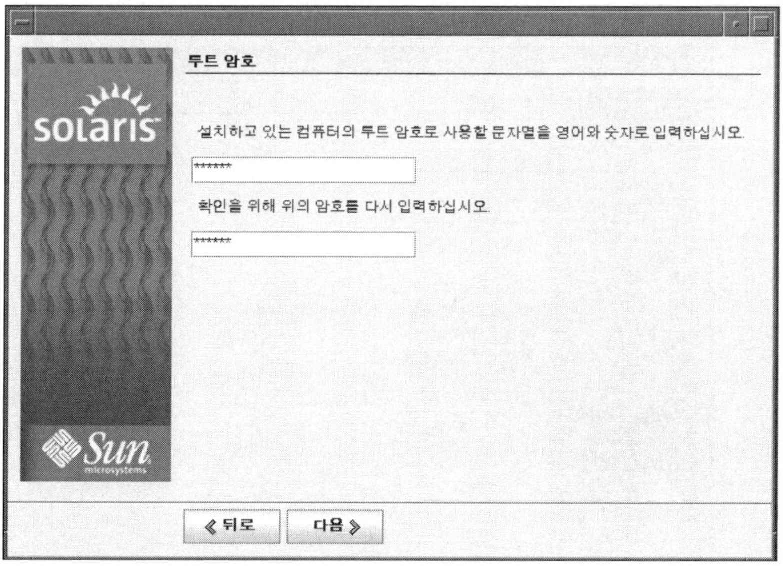

21 **[원격서비스 활성화]** 대화상자가 나타납니다. 원격 클라이언트에서 외부 접근을 허용할 것이지를 선택하는 것입니다. **"예"**를 선택한 후 [다음] 버튼을 클릭합니다.

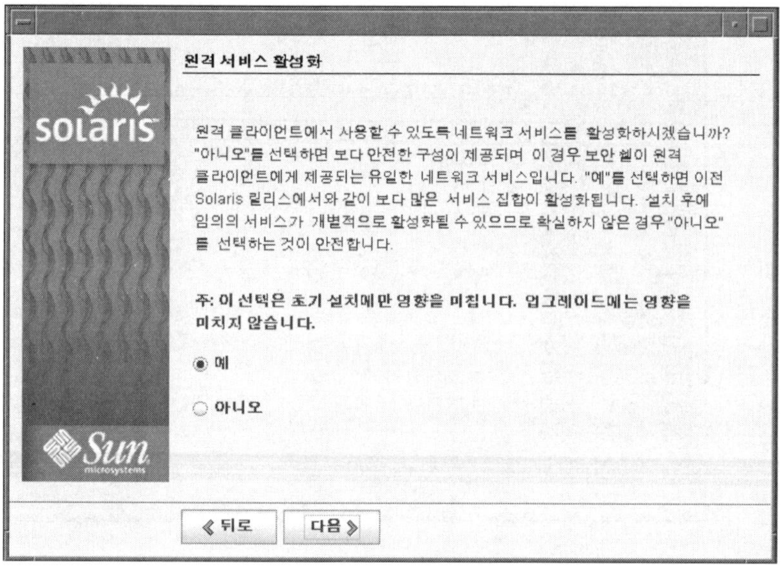

22 **[정보 확인]** 대화상자가 나타납니다. 현재 설정된 네트워크 정보를 요약해서 보여줍니다. [확인] 버튼을 클릭합니다.

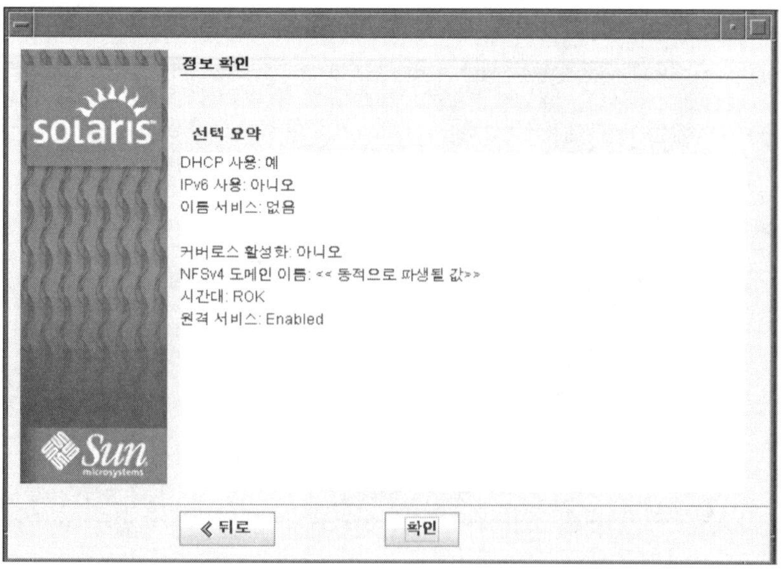

23 **[Solaris 설치 콘솔]**이 나타나면서 설치 시작 진행과정을 보여준 후 **환영합니다** 대화상자가 나타납니다. [다음] 버튼을 클릭합니다.

24 **[Installer 옵션]** 대화상자가 나타납니다. 설치 후 재부트 및 CD 배출을 자동으로 할 것인지를 선택하는 것입니다. 둘 다 **"예"**를 선택한 후 [다음] 버튼을 클릭합니다.

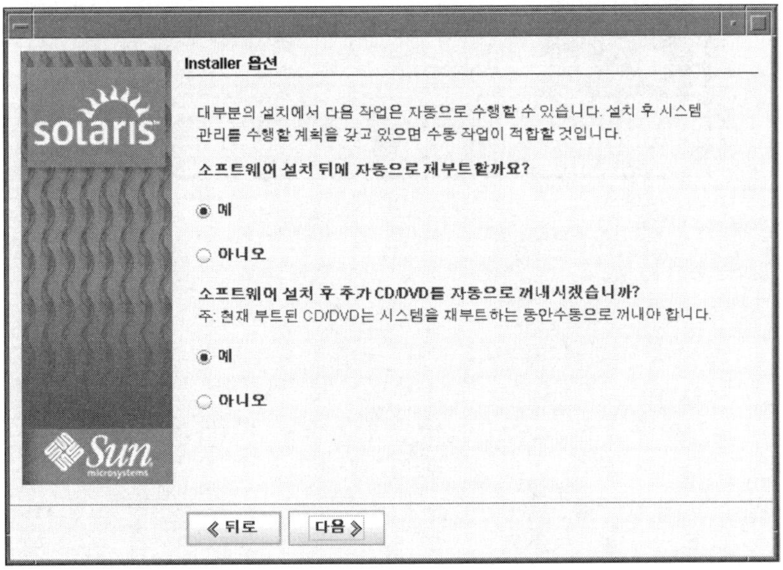

25 **[주의]** 창이 나타납니다. 재부팅 후 다시 설치과정이 반복되지 않도록 CD/DVD를 꺼내라는 경고문구입니다. 위의 대화상자에서 둘 다 "예"를 선택하였기 때문에 문제가 없습니다. [확인] 버튼을 클릭합니다.

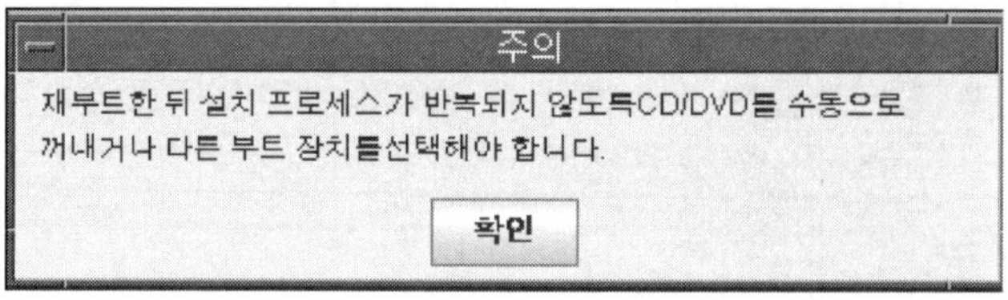

26 **[매체지정]** 대화상자가 나타납니다. Solaris를 설치할 매체를 선택하는 것으로 **"CD/DVD"**를 선택한 후 [다음] 버튼을 클릭합니다.

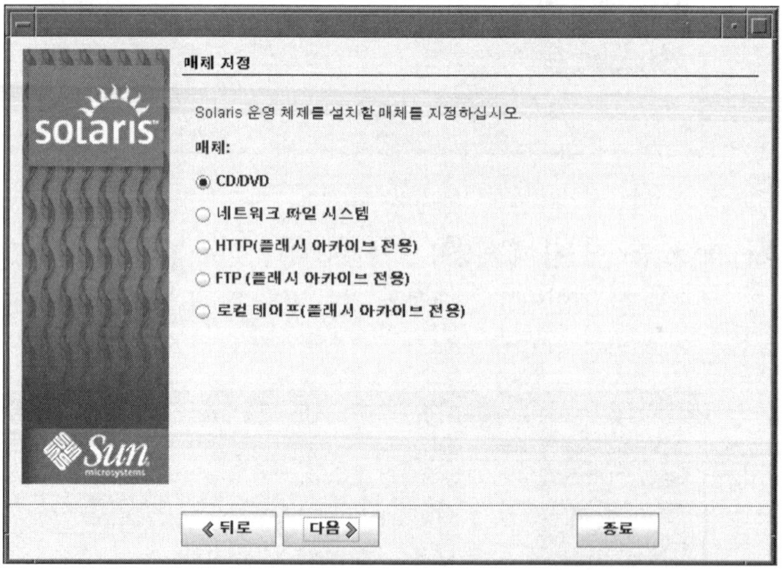

27 **[초기화중...]** 화면이 나타납니다. 시스템의 초기화 작업이 진행되는 것을 보여주는 것으로 잠시 기다리면 다음 화면이 나타납니다.

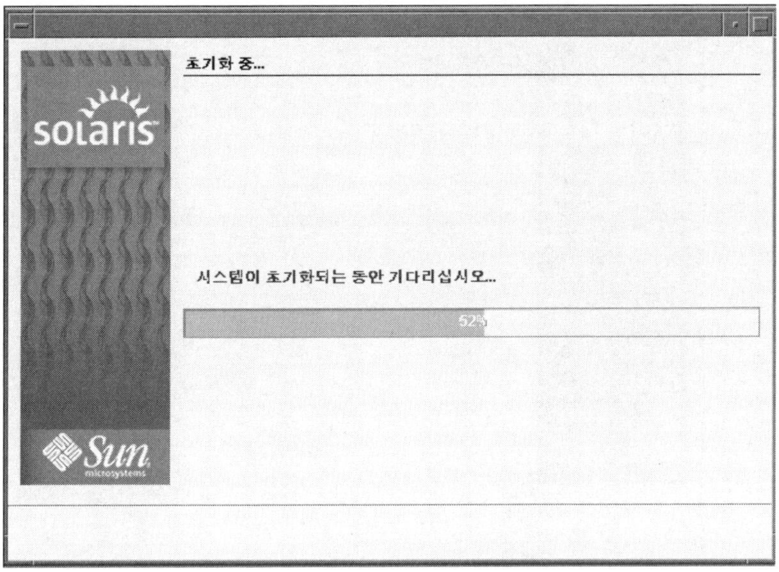

28 **[License]** 대화상자가 나타납니다. 아래의 **"승인"**에 체크한 후 [다음] 버튼을 클릭합니다.

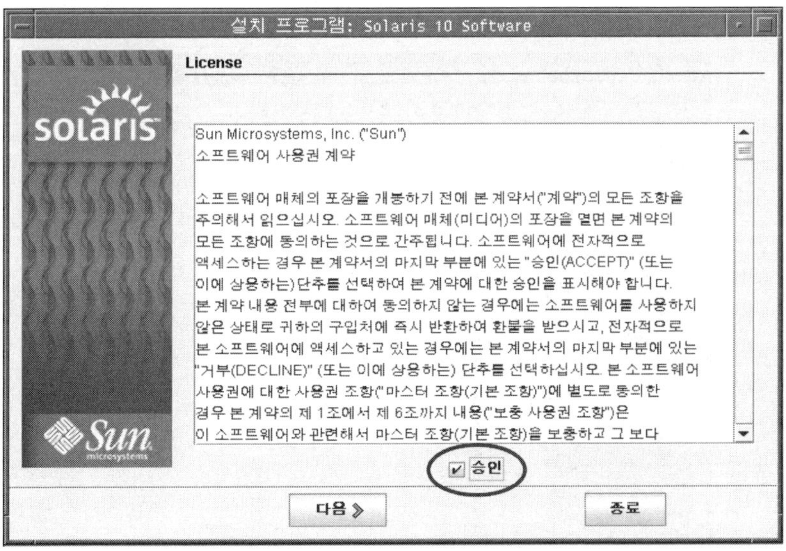

29 **[설치 유형 선택]** 대화상자가 나타납니다. Solaris 전체를 설치할 것이기 때문에 **"사용자 설치"**를 선택한 후 [다음] 버튼을 클릭합니다.

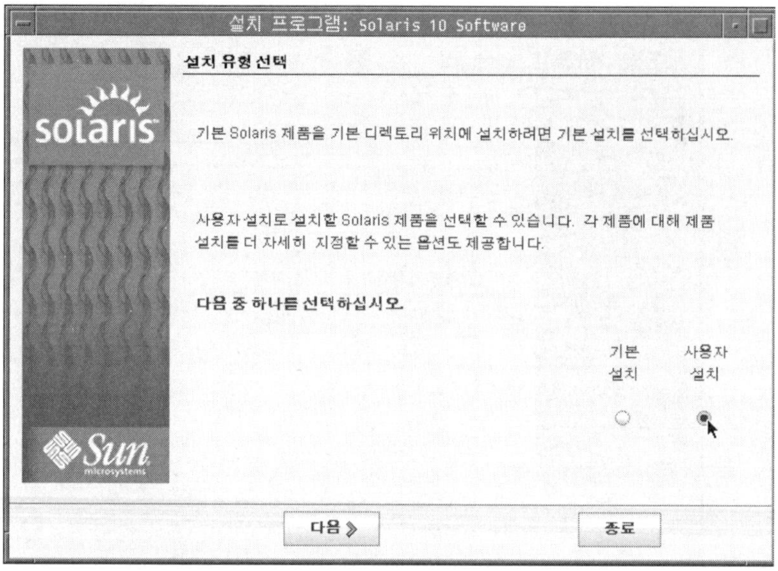

30 **[소프트웨어 로케일 선택]** 대화상자가 나타납니다. "아시아"가 디폴트로 선택되어 있습니다. 한글 Solaris를 설치할 것이기 때문에 **"아시아"**의 왼쪽에 있는 "▶" 아이콘을 클릭합니다.

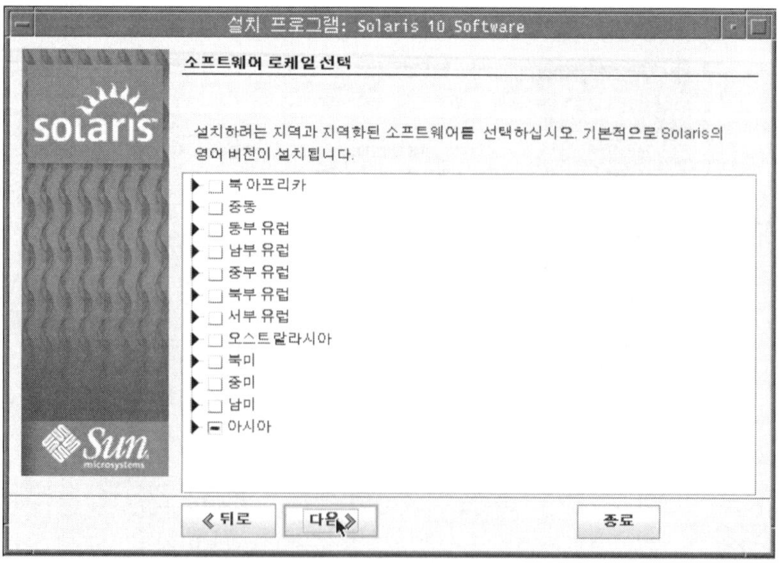

31 아시아 국가에서 사용하는 언어들이 나열됩니다. 한국어는 모두 선택합니다. 즉 **"한국어(ko)"**와 **"한국어(UTF-8)"** 두 곳을 체크한 후 [다음] 버튼을 클릭합니다.

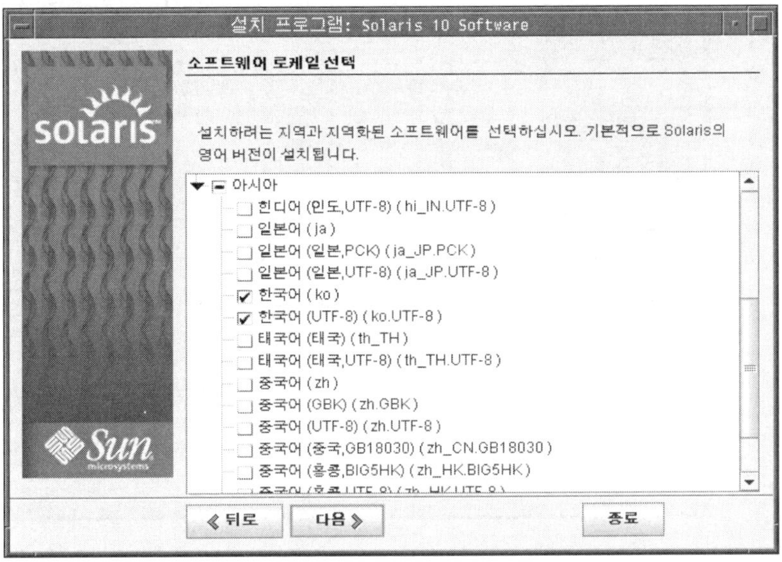

32 **[시스템 로케일 선택]** 대화상자가 나타납니다. **"한국어"**를 선택한 후 [다음] 버튼을 클릭합니다.

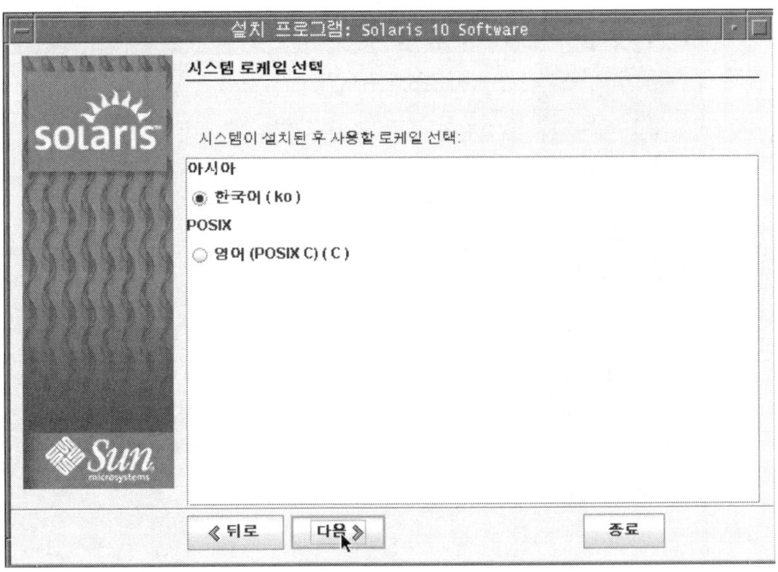

33 **[추가제품]** 대화상자가 나타납니다. "없음"을 선택한 후 [다음] 버튼을 클릭합니다.

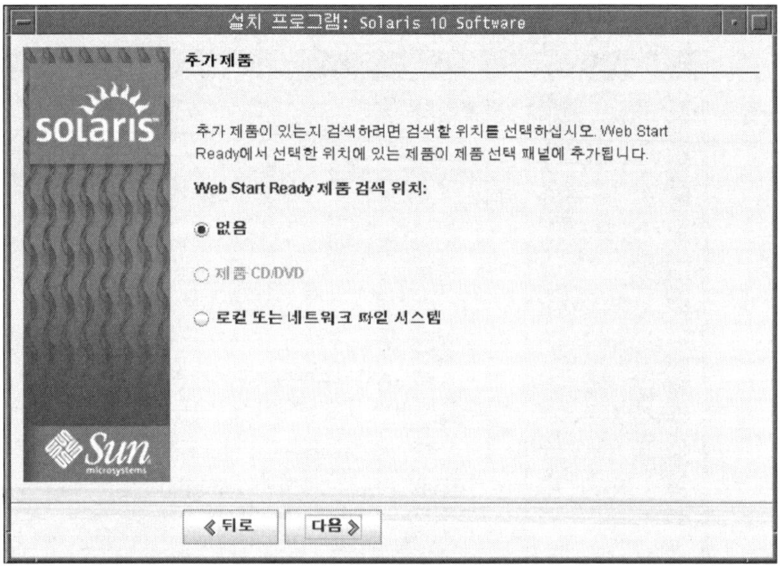

34 **[Solaris 소프트웨어 그룹 선택]** 대화상자가 나타납니다. 모든 소프트웨어를 다 설치할 것이기 때문에 **"전체그룹+OEM"**을 선택한 후 [다음] 버튼을 클릭합니다.

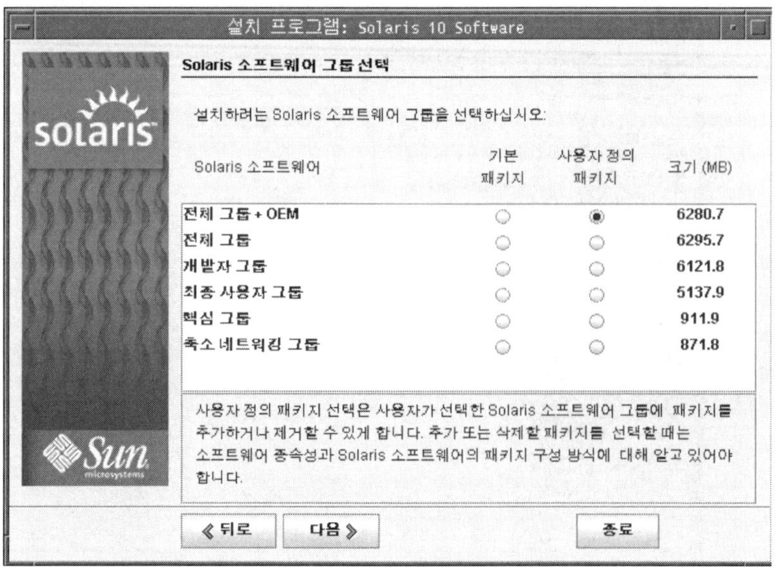

35 **[클러스터 및 패키지 선택]** 대화상자가 나타납니다. 필요에 따라 클러스터 및 패키지를 추가하거나 제거할 수 있습니다. [다음] 버튼을 클릭합니다.

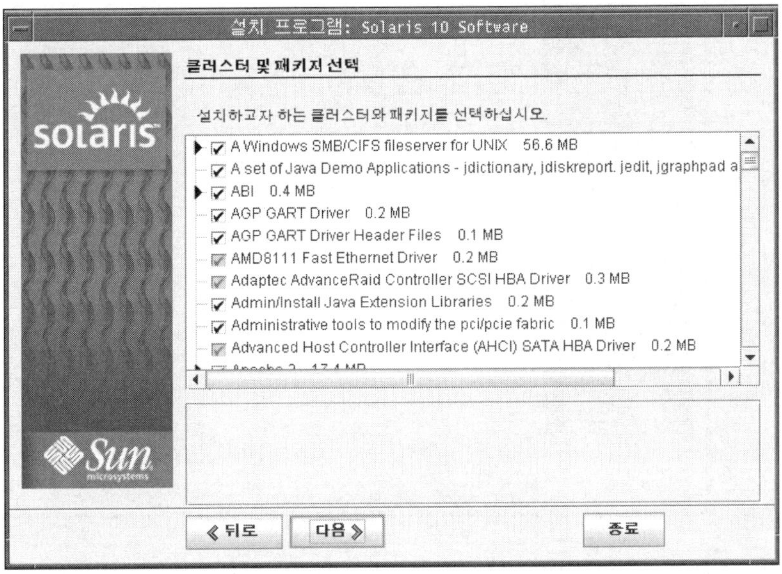

36 **[디스크 선택]** 대화상자가 나타납니다. 여기서는 디스크가 하나이기 때문에 "c0d0" 디스크가 선택되어 있습니다. [다음] 버튼을 클릭합니다.

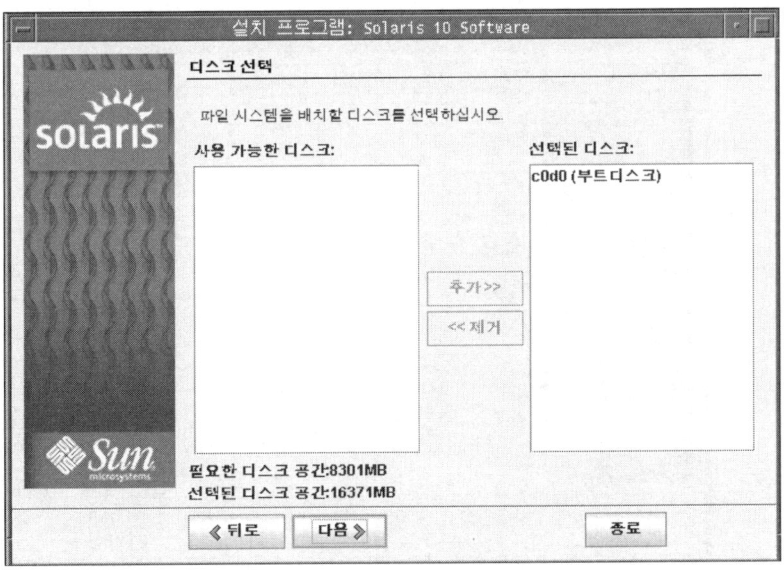

37 **[fdisk를 위한 디스크 선택]** 대화상자가 나타납니다. **"c0d0"**에 체크한 후 [다음] 버튼을 클릭합니다.

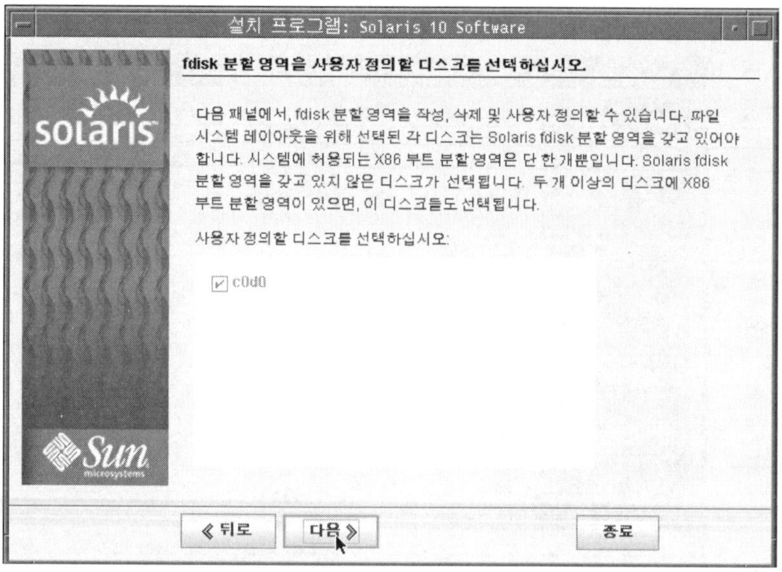

38 **[fdisk 분할영역 사용자 정의]** 대화상자가 나타납니다. Solaris를 가상머신 상에 설치한 후 멀티부팅으로 사용하지 않을 것이기 때문에 전체를 Solaris에 할당하는 것으로 하였습니다. 디폴트로 전체가 Solaris에 할당되어 있으므로 [다음] 버튼을 클릭합니다.

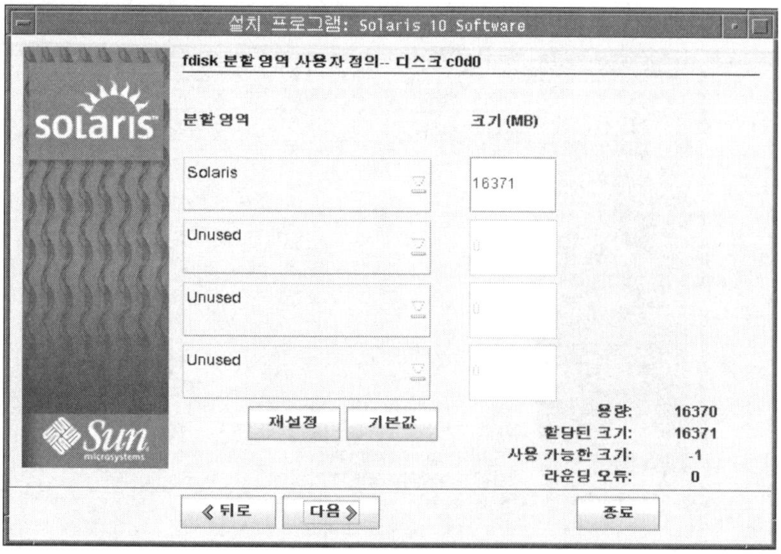

39 **[파일시스템 배치]** 대화상자가 나타납니다. 파일시스템을 어떻게 구성할 것인지를 결정하는 것입니다. 변경을 하려면 [수정] 버튼을 클릭하면 됩니다. 여기서는 그대로 사용합니다. [다음] 버튼을 클릭합니다.

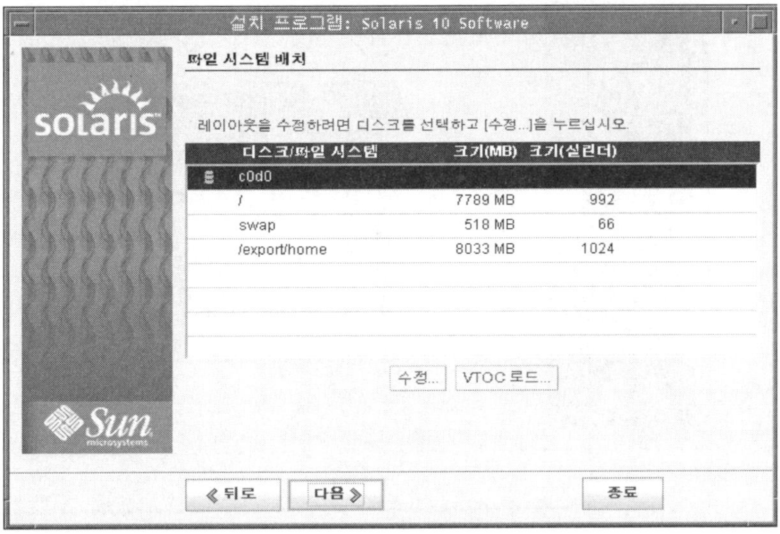

> **참고**
>
> ☞ 파일시스템을 어떻게 구성할 것인가는 고급과정에 속합니다. 유닉스 시스템관리자 과정의 Solaris 설치과정에서 자세히 다룰 것입니다.

40 **[설치 준비]** 대화상자가 나타납니다. 설치될 항목을 요약해서 보여줍니다. 확인 후 [지금설치] 버튼을 클릭합니다.

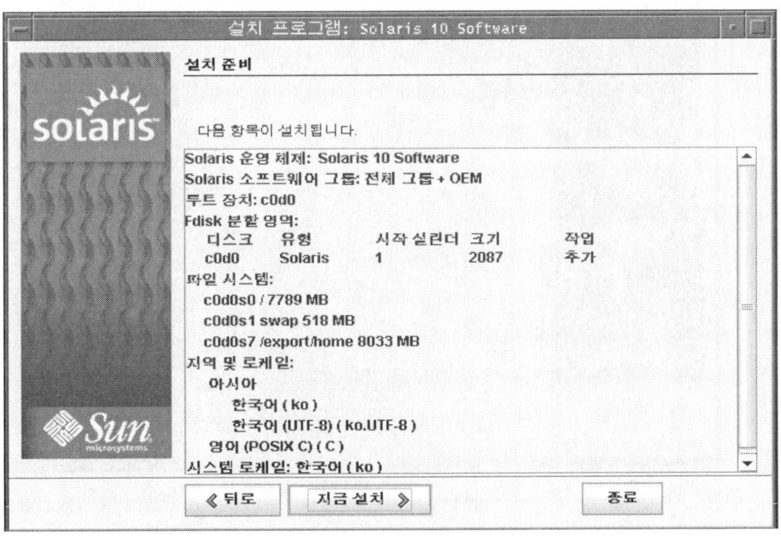

41 **[설치중...]** 대화상자가 나타납니다. 설치가 진행되는 상황을 보여줍니다. 대략 1시간 전후의 시간이 소요됩니다.

42 **[설치 요약]** 대화상자가 나타납니다. 설치가 완료되었다는 간단한 정보를 보여줍니다. [다음] 버튼을 클릭합니다.

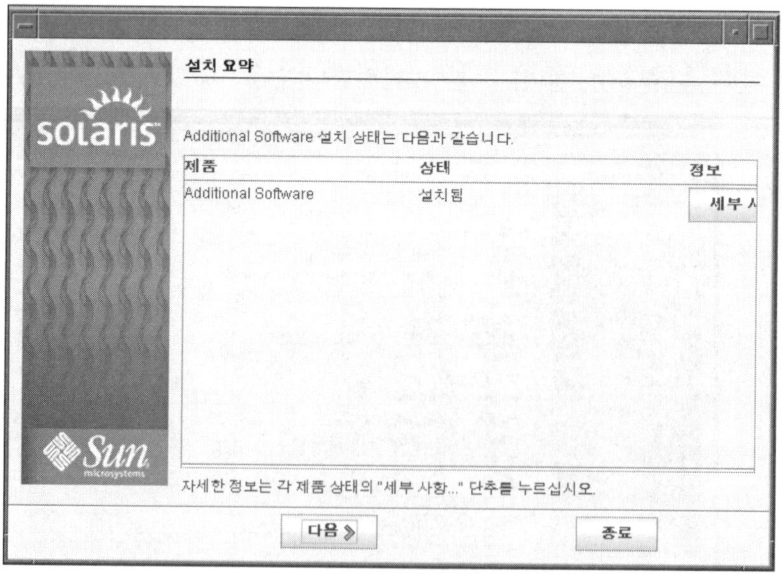

43 **[재부트]** 대화상자가 나타나면서 **일시중지 중** 경고창이 뜹니다. 재부트 해도 되겠는지를 묻는 것입니다. [계속] 버튼을 클릭하면 재부트합니다.

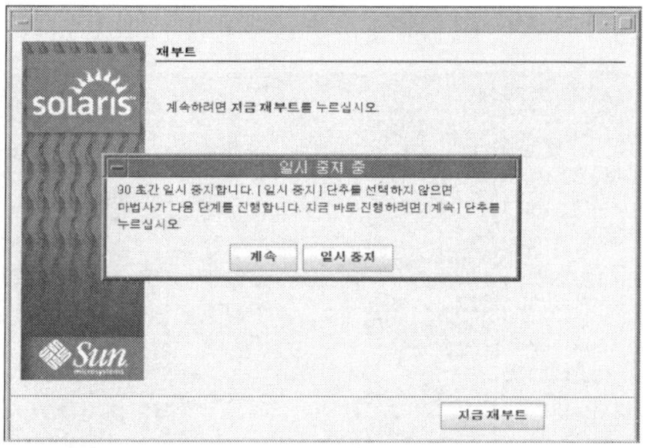

44 **[GNU GRUB]** 부트 매니저 대화상자가 나타납니다. 부트 매니저(boot manager)란 멀티 부팅하거나 Solaris의 다른 커널로 부팅하고 싶을 때를 위해서 디스크의 첫 번째 트랙의 첫 번째 섹터인 MBR에 설치된 것입니다. 검게 하이라이트되어 있는 **Solaris 10**으로 부팅하기 위하여 마우스를 콘솔에 위치시킨 후 <Enter> 키를 칩니다. 두 번째 줄의 "Solaris failsafe"는 부트 아카이브(커널과 주요 데이터의 램디스크 이미지)에 문제가 있어 부팅되지 않을 때 선택합니다.

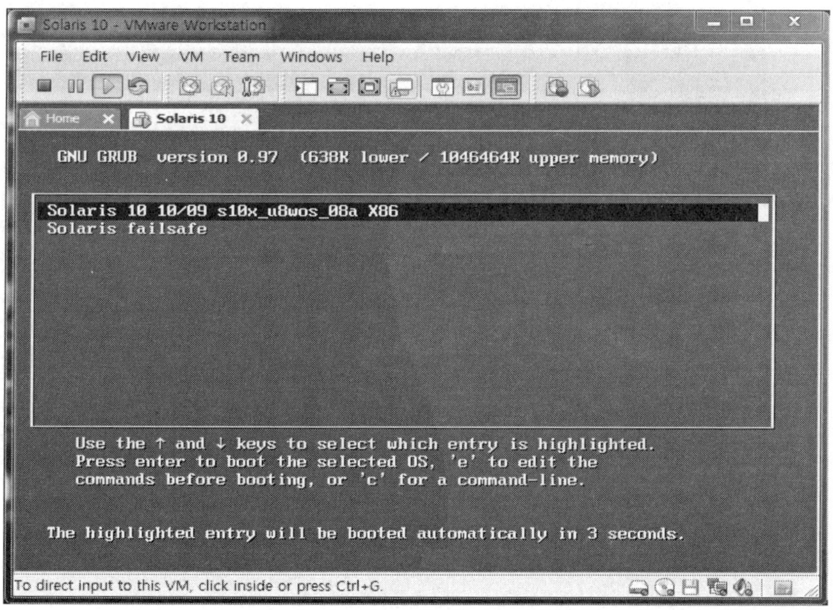

45 부팅과정이 텍스트 모드로 진행되면서 "console login : "이 나타납니다. 물론 ID와 패스워드를 입력해서 로그인할 수 있지만 그래픽 모드로 로그인하기 위하여 이 상태에서 아무것도 입력하지 않고 잠시 기다립니다.

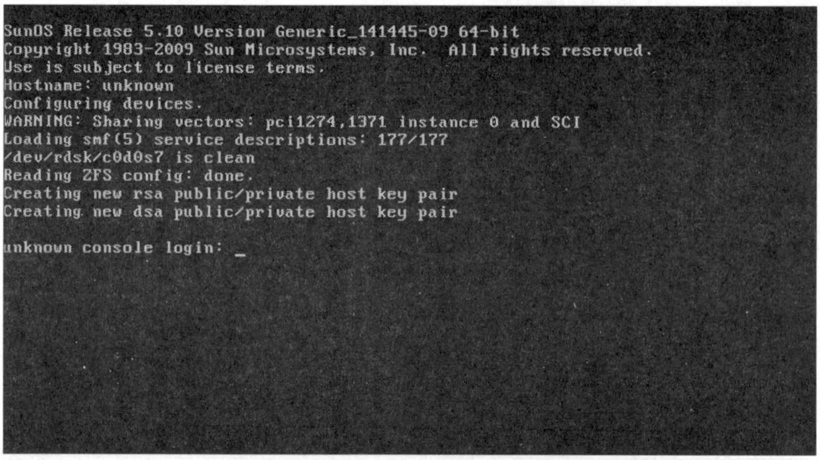

46 그래픽 모드의 로그인 화면이 나타납니다. **"root"**를 입력하고 [확인] 버튼을 클릭한 후 뒤이어 나타나는 화면에서 설치시 설정한 **패스워드**를 입력한 후 [확인] 버튼을 클릭합니다.

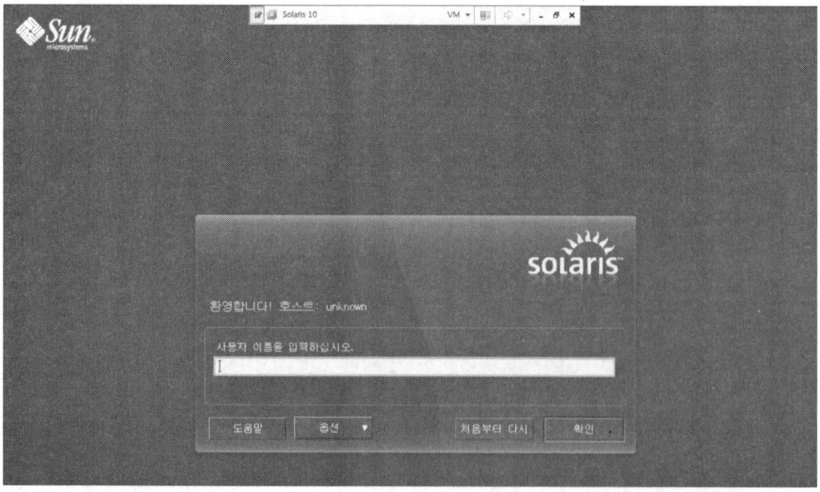

47 다음과 같은 팝업창이 나타납니다. 데스크탑 환경을 선택하는 것으로 디폴트로 "Java Desktop System"(JDS)이 선택되어 있습니다. 우리는 이것을 사용할 것입니다. "공통 데스크탑 환경(CDE)"은 앞으로 사용되지 않을 예정입니다. [확인] 버튼을 클릭합니다.

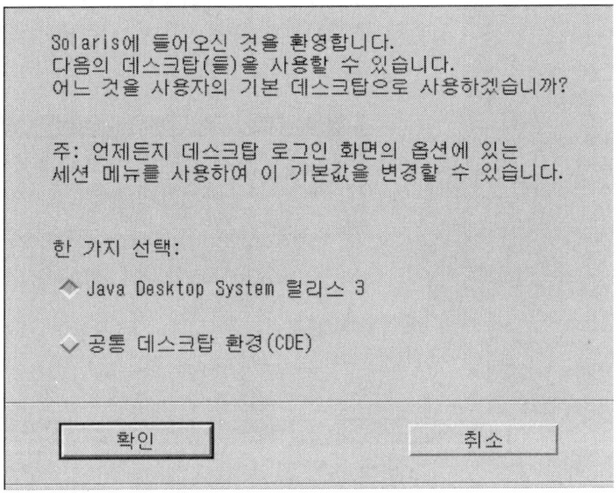

48 바탕화면이 나타나면서 **[Solaris 등록 마법사]** 팝업창이 나타납니다. **"등록하지 않고 Solaris 소프트웨어를 실행"**을 선택한 후 [다음] 버튼을 클릭합니다.

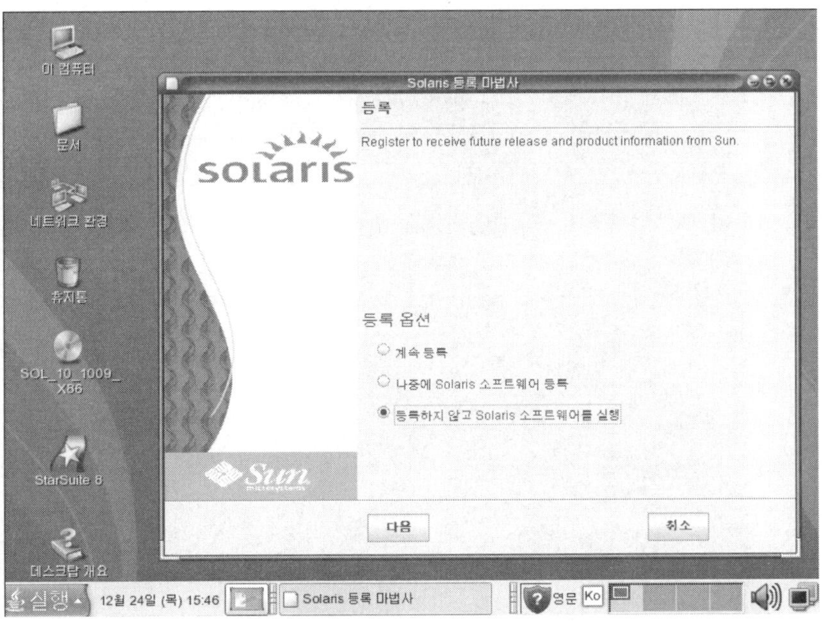

49 **[등록안함?]** 경고창이 나타납니다. [등록안함] 버튼을 클릭합니다.

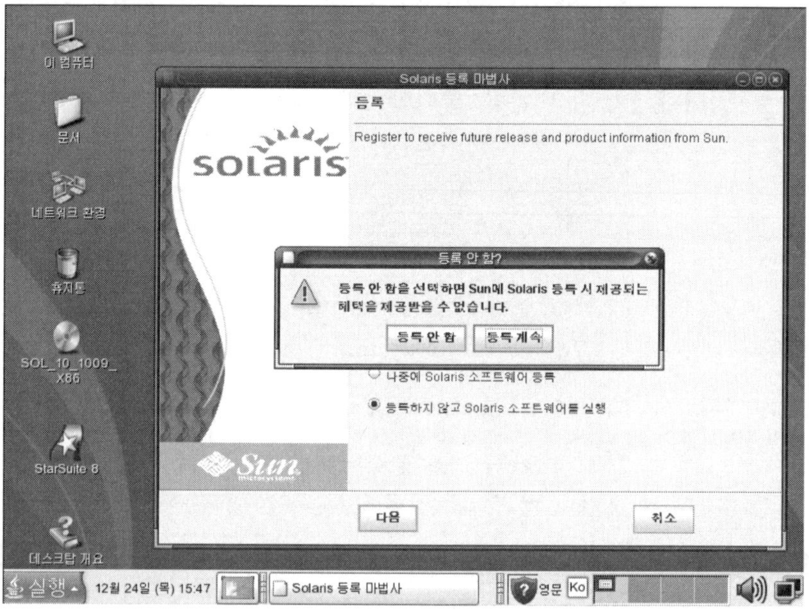

50 이제 드디어 Solaris 설치를 마치고 재부팅하여 Solaris를 본격적으로 사용할 수 있게 되었습니다. 먼저 간단한 유닉스 명령을 실행하기 위하여 오른쪽 마우스 팝업메뉴에서 **"터미널 열기"**를 선택합니다.

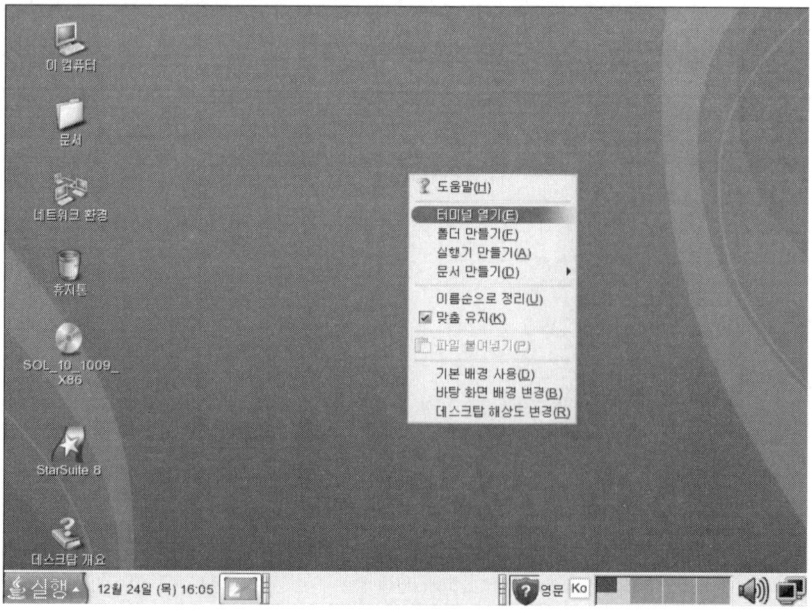

51 **[터미널]** 창이 나타납니다. 아래 화면에서와 같이 "date" 명령어를 입력해 봅니다. 오늘 날짜와 시간을 보여줍니다.

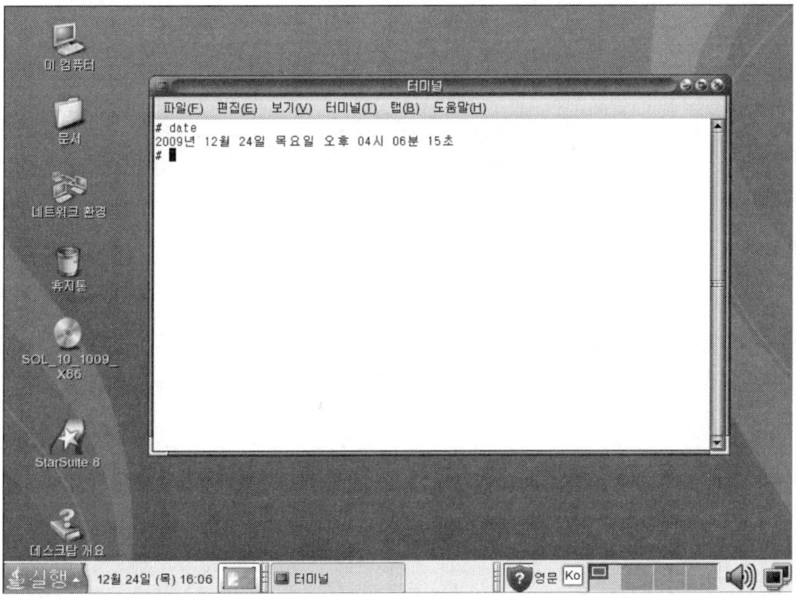

52 인터넷 접속을 해봅니다. 왼쪽 맨 아래에 있는 [실행] 버튼을 클릭한 후 "Firefox 웹 브라우저"를 선택합니다.

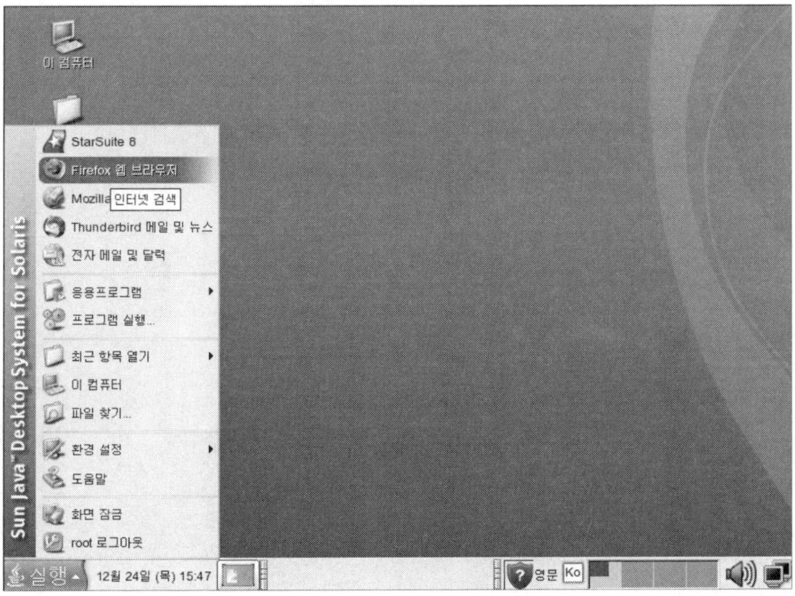

53 다음과 같이 웹 브라우저가 실행되면서 인터넷 접속을 확인합니다.

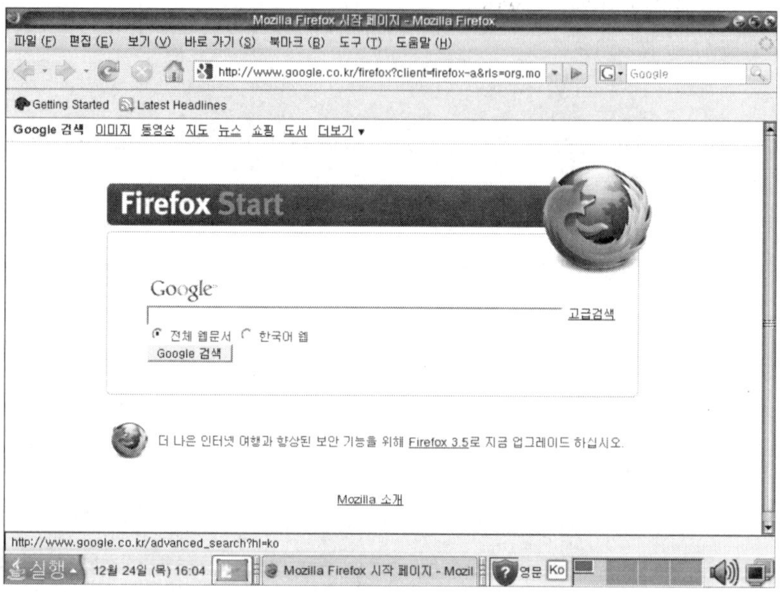

54 이제부터 여러분은 유닉스의 세계를 마음껏 항해하시기 바랍니다. 시스템을 종료하려면 바탕화면 왼쪽 맨 아래에 있는 [실행] 버튼을 클릭한 후 "root 로그아웃"을 선택합니다. 그러면 아래와 같은 로그아웃 화면이 나타납니다. "컴퓨터 끄기"를 선택한 후 [확인] 버튼을 클릭하면 됩니다.

5. VMware Tools

VMware의 다양한 기능들을 이용하기 위해서는 게스트 OS마다 VMware Tools를 설치해 주어야 합니다.

VMware tools 설치 시 이점은 다음과 같습니다.

- 디스플레이 드라이버를 VGA 호환대신 SVGA II를 설치
- 네트워크 어댑터를 10Mbps에서 1Gbps로 격상
- SCSI 컨트롤러를 BusLogic MultiMaster PCI SCSI Host Adapter에서 VMware SCSI Controller로 바꿔줌
- PS/2 호환 마우스에서 VMware Pointing Device로 변경
- 공유 폴더(Shared folder) 기능
- 호스트 OS와 게스트 OS 간에 드래그앤드롭으로 파일을 복사
- 호스트 OS와 게스트 OS 간의 시간을 동기화

설치 시에는 게스트 OS의 전원이 켜진 상태에서 설치해야 하고 여러 개의 게스트 OS를 설치하였다면 각 OS마다 따로 설치해야 모든 OS에서 기능들이 활성화됩니다.

Solaris 게스트 OS용 VMware Tools 설치 방법은 다음과 같습니다.

1 호스트 OS 상의 VMware 메뉴의 [VM - Install VMware Tools]를 선택합니다.

2 게스트 OS인 Solaris에서 "root"로 로그인합니다.

3 터미널 창을 열어 다음 명령을 입력합니다.

```
# /etc/init.d/volmgt stop
# /etc/init.d/volmgt start
```

4 작업 디렉토리를 변경합니다.

```
# cd /tmp
```

5 VMware Tools 압축파일을 풉니다.

```
# gunzip -c /cdrom/vmwaretools/vmware-solaris-tools.tar.gz | tar xf -
```

6 VMware Tools 인스톨러를 실행합니다.

```
# cd vmware-tools-distrib
# ./vmware-install.pl
```

설정 프롬프트에서 무엇인가 물어 보면 <Enter> 키를 쳐서 디폴트 값을 그대로 받아들입니다.

7 root 계정에서 로그아웃합니다.

```
# exit
```

디렉토리란 파일이나 디렉토리의 위치(location)입니다. 파일시스템 내에서는 파일과 디렉토리를 새로 생성하거나 삭제할 수 있습니다. 어떤 디렉토리 아래에 위치한 디렉토리를 서브디렉토리(subdirectory)라고 합니다. 위의 그림의 경우 루트 디렉토리(/) 아래에 있는 서브디렉토리는 /bin, /home, /etc, /dev, /usr 입니다.

Chapter 3

유닉스 시작하기

1. 기본 개념 및 용어
2. 로그인
3. JDS 데스크탑 사용하기
4. 명령의 실행
5. 기본 명령

1. 기본 개념 및 용어

부팅이란

부팅(booting)에서 boots는 부츠, 즉 신발을 의미합니다. 일하러 밖으로 나가기 위해서 처음에 신발을 신는 것과 마찬가지로, 컴퓨터를 처음 동작시킬 때 수행되는 일련의 과정을 일컬어 부팅이라고 합니다.

부팅은 컴퓨터의 시동을 뜻하며, 부팅이 가능한 장치(bootable device : 주로 하드디스크나 CD-ROM)를 사용하여 컴퓨터가 동작할 수 있도록 시스템에 운영체제를 불러 들여 작동을 준비하는 작업입니다. 즉, 컴퓨터 시스템을 시동하거나 초기 설정하는 것을 의미합니다.

일반적으로 컴퓨터의 전원을 켜면 먼저 부팅 프로그램을 불러들이고, 부팅 프로그램은 운영체제(Operating System)를 기억장치로 불러 들여 컴퓨터가 작동을 할 수 있도록 준비합니다.

사용자 계정과 패스워드

유닉스 시스템을 사용하는 사용자는 크게 두 가지로 분류할 수 있습니다. 하나는 시스템 관리자(System Administrator)이고 하나는 일반 사용자(End User)입니다.

모든 유닉스 시스템은 시스템에 대한 관리와 유지보수가 필요합니다. 이러한 임무를 수행하는 사람을 시스템 관리자라고 합니다.

개인적으로 유닉스 시스템을 운영하는 경우에는 자기 스스로가 일반 사용자이면서 동시에 시스템 관리자의 역할도 함께 해야 합니다. 앞서 솔라리스 운영체제를 설치할 때는 시스템 관리자로서의 역할을 한 것입니다.

사실 대형 시스템의 경우에는 높은 수준의 전문적인 지식이 필요하기 때문에 별도로 시스템 관리자를 두어 시스템을 운영합니다.

그러나 여기에서는 PC에 유닉스를 설치하는 경우와 설치된 유닉스 시스템을 켜고 끄는 작업에서만 시스템 관리자의 입장이고, 나머지는 모두 일반 사용자의 입장에서 필요한 내용을 다루고 있습니다.

일반 사용자가 유닉스 시스템을 사용하려면 시스템 관리자가 그 사용자를 확인할 수 있는 이름을 부여하는데 이를 사용자 계정(user account)이라고 합니다. 이 사용자 계정과 함께 패스워드(password)도 부여합니다. 이 패스워드는 사용자가 시스템을 사용할 때마다 입력해야 하는 것입니다.

> **참고**
> ☞ 사용자 계정은 사용자명, 로그인명, 로그인 ID, 사용자 ID라고도 합니다.
> 시스템 관리자는 수퍼유저(Super user) 또는 root 계정 사용자라고도 합니다.

여러분은 앞서 솔라리스 설치 시에 시스템 관리자로서 root 계정의 패스워드를 설정하였습니다. root 계정의 경우 "root"로 정해져 있지만 일반 사용자의 경우 시스템 관리자가 시스템에 등록을 해 주어야 시스템을 사용할 수 있습니다. 시스템에 로그인하기 위해서는 "사용자 계정"과 "패스워드"가 반드시 필요합니다.

사용자 계정을 정할 때는 다음 원칙을 준수해야 합니다.

- 시스템 내에서는 유일해야 합니다.
- 2자부터 32자 사이의 문자, 숫자, 밑줄(_), 하이픈(-) 및 마침표(.) 조합이 포함될 수 있지만 공백(space)은 사용할 수 없습니다.
- 문자로 시작되어야 합니다.
- 최소한 한 개의 소문자를 갖고 있어야 합니다.

한편 패스워드를 만들 때도 다음 사항을 고려해야 합니다.

- 암호는 6자부터 15자 사이의 문자, 숫자 및 특수문자를 포함해야 합니다.
- 처음의 6자에는 최소 2자의 문자와 최소 한 자의 숫자 또는 특수문자를 사용해야 합니다.
- 처음의 8자만 사용되지만 기억하기 쉬운 긴 암호를 사용하고자 하는 경

우 15글자를 사용할 수 있습니다.
- 첫 번째 로그인 이후 암호를 변경할 수 있습니다.
- 사용자 계정과 같아서도 안 되고 비슷해서도 안 됩니다.
- 패스워드 변경 시 현재의 패스워드와 최소한 3자는 달라야 합니다.
- 암호는 대소문자를 구별합니다.

기본 용어

- 명령 라인(command line) : 사용자가 명령어나 프로그램명을 직접 입력해서 실행시키는 곳
- 명령 라인 인터페이스(CLI : Command Line Interface/Interpreter): 명령 라인 전체를 지칭하는 말로 사용자가 입력할 수 있도록 명령 프롬프트를 제공하거나 운영체제나 프로그램의 출력결과를 디스플레이하는 전체 화면이나 창
- 명령 프롬프트(command prompt) : 명령 라인 인터페이스(CLI) 중 사용자가 명령을 입력하는 부분. 셸 프롬프트와 동일하게 사용.
- 콘솔(console) : 기계(유닉스 시스템)에 직접 연결된 단말장치(모니터)
- 터미널(terminal) : 일반적으로 단말장치를 의미하며 콘솔과 상반되는 개념. 네트워크를 통해 연결된 다른 단말장치로 원격지에서 로그인하는 사용자 시스템을 의미
- 데스크탑(desktop) 환경 : 운영체제의 그래픽 사용자 인터페이스(Graphical User Interface : GUI)로 GNOME과 CDE 등이 있는데 솔라리스의 데스크탑 환경에서는 JDS를 사용함
- 세션(session) : 로그인하여 시스템에 접속한 후 로그아웃하여 시스템과의 접속을 끊을 때까지의 접속시간 또는 그 상태.
- 프로세스(process) : 실행 중인 프로그램.
- 데몬(Daemon) : 백그라운드로 항상 실행되고 있는 프로세스로 서비스 요청이 있을 때에만 처리. 예를 들면 웹 서버, FTP 서버, 프린트 서버 데몬
- 멀티태스킹(multi-tasking) : 한 시점에 하나 이상의 프로그램이나

작업을 실행시킬 수 있는 운영체제의 능력

- 다중 사용자(multi-user) : 동일한 컴퓨터 시스템에 동시에 한 명 이상이 로그인할 수 있는 운영체제의 능력

2. 로그인

로그인이란

솔라리스는 다중사용자(multi-user) 환경을 제공합니다. 다중사용자 환경이란 하나의 유닉스 시스템을 여러 사람이 자신의 고유한 사용자 계정을 가지고서 자신만의 업무공간을 할당받아 자신의 영역 내에서 자유롭게 시스템을 사용하는 환경을 말합니다.

따라서 각각의 사용자는 자신이 작성한 파일이나 프로그램이 다른 사용자가 읽지 못하도록 하거나 실행하지 못하도록 설정할 수 있고 자신의 작업 공간 속으로 다른 사람이 접근하지 못하도록 제한할 수 있습니다.

이와 같은 일련의 동작을 가능하도록 하는 것이 솔라리스 운영체제가 하는 일로서 운영체제는 앞 절에서와 같이 각각의 사용자에게 고유한 사용자 계정을 할당하고 사용자 인증(user authentication)을 위하여 패스워드를 사용하도록 합니다.

결론적으로 솔라리스 시스템을 사용하기 위해서는 사용자의 인증이 필요한데 이를 인증하는 가장 일반적인 방법이 바로 사용자 계정과 패스워드를 입력하게 하는 "로그인" 과정입니다.

로그인 화면에는 사용자 계정인 로그인명을 입력하라는 프롬프트가 나타나고 이어서 패스워드를 입력하라는 프롬프트가 나타납니다. 로그인명과 패스워드 중 어느 하나를 잘못 입력하면 로그인할 수 없습니다. 둘 다 정확히 입력해야 로그인이 됩니다.

솔라리스의 경우 로그인하는 환경을 두 가지 제공합니다. 데스크탑 로그인과 명령 라인 로그인입니다.

데스크탑 로그인

데스크탑 로그인은 JDS(Jave Desktop System) 세션에 들어가는 것입니다. 솔라리스 설치 시 기본적으로 JDS 세션을 사용하도록 설정되어 있습니다.

1 솔라리스의 전원을 켜면 다음과 같은 데스크탑 로그인 화면이 나타납니다. [사용자 이름을 입력하십시오] 란에 "root"를 입력하고 [확인] 버튼을 클릭합니다.

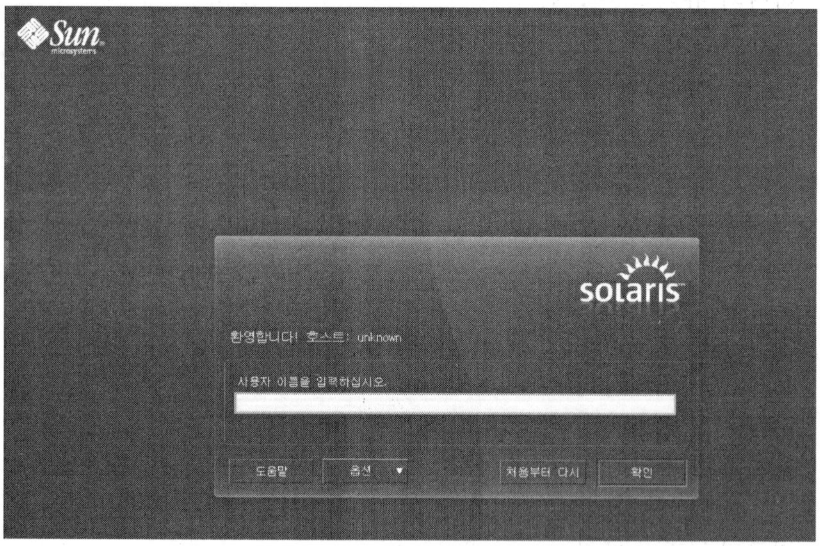

2 암호를 입력하는 화면이 나타납니다. [암호] 란에 솔라리스 설치 시 입력한 암호를 입력하고 [확인] 버튼을 클릭합니다. 입력 시 암호는 보이지 않습니다.

3 JDS 데스크탑 세션이 시작됩니다. 로그인 과정이 완료되었습니다. 이제부터 솔라리스를 사용하면 됩니다.

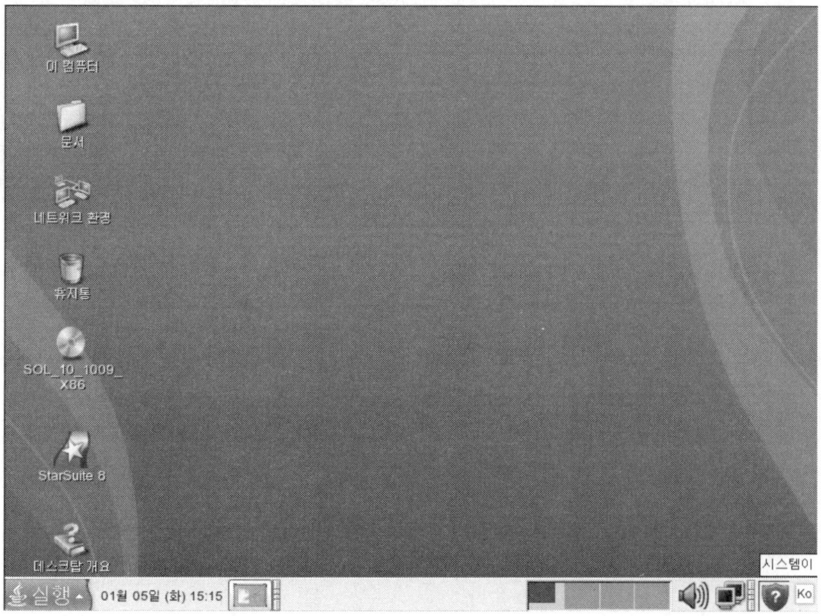

명령 라인 로그인

명령 라인(command-line) 세션으로 로그인할 수도 있습니다. 명령 라인 세션은 그래픽 데스크탑 환경이 아니라 검정 바탕에 흰 글자(또는 흰 바탕에 검은 글자)로 이루어진 텍스트 기반의 환경입니다. 당연히 마우스는 사용할 수 없고 키보드를 이용하여 일일이 명령어를 입력하여야 합니다.

이 세션으로 로그인하려면 다음과 같은 과정을 밟아야 합니다.

1 데스크탑 로그인 화면 아래에 있는 [옵션]을 클릭하고 있으면 풀다운 메뉴가 나타납니다.

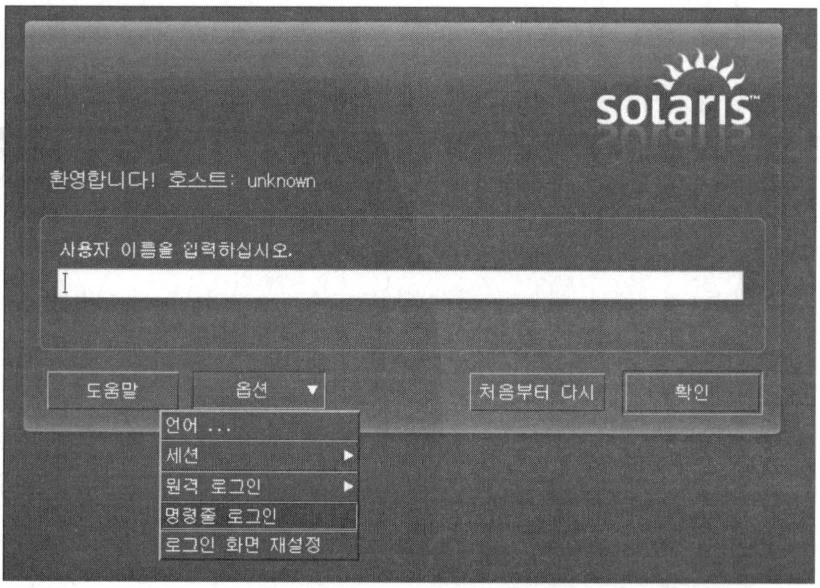

2 [명령 라인 로그인]을 클릭합니다. 그러면 로그인 화면이 사라지고 다음과 같은 화면이 나타납니다. <Enter> 키를 칩니다.

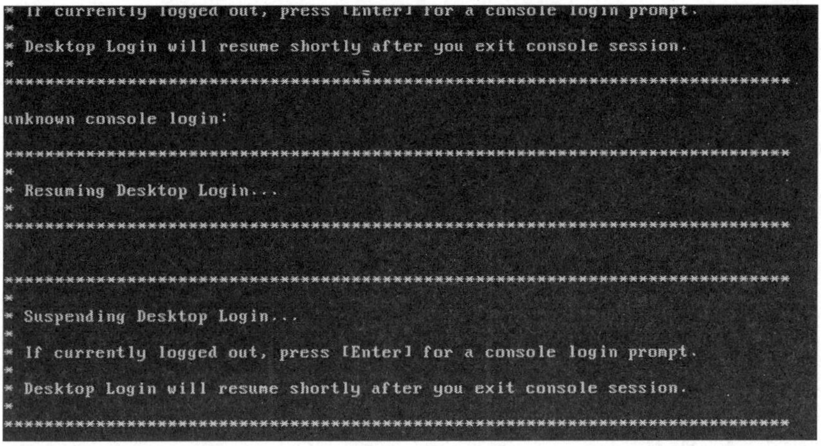

3 다음과 같이 사용자 ID를 입력하라는 "console login: " 프롬프트가 나타납니다. 30초 이내에 로그인하지 않으면 다시 데스크탑 로그인 화면으로 돌아갑니다.

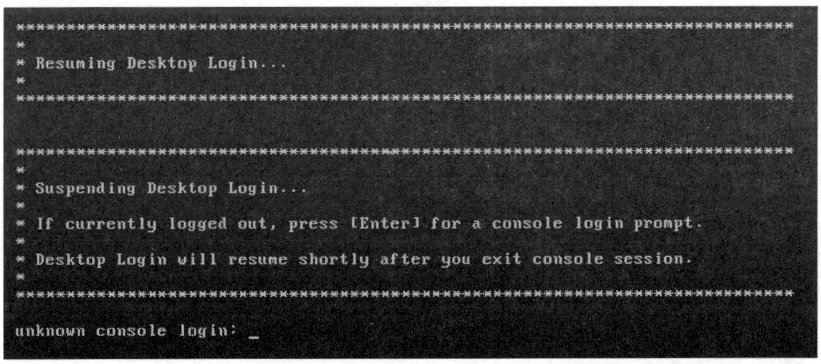

4 프롬프트에 "root"를 입력하고 <Enter> 키를 치면 Password를 입력하라는 프롬프트가 나타납니다. 패스워드를 입력한 후 <Enter> 키를 칩니다. 패스워드 입력 시에는 화면에 아무것도 나타나지 않습니다.

이제부터는 명령 라인 세션이 시작되고 명령어를 입력하라는 프롬프트가 나타납니다.

```
unknown console login : root
Password :
Jan 5 17:18:55 unknown login: ROOT LOGIN /dev/console
Last login: Tue Oct 19 21:43:59 2010 from 58.140.17.25
Sun Microsystems Inc.   SunOS 5.10      Generic January 2005
#
```

5 날짜와 시간을 알려주는 "date" 명령을 실행해 봅니다.

```
# date
2010년 1월  5일 화요일 오후 05시 50분 12초
#
```

6 명령 라인 세션에서 로그아웃하려면 "exit" 명령을 입력한 후 <Enter> 키를 칩니다.

```
# exit
```

7 그러면 다시 "console login: " 프롬프트가 나타나는데 아무 것도 입력하지 않고 잠시 기다리면 다시 데스크탑 로그인 화면이 나타납니다.

```
console login :
```

3. JDS 데스크탑 사용하기

JDS 세션 관리

JDS 세션 시작

로그인 화면은 JDS로 들어가는 문에 해당합니다. 로그인 화면에서 사용자 계정과 패스워드를 입력하여 로그인하면 세션이 시작되면서 사용자 계정과 패스워드 인증 후 세션 관리자가 시작됩니다.

세션은 JDS에 로그인 할 때 만들어져서 로그아웃할 때까지 유지됩니다. 데스크탑 세션 관리자를 이용하여 최근에 사용한 세션의 상태를 저장했다가 다음에 로그인 할 때 이 세션으로 돌아갈 수 있습니다.

JDS 세션을 선택하려면 아래 그림과 같이 로그인 화면의 **[옵션 - 세션 - Java Desktop System 릴리스 3]**을 선택한 후 로그인하면 됩니다.

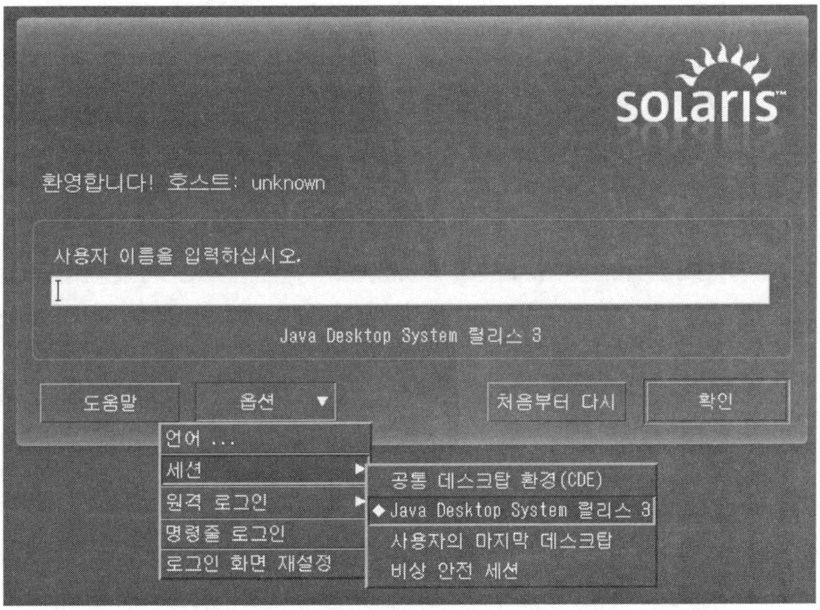

다른 언어의 세션 선택

우리가 설치한 솔라리스 시스템의 기본언어는 한글로 설정되어 있습니다. 그런데 영어로 된 세션으로 로그인하려면 다음 그림과 같이 로그인 화면의 **[옵션 - 언어 - C/POSIX]를** 선택한 후 로그인하면 됩니다.

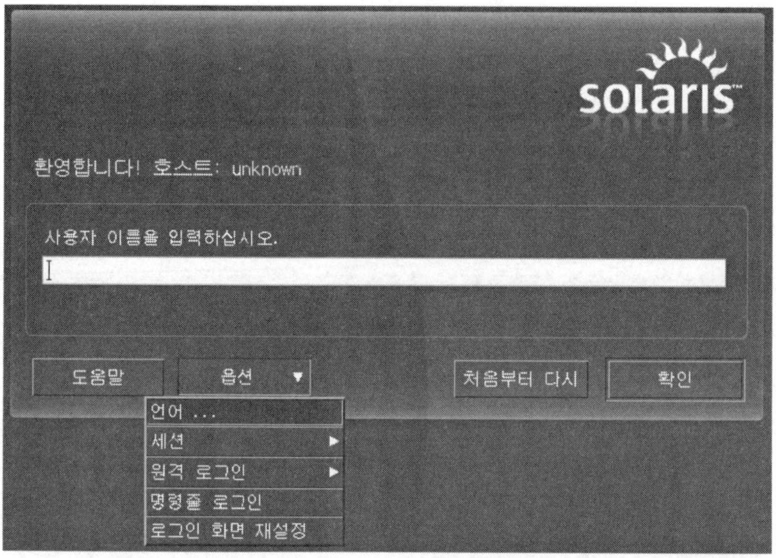
solaris
환영합니다! 호스트: unknown
사용자 이름을 입력하십시오.
도움말
옵션
처음부터 다시
확인
언어 ...
세션
원격 로그인
명령줄 로그인
로그인 화면 재설정

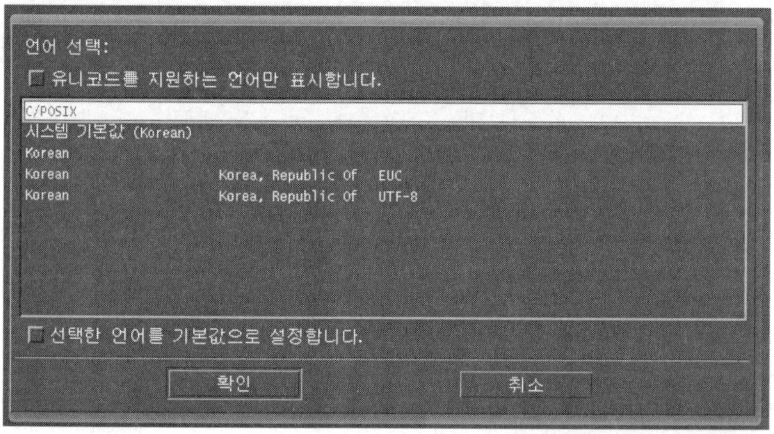
언어 선택:
유니코드를 지원하는 언어만 표시합니다.
C/POSIX
시스템 기본값 (Korean)
Korean
Korean Korea, Republic Of EUC
Korean Korea, Republic Of UTF-8
선택한 언어를 기본값으로 설정합니다.
확인
취소

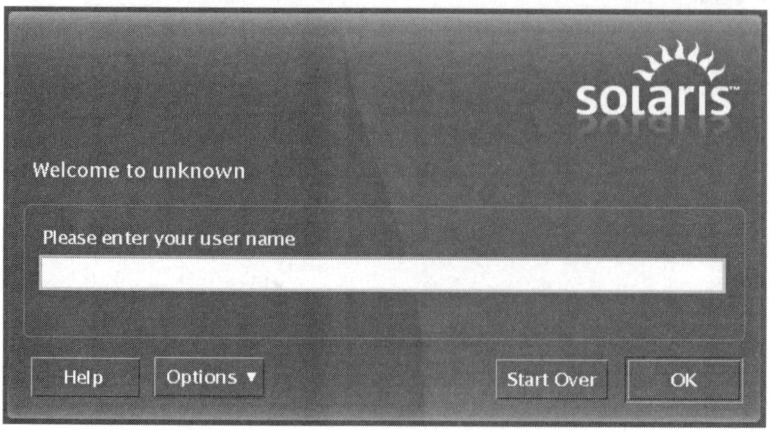
solaris
Welcome to unknown
Please enter your user name
Help
Options
Start Over
OK

세션의 종료(로그아웃)

세션을 끝내려면 현재 활성화되어 있는 모든 프로그램을 닫은 후 [실행] 버튼을 클릭한 후 나타나는 주메뉴에서 "root 로그아웃"을 클릭하면 됩니다. (여기서는 "root"로 로그인하였기 때문에 "root 로그아웃"을 선택한 것입니다)

대화창에서 현재의 세션을 저장하고 로그아웃하거나 시스템을 종료할 수 있습니다.

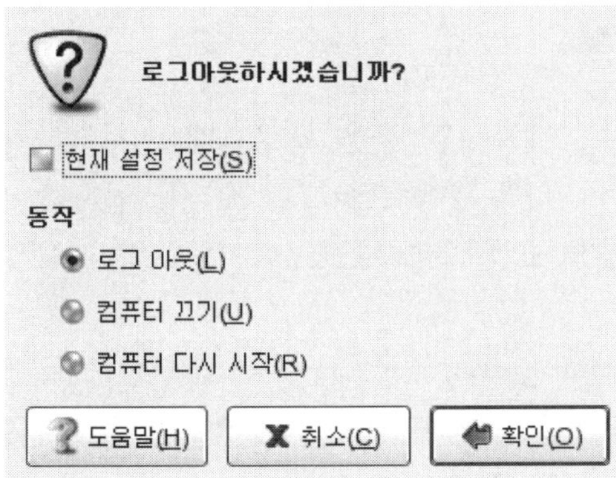

주요 데스크탑 구성 요소

JDS(Java Desktop System)에는 응용 프로그램 및 문서를 사용하여 효과적으로 작업할 수 있도록 하는 다음 구성 요소들이 포함되어 있습니다.

- 데스크탑 배경 : 배경에 있는 객체를 통해서 파일이나 폴더, 응용 프로그램을 빠르게 액세스할 수 있습니다.
- 파일 관리자 : 파일과 폴더를 표시하고 관리할 수 있습니다.
- [실행] 버튼 : 이 버튼을 클릭해서 나타나는 메뉴를 통하여 각종 응용 프로그램과 주요 데스크탑 기능을 이용할 수 있습니다.
- 메뉴 : 메뉴를 통하여 모든 데스크탑 기능에 액세스할 수 있습니다.
- 패널 : 메뉴, 패널 응용 프로그램 및 기타 유용한 패널 객체를 배치할 수 있는 영역입니다.
- [이 컴퓨터] 아이콘 : 파일, 문서, 응용 프로그램, 구성 도구 등에 빠르게

액세스할 수 있습니다.

- 창 : 표준 응용 프로그램 및 대화 상자 창을 제공합니다.
- 작업 공간 : 데스크탑을 별개의 여러 작업 영역으로 나눌 수 있습니다.

응용 프로그램 시작

응용 프로그램을 바로 시작하려면 다음 구성 요소를 이용하며 됩니다.

[실행] 버튼

데스크탑 응용 프로그램을 시작하려면 시작 버튼을 클릭한 다음 응용 프로그램 메뉴를 엽니다. 응용 프로그램 메뉴을 사용하여 대부분의 표준 응용 프로그램, 명령 및 구성 옵션에 액세스할 수 있습니다.

패널에 [실행] 버튼을 추가하려면 패널을 마우스 오른쪽 버튼으로 클릭한 다음 [패널에 추가 - 주 메뉴]를 선택합니다.

[이 컴퓨터] 아이콘

데스크탑 구성 기능을 사용하려면 데스크탑 배경의 이 컴퓨터 객체를 두 번 클릭합니다. [이 컴퓨터] 아이콘을 통해 파일시스템과 응용 프로그램을 액세스할 수 있고 환경설정과 시스템 구성을 수정할 수 있습니다.

패 널

세션을 처음 시작하면 데스크탑에 하나 이상의 패널이 있습니다. 패널 상에 마우스 오른쪽 단추를 누른 후 나타나는 팝업메뉴를 이용하여 원하는 만큼 패널을 만들 수 있고 패널의 동작과 모양을 변경할 수도 있습니다.

다음 그림은 화면 맨아래에 미리 구성되어 있는 현재의 패널을 보여줍니다.

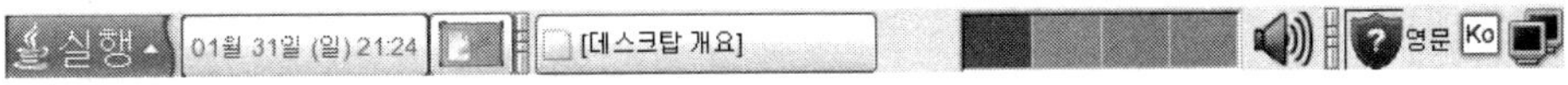

- [실행] 버튼 : 주 메뉴를 보여줍니다.
- 시계 : 날짜와 요일, 시간을 보여줍니다.
- 바탕화면 표시 : 열린 모든 창을 최소화하고 바탕화면을 보여줍니다.
- 창 목록 : 열려 있는 각 창의 버튼을 표시합니다.
- 작업공간 전환 : 작업공간을 시각적으로 표시하며 작업공간을 전환할 수 있습니다.
- 볼륨조절 : 시스템의 소리크기를 조잘하고 설정합니다.
- 입력방법 전환 : 다국어 입력방법을 제공합니다.
- 네트워크 감시기 : 네트워크 장치의 상태를 표시합니다.

파일 관리자

파일 관리자는 파일, 응용 프로그램, FTP 사이트 및 URI에 액세스할 수 있는 통합 인터페이스를 제공합니다.

파일 관리자 창을 열려면 바탕화면의 **[문서]** 아이콘을 두 번 클릭합니다.

파일 관리자를 사용하여 다음 작업을 수행할 수 있습니다.

- 파일 및 폴더 찾아보기
- 파일과 폴더 보기
- 파일과 폴더 관리
- 파일과 폴더 사용자 정의
- 특수 URI(Uniform Resource Identifiers) 열기
- CD 쓰기
- 데스크탑 배경 만들기

데스크탑 배경

일반적으로 바탕화면이라 불리는 데스크탑 배경은 사용자 인터페이스를 활성

화하는 구성 요소입니다.

데스크탑 배경에서는 다음 작업을 할 수 있습니다.

- 응용 프로그램을 시작하고 파일과 폴더를 열 수 있습니다.
- 데스크탑 배경에서 마우스 오른쪽 버튼을 클릭하여 나타나는 메뉴를 이용하여 여러 작업을 할 수 있습니다.

데스크탑 응용 프로그램 메뉴

[실행] 버튼을 클릭하여 나타나는 주 메뉴를 이용하여 데스크탑 응용 프로그램을 이용할 수 있습니다.

다음은 [실행 - 응용 프로그램 - 보조 프로그램]을 선택한 예입니다.

패널 추가 응용 프로그램

패널 상에 마우스 오른쪽 단추를 눌러 나타나는 팝업메뉴를 이용하여 패널에 응용 프로그램을 추가하여 쉽게 이용할 수 있습니다.

다음은 패널에 "문자표" 응용 프로그램을 추가하는 예입니다.

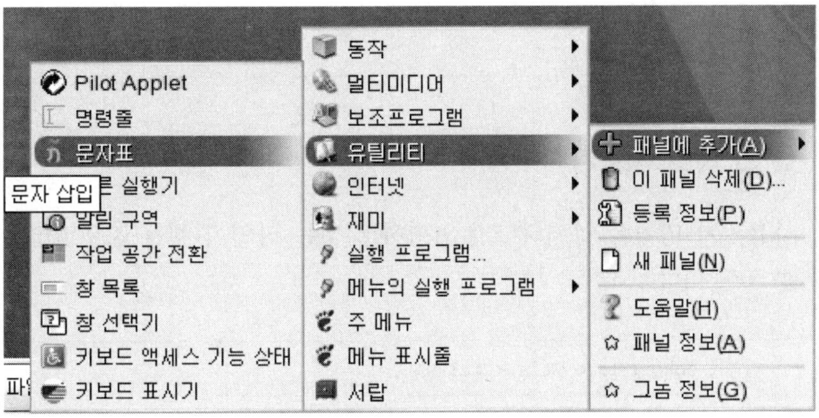

4. 명령의 실행

명령 수정

먼저 기초적인 명령을 실행하기 전에 셸 프롬프트에서 명령을 입력하다가 잘못 입력한 데이터를 수정하는 방법부터 알아보도록 합니다.

한 문자 지우기

사용자가 명령을 입력하다가 잘못 입력한 문자 하나를 지우려면 <Backspace> 키나 <Delete> 키를 누릅니다. 어느 하나를 눌렀을 때 문자가 지워지지 않고 이상한 문자가 나타나면 다른 하나를 이용해서 지우면 됩니다. 시스템에 따라 둘 중 하나가 기본으로 설정되어 있습니다.

한 단어 지우기

사용자가 명령을 입력하다가 잘못 입력한 단어 하나를 지우려면 <Ctrl-w> 키를 누릅니다. 단어의 구분은 공백입니다.

```
$ echo UNIX<Ctrl-w>
```

```
$ echo
```

한 라인 지우기

사용자가 명령을 입력하다가 입력하고 있는 라인 전체를 지우려면 <Ctrl-u> 키를 누릅니다.

```
$ echo I love Unix.<Ctrl-u>
```

```
$
```

명령 구조

유닉스 명령(command)은 다음과 같은 문법구조로 입력합니다.

```
$ command [options] [arguments]
```

- 맨 앞의 $는 셸 프롬프트로 #, % 일 수도 있습니다.
- 각 항목은 공백으로 구분됩니다.
- 옵션(option)은 명령의 실행방법을 수정해 줍니다.
- 인수(argument)는 명령에서 필요로 하는 파일명이나 기타 정보입니다.
- 여러 개의 명령을 줄 수 있는데 ';'(세미콜론)으로 구분합니다.
- [ ] 대괄호의 의미는 필수적이 아니라 선택적이라는 의미입니다.

명령의 사용 예는 다음과 같습니다.

- 명령 단독으로 사용

```
$ ls
```

- 명령과 옵션 사용

```
$ ls -l
```

- 명령과 인수 사용

```
$ ls /etc
```

- 명령과 옵션, 인수 사용

```
$ ls -l /etc
```

명령 실행 중단

어떤 경우에는 실행 중인 명령을 강제로 중단해야 하는 경우가 있습니다. 이 때 <Ctrl-C> 키를 누르면 됩니다. 그러면 실행 중인 명령이나 프로그램이 중지되며 바로 셸 프롬프트가 나타납니다. 물론 계속해서 다시 실행시킬 수는 없습니다.

```
$ sleep 100
^C$
```

위와 같이 중간에 명령을 강제로 완전히 중단시키는 것이 아니라 일시 중지를 시키는 경우가 있습니다. 이 때는 <Ctrl-z> 키를 누릅니다. 계속해서 명령을 실행시키려면 fg 명령을 사용합니다.

```
$ sleep 100
^Z[1] +  정지(SIGTSTP)          sleep 100
$ fg
sleep 100
_
```

화면 멈추기

명령의 실행 결과가 길어서 화면을 넘어갈 때 잠시 멈출 수 있는 키가 <Ctrl-s>입니다. 이것은 유닉스가 화면을 일시적으로 멈추는 것으로 다시 계속해서 화면을 넘기려면 <Ctrl-q> 키를 누르면 됩니다.

위와 같은 상황이 아니더라고 <Ctrl-s> 키를 누르고 나면 키보드의 어떤 키를 눌러도 화면에 나타나지 않습니다. 이를 해제하려면 <Ctrl-q> 키를 누르면 됩니다.

5. 기본 명령

date 명령

date 명령은 현재 시스템에 설정되어 있는 날짜와 시간을 보여줍니다.

```
$ date
2010년 1월 31일 일요일 오후 10시 47분 31초
```

echo 명령

echo 명령은 명령 뒤에 인수로 주어진 문자열들을 스페이스로 구분하여 출력하고 맨 마지막에 줄바꿈(newline)을 합니다.

-n 옵션을 주면 줄바꿈을 하지 않습니다.

```
$ echo I   love    Unix
I love Linux
$
$ echo -n I love Unix
I love Unix$
```

banner 명령

banner 명령은 명령 뒤에 인수로 주어진 문자열을 큰 글자로 화면에 출력합니다. 문자열 사이에 공백이 있으면 줄바꿈을 합니다.

```
$ banner UNIX
#     # #     # ### #     #
#     # ##    #  #   #   #
#     # # #   #  #    # #
#     # #  #  #  #     #
#     # #   # #  #    # #
#     # #    ##  #   #   #
 #####  #     # ### #     #

$ banner Sun Solaris
 #####
#     # #    # #    #
#       #    # ##   #
 #####  #    # # #  #
      # #    # #  # #
#     # #    # #   ##
 #####   ####  #    #

 #####
#     #  ####  #         ##   #####  #   ####
#       #    # #        #  #  #    # #  #
 #####  #    # #       #    # #    # #   ####
      # #    # #       ###### #####  #       #
#     # #    # #       #    # #   #  #  #    #
 #####   ####  ###### #    # #    # #   ####
```

cal 명령

달력을 보여줍니다.

아무 옵션도 주지 않으면 현재의 월을 보여줍니다.

```
$ cal
    2010년 10월
일 월 화 수 목 금 토
                1  2
 3  4  5  6  7  8  9
10 11 12 13 14 15 16
17 18 19 20 21 22 23
24 25 26 27 28 29 30
31
```

특정년도를 보고 싶으면 연도를 인수로 지정해 주면 됩니다.

```
$ cal 2011

                               2011년

           1                      2                      3
일 월 화 수 목 금 토   일 월 화 수 목 금 토   일 월 화 수 목 금 토
                   1          1  2  3  4  5          1  2  3  4  5
 2  3  4  5  6  7  8    6  7  8  9 10 11 12    6  7  8  9 10 11 12
 9 10 11 12 13 14 15   13 14 15 16 17 18 19   13 14 15 16 17 18 19
16 17 18 19 20 21 22   20 21 22 23 24 25 26   20 21 22 23 24 25 26
23 24 25 26 27 28 29   27 28                  27 28 29 30 31
30 31
           4                      5                      6
일 월 화 수 목 금 토   일 월 화 수 목 금 토   일 월 화 수 목 금 토
                1  2    1  2  3  4  5  6  7             1  2  3  4
 3  4  5  6  7  8  9    8  9 10 11 12 13 14    5  6  7  8  9 10 11
10 11 12 13 14 15 16   15 16 17 18 19 20 21   12 13 14 15 16 17 18
17 18 19 20 21 22 23   22 23 24 25 26 27 28   19 20 21 22 23 24 25
24 25 26 27 28 29 30   29 30 31               26 27 28 29 30

           7                      8                      9
일 월 화 수 목 금 토   일 월 화 수 목 금 토   일 월 화 수 목 금 토
                1  2       1  2  3  4  5  6                1  2  3
 3  4  5  6  7  8  9    7  8  9 10 11 12 13    4  5  6  7  8  9 10
10 11 12 13 14 15 16   14 15 16 17 18 19 20   11 12 13 14 15 16 17
17 18 19 20 21 22 23   21 22 23 24 25 26 27   18 19 20 21 22 23 24
24 25 26 27 28 29 30   28 29 30 31            25 26 27 28 29 30
31
          10                     11                     12
일 월 화 수 목 금 토   일 월 화 수 목 금 토   일 월 화 수 목 금 토
                   1          1  2  3  4  5                1  2  3
 2  3  4  5  6  7  8    6  7  8  9 10 11 12    4  5  6  7  8  9 10
 9 10 11 12 13 14 15   13 14 15 16 17 18 19   11 12 13 14 15 16 17
16 17 18 19 20 21 22   20 21 22 23 24 25 26   18 19 20 21 22 23 24
23 24 25 26 27 28 29   27 28 29 30            25 26 27 28 29 30 31
30 31
```

특정년도의 특정 월을 보고 싶으면 연도와 함께 월을 지정해 주면 됩니다. 다음은 2012년 12월 달력을 보여줍니다.

```
$ cal 12 2012
    2012년 12월
일 월 화 수 목 금 토
                   1
 2  3  4  5  6  7  8
 9 10 11 12 13 14 15
16 17 18 19 20 21 22
23 24 25 26 27 28 29
30 31
```

hostname 명령

현재 사용 중인 시스템의 이름을 보여줍니다.

```
$ hostname
solpark
```

솔라리스 설치 시 시스템의 이름을 지정하지 않았으면 "unknown"이라 보여줍니다.

```
$ hostname
unknown
```

uname 명령

옵션 없이 사용하면 현재 시스템의 OS 이름을 보여줍니다.

```
$ uname
SunOS
```

-a 옵션(all)을 주면 시스템의 기본 정보를 자세히 보여줍니다.

```
$ uname -a
SunOS solpark 5.10 Generic_141445-09 i86pc i386 i86pc
```

id 명령

사용자의 사용자 식별번호인 UID와 사용자가 속한 그룹의 식별번호인 GID를 보여줍니다. UID와 GID에 대하여는 나중에 자세히 설명합니다.

```
$ id
uid=100(ckuser) gid=10(staff)
```

who 명령

현재 시스템에 로그인되어 있는 모든 사용자를 보여줍니다.

```
$ who
root      console    10월  8일   17:59    (:0)
root      pts/3      10월  8일   18:00    (:0.0)
root      pts/4      10월  8일   18:11    (:0.0)
ckuser    pts/5      10월 21일   09:22    (58.140.17.99)
itpark    pts/6      10월 21일   09:38    (58.140.17.99)
```

w 명령

현재 시스템에 로그인 된 사용자의 정보와 그 사용자가 하는 작업에 대한 정보를 자세히 보여줍니다.

```
$ w
9시00분오후  현재 가동중 12일,  3:12,  4 사용자,  로드 평균: 0.02, 0.01, 0.01
사용자  터미늘   로그인시간       휴지   JCPU  PCPU  활동
root    console  2010년10월 8일  12일간              /usr/bin/gnome-session
root    pts/3    2010년10월 8일  9일간  5:55  5:53  ksh
root    pts/4    2010년10월 8일         10:02       ksh
ckuser  pts/5    8시34분오후                   1     w
```

whoami 명령

현재 작업 중인 사용자의 사용자 계정을 보여줍니다.

```
$ whoami
ckuser
```

```
$ who am i
ckuser    pts/5      10월 21일  09:22       (58.140.17.99)
```

bc 명령

유닉스에 내장된 계산기입니다. bc 명령이 실행되면 특별한 프롬프트가 없고 <Enter> 키를 칠 때마다 계산 결과를 보여줍니다. 작업을 끝내려면 <Ctrl-d> 키를 누릅니다.

```
$ bc
1+1<Enter>
2
200*4<Enter>
800
500/20<Enter>
25
<Ctrl-d>
$
```

clear 명령

현재의 화면을 깨끗이 지웁니다.

```
$ clear
```

man 명령

man 명령은 온라인 매뉴얼 페이지를 형식화하여 표시해 줍니다. 유닉스에는 수많은 명령과 유틸리티, 그리고 시스템 호출 등이 있는데 이러한 명령들의 사용법을 일일이 다 기억해서 사용할 수는 없습니다. 물론 관련 책자를 찾아 볼 수도 있지만 man 명령을 이용해서 온라인으로 된 도움말을 참고하는 것이 편리합니다.

온라인 도움말을 보려면 man 명령 뒤에 도움을 얻고자 하는 명령어를 입력하면 됩니다.

다음은 clear 명령에 대한 도움말을 보는 것입니다.

```
$ man clear
페이지를 다시 포맷 중입니다.  기다려 주십시오... 완료

User Commands                                          clear(1)

NAME
    clear - clear the terminal screen

SYNOPSIS
    clear [term]

DESCRIPTION
    The clear utility clears the terminal screen if this is pos-
    sible. It looks in the environment for the terminal type, if
    this is not already specified by the term operand, and  then
    looks  up  the  terminfo database to figure out how to clear
    the screen.

OPERANDS
    term     Indicates the  type  of  terminal.  Normally,  this
             operand is unnecessary because the default is taken
             from the environment variable TERM.

ATTRIBUTES
    See attributes(5) for descriptions of the  following  attri-
    butes:
--계속--(61%)
```

도움말은 위에서 보는 바와 같이 여러 항목으로 구분되어 있습니다. 이 중에 NAME, SYSNOPSIS, DESCRIPTION은 대부분의 도움말에 포함되어 있습니다.

다음은 각 항목에 대한 간단한 설명입니다.

항 목	내 용
NAME	그 명령어 자체의 이름과 명령에 대한 간단한 설명입니다.
SYNOPSIS	해당 명령어의 사용법입니다.
DESCRIPTION	해당 명령의 자세한 설명입니다.
OPTIONS	해당 명령이 사용하는 옵션에 대한 설명입니다.
ENVIRONMENT	해당 명령이 사용하는 환경변수에 대한 설명입니다.
EXAMPLES	해당 명령을 사용하는 예입니다.
FILES	해당 명령과 관련된 파일들입니다.
SEE ALSO	해당 명령과 관련된 다른 명령과 문서들입니다.
WARNINGS	해당 명령을 사용하면서 발생할 수 있는 문제점입니다.
DIAGNOSTICS	해당 명령을 사용하면서 발생하는 각종 오류 메시지들에 대한 설명입니다.
BUGS	해당 명령의 알려진 버그에 대한 설명입니다.

man 명령의 실행 결과 맨 페이지는 항상 화면 가득 출력하므로 화면의 길이에 따라 출력되는 맨 페이지의 길이가 다릅니다. 화면의 좌측 맨 아래에는 "--계속--(61%)"가 출력되는데 이는 전체 맨 페이지의 내용 중 현재까지 출력된 내용이 어느 정도(여기서는 전체의 61%)인지를 보여줍니다.

맨 페이지를 효율적으로 보기 위해서는 다음과 같은 키를 사용합니다.

키	동 작
〈스페이스바〉 또는 f	다음 페이지 출력
〈Enter〉	다음 라인 출력
b	이전 페이지 출력
d	다음 반 페이지 출력
/*문자열*	커서 이후 해당 문자열 찾기
n	그 다음 해당 문자열 찾기
q	맨 페이지 종료

passwd 명령

passwd 명령을 이용하여 root 계정이나 일반 사용자 계정으로 로그인한 후 필요할 때 자신의 계정의 패스워드를 변경할 수 있습니다.

주기적으로 패스워드를 변경하는 것이 시스템 보안상 필요합니다.

일반 사용자의 경우에는 아래의 예와 같이 현재의 패스워드를 입력한 후 새로운 패스워드를 2번 입력하면 됩니다.

```
$ passwd
passwd: ckuser용 암호를 변경하는 중
기존 로그인 암호를 입력하십시오:
새 암호:
새 암호를 다시 입력하십시오:
passwd: 암호(ckuser용)가 성공적으로 변경되었습니다.
$
```

exit 명령

시스템 사용을 마치려면 로그아웃을 해야 합니다. 로그아웃을 하려면 exit 명령을 사용합니다.

```
$ exit
```

또한 셸 프롬프트에서 <Ctrl-d> 키를 입력해도 로그아웃이 됩니다.

```
$ ^d
```

C 셸의 경우 logout 명령을 사용하여 로그아웃할 수도 있습니다.

```
$ logout
```

Chapter 4

디렉토리 및 파일 다루기

1. 파일시스템
2. 경로명
3. 디렉토리와 파일 둘러보기
4. 디렉토리와 파일 다루기
5. 파일 내용 보기

1. 파일시스템

파일시스템

파일시스템이란 파일이나 디렉토리가 디스크나 파티션 상에 구조적으로 연속되도록 구성된 자료구조를 의미합니다.

솔라리스의 경우 하드디스크나 CD/DVD-ROM, 디스켓 등 디스크 기반의 파일시스템과 네트워크를 통해서 사용할 수 있는 분산 파일시스템, 커널이 정보를 직접 접근해서 빠르게 사용할 수 있도록 메모리 상에 생성되는 가상 파일시스템 등으로 구분됩니다.

여기서는 디스크 기반의 파일시스템을 가정하고 설명합니다. 하드디스크가 하나의 파티션이라면 하드디스크 자체가 하나의 파일시스템이 되고 하드디스크가 여러 개의 파티션으로 나누어져 있는 경우 각각의 파티션(또는 슬라이스)이 하나의 파일시스템이라고 볼 수 있습니다.

유닉스의 파일시스템은 계층구조로 이루어져 있으며 기본적으로 다음과 같은 특징들을 가지고 있습니다.

- 여러 개의 파일과 디렉토리는 하나의 뿌리를 가지고 있는 역트리 형태의 계층구조로 조직되어 있습니다.
- 역트리 형태의 계층구조에서 하나의 뿌리가 되는 것을 "root"(루트)라 하고 "/"로 표시합니다. 이는 파일시스템의 계층구조에서 가장 기본이 되며 제일 상위에 위치합니다.
- 하드웨어인 플로피디스크, CD/DVD-ROM, 하드디스크 등의 물리적 장치들도 하나의 파일로 간주되어 구현되어 있습니다.
- 파일시스템 계층구조 상의 모든 이름들은 대소문자를 구분합니다.
- 각각의 셸이나 프로세스들은 해당 작업 디렉토리가 지정되어 있습니다.

> **참고**
>
> ☞ **루트(root)**
>
> 시스템관리자의 로그인 계정인 root와 파일시스템의 최상위 디렉토리인 루트 디렉토리(/)는 부르는 이름은 같지만 전혀 상관이 없습니다. 루트라고 할 때 계정인지 디렉토리인지를 반드시 구분해야 합니다.

파일시스템의 예

아래 그림은 파일시스템의 예입니다. 앞으로 배우는 명령의 경우 이 파일시스템의 디렉토리 계층구조를 가지고 있다고 가정합니다.

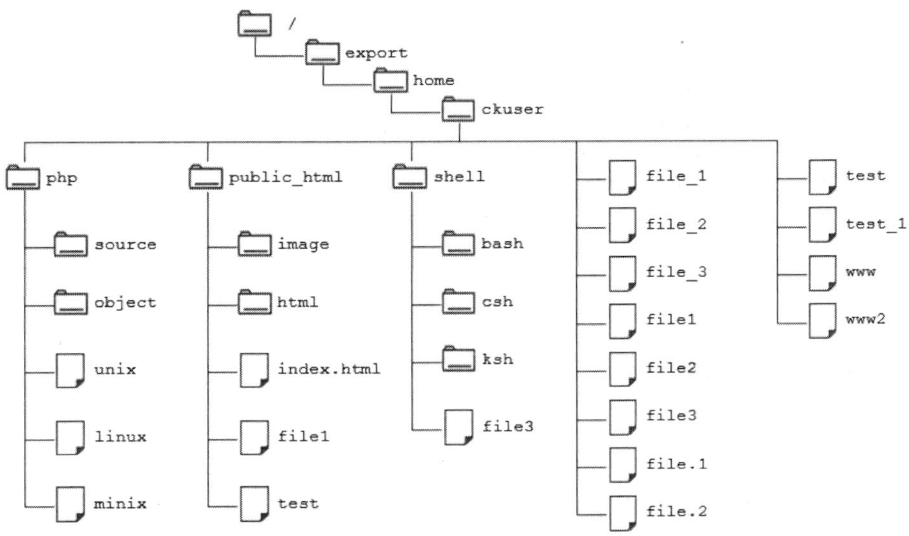

위의 그림과 같은 파일시스템을 만들기 위해서 다음과 같이 입력합니다. 아직 배우지 않은 명령이므로 무슨 의미인지는 나중에 학습하기로 하고 굵은 글자만 정확히 입력하기 바랍니다.

```
$ mkdir php public_html shell
$ ls
Desktop      local.cshrc   local.profile  public_html
Documents    local.login   php            shell
$ touch file_1 file_2 file_3 file1 file2 file3
$ touch file.1 file.2 test test_1 www www2
$ ls
Desktop      file1     file_2        local.profile  test
Documents    file2     file_3        php            test_1
file.1       file3     local.cshrc   public_html    www
file.2       file_1    local.login   shell          www2
$ cd php
$ mkdir source object
$ touch unix linux minix
$ cd
$ cd public_html
$ mkdir image html
$ touch index.html file1 test
$ cd
$ cd shell
$ mkdir bash csh ksh
$ touch file3
```

2. 경로명

경로명(pathname)은 파일이나 디렉토리를 유일하게 식별할 수 있는 것으로 그 위치를 나타냅니다. 경로명은 길 안내지도나 일련의 주소체계와 비슷하여 디렉토리 계층 내의 어느 한 곳에서 다른 곳으로 어떻게 이동해야 하는지를 알려줍니다.

경로명에서 사용하는 슬래시(/)는 개체의 앞뒤를 구분해주는 구분자(delimiter)입니다. 경로명에서 슬래시가 맨 앞에 위치할 때에는 구분자가 아니라 root 디렉토리를 나타냅니다.

경로명에는 두 가지 형식이 있습니다.

- 절대 경로명(absolute pathname)
- 상대 경로명(relative pathname)

절대 경로명

절대 경로명은 파일시스템 전체의 계층구조와 연관시켜 파일이나 디렉토리의 위치를 나타냅니다.

- 절대 경로명은 항상 "/" (루트)부터 시작합니다.
- 최종 목적지의 파일이나 디렉토리까지의 각 디렉토리를 나열합니다.
- 각 디렉토리를 구분하기 위하여 "/" (슬래시)를 사용합니다.

다음 그림의 경로명을 보면 "/"가 5개 보이는데 맨 앞의 "/"는 루트 디렉토리를 나타내고, 두 번째부터는 디렉토리를 구분해 주는 구분자입니다.

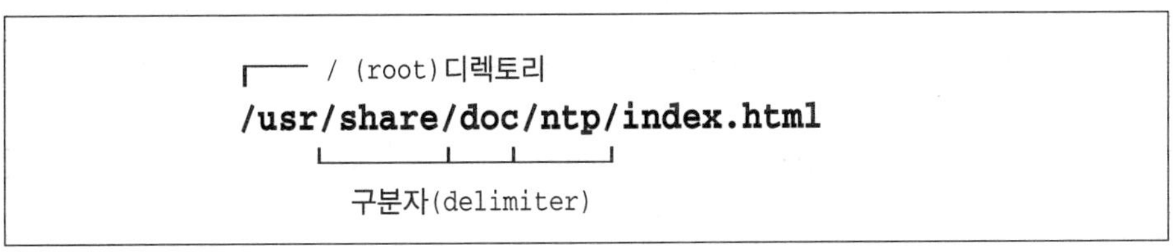

[그림] 파일시스템

위의 [그림] 파일시스템의 예에서

- ckuser 디렉토리의 절대 경로명

```
/export/home/ckuser
```

- shell 디렉토리의 절대 경로명

```
/export/home/ckuser/shell
```

- index.html 파일에 대한 절대 경로명

```
/export/home/ckuser/public_html/index.html
```

상대 경로명

상대 경로명은 현재(current) 위치한 디렉토리를 기준으로 파일이나 디렉토리를 나타냅니다. 현재 디렉토리는 사용자가 현재 작업(working)하고 있는 디렉토리입니다. 따라서 사용자가 처음 시스템에 로그인하였을 때는 홈 디렉토리가 현재 디렉토리가 됩니다.

> **참고**
>
> ☞ **홈 디렉토리(Home directory)**
> 사용자가 처음 시스템에 로그인했을 때의 디렉토리를 나타냅니다. 모든 사용자는 일반적으로 홈 디렉토리를 /export/home 밑에 가지고 있습니다. 이 디렉토리는 사용자의 통제하에 있게 되며 사용자는 홈 디렉토리에 파일과 디렉토리를 만들 수 있습니다.

절대 경로명과 같이 상대 경로명도 디렉토리를 구분하기 위하여 슬래시(/)를 사용합니다. 그러나 맨 처음의 슬래시는 루트 디렉토리를 나타내므로 상대 경로명의 경우 맨 앞에는 절대로 슬래시를 사용해서는 안됩니다. 일반적으로 상대 경로명이 절대 경로명보다는 짧기 때문에 더 많이 사용합니다.

예를 들어, 절대 경로명이 /usr/share/doc/ntp/index.html인 파일의 경우 현재 디렉토리가 어디에 있느냐에 따라 이 파일의 상대 경로명은 달라집니다.

현재 디렉토리	상대 경로명
/usr/share/doc/ntp/	index.html
/usr/share/doc/	ntp/index.html
/usr/share/	doc/ntp/index.html
/usr/	share/doc/ntp/index.html
/	usr/share/doc/ntp/index.html
/usr/share/doc/ntp/pic/	../index.html
/usr/share/doc/bind/	../ntp/index.html

위의 [그림] 파일시스템의 예에서 현재 디렉토리가 /export/home이라고 할 때,

- ckuser 디렉토리에 대한 상대 경로명

```
ckuser
```

- php 디렉토리에 대한 상대 경로명

```
ckuser/php
```

- index.html 파일에 대한 상대 경로명

```
ckuser/public_html/index.html
```

경로명 약어

한 디렉토리에서 다른 디렉토리로 이동할 때에는 다음과 같은 경로명 단축기호를 사용하면 편리합니다.

기 호	의 미
.	현재(작업) 디렉토리
..	부모 디렉토리(현재 디렉토리 바로 위의 디렉토리)
~	사용자의 홈 디렉토리
-	바로 이전에 작업했던 디렉토리

위 기호의 사용 예는 아래의 cd, pwd 명령에서 다루기로 합니다.

파일명

파일명이나 디렉토리명의 길이는 255자까지입니다. 파일명에는 알파벳, 숫자, 그리고 언더스코어(_)나 하이픈(-) 등의 구두점(punctuation mark)을 사용할 수 있습니다. 파일 유형을 알 수 있도록 확장자를 1~3자까지 줄 수 있습니다.

사실 "/" 문자를 제외한 다른 모든 문자를 사용할 수 있지만 굳이 특별한 문자를 사용하는 것은 좋지 않습니다.

일반적으로 사용해서는 안 되는 문자는 다음과 같습니다.

```
> < ? * $ " ' space tab 기타 인쇄불능문자
```

만일 파일명에 위와 같은 특수문자가 포함되어 있는 파일을 액세스하려면 파일명을 인용부호로 묶어주면 됩니다.

```
$ ls -l "file name with spaces.txt"
```

위의 예에서 인용부호가 없는 경우에는 4개의 서로 다른 파일로 인식합니다.

또한 파일명은 대소문자를 구별하기 때문에 예를 들어 UNIX, Unix, unix 이 모두는 서로 다른 파일로 인식합니다.

3. 디렉토리와 파일 둘러보기

cd 명령

현재 작업하고 있는 디렉토리에서 다른 디렉토리로 이동하려면 cd 명령(**c**hange **d**irectory)을 사용합니다. 이 명령 뒤에는 절대 경로명과 상대 경로명을 모두 사용할 수 있습니다.

형식

```
cd [directory_name]
```

cd 명령을 사용하는 예를 들어봅니다.

현재의 디렉토리가 /export/home/ckuser 이다.

home 디렉토리로 이동하려면

- 절대 경로 사용 시

```
$ cd /export/home
```

• 상대 경로 사용 시

```
$ cd ..
```

public_html 디렉토리로 이동하려면

• 절대 경로 사용 시

```
$ cd /export/home/ckuser/public_html
```

• 상대 경로 사용 시

```
$ cd public_html
```

image 디렉토리로 상대 경로명을 사용하여 이동하려면,

```
$ cd public_html/image
```

현재의 디렉토리에 상관없이 바로 사용자의 홈 디렉토리로 이동하려면 cd 명령만 입력하면 됩니다.

```
$ cd
```

~ (tilde : 틸드) 기호는 홈 디렉토리를 나타내는 약어입니다. 단독으로 사용하는 경우 자신의 홈 디렉토리를 나타냅니다. 아래 명령은 자신의 홈 디렉토리로 이동하는 경우입니다.

```
$ cd ~
```

틸드(~) 기호를 사용자 계정과 함께 사용하면 그 사용자의 홈 디렉토리로 이동합니다. 아래 명령은 root라는 사용자의 홈 디렉토리로 이동하는 경우입니다.

```
$ cd ~root
$ pwd
/
```

- (dash : 대시) 기호는 바로 이전에 작업하던 디렉토리를 나타냅니다. 따라서 어떤 두 디렉토리 간에 이동하면서 반복해서 작업하는 경우에 유용합니다.

```
$ cd
$ pwd
/export/home/ckuser
$ cd ..
$ pwd
/export/home
$ cd -
$ pwd
/export/home/ckuser
$ cd -
/export/home
$
```

pwd 명령

현재 작업하고 있는 디렉토리가 어디인지 확인할 필요가 있습니다. 이 때 pwd 명령(**p**rint **w**orking **d**irectory)을 실행하면 현재 디렉토리의 절대 경로명을 보여줍니다.

형식

```
pwd
```

```
$ pwd
/export/home/ckuser
$ cd /export
$ pwd
/export
$ cd
$ pwd
/export/home/ckuser
$ cd public_html
$ pwd
/export/home/ckuser/public_html
```

다음은 앞에서 언급한 경로명 단축기호를 사용한 예입니다.

```
$ cd
$ pwd
/export/home/ckuser
$ cd ../..
$ pwd
/export
$ cd ~/php
$ pwd
/export/home/ckuser/php
```

ls 명령

현재의 디렉토리나 특정 디렉토리의 내용을 보려면 ls 명령(**list**)을 사용합니다. 이 명령은 지정한 디렉토리에 들어 있는 모든 파일과 서브디렉토리들의 목록을 보여줍니다. 디렉토리를 지정하지 않으면 현재 디렉토리의 내용을 보여줍니다.

형식

```
ls [-option(s)] [files_or_directories]
```

다음은 다양한 옵션의 사용 예입니다.

ls

아무 인수나 옵션 없이 ls 명령을 입력하면 현재 디렉토리 안에 있는 파일과 디렉토리명을 간단히 보여줍니다.

```
$ cd ~
$ ls
file.1     file3      local.cshrc      mytest        test
file.2     file_1     local.login      php           test_1
file1      file_2     local.profile    public_html   www
file2      file_3     mbox             shell         www2
```

인수인 디렉토리를 주면 그 디렉토리의 내용을 보여줍니다.

```
$ cd
$ ls php
linux   minix   object  source  unix
```

ls -a

이름이 점(.)으로 시작하는 파일(점파일)은 숨겨진 파일(hidden file)입니다. 점파일은 자주 수정할 필요가 없는 파일이기 때문에 ls 명령을 실행하면 기본적으로 보이지 않도록 되어 있습니다. 점파일은 보통 각 사용자마다 자신의 작업 환경에 따라 필요한 것을 정의해 주는데 사용됩니다.

점 파일을 포함하여 현재 디렉토리 안에 있는 모든 파일의 목록을 보려면 -a 옵션(all)을 사용합니다.

```
$ cd
$ ls -a
.             .sunw     file_1          mbox          test_1
..            file.1    file_2          mytest        www
.kshrc        file.2    file_3          php           www2
.profile      file1     local.cshrc     public_html
.sh_history   file2     local.login     shell
.ssh          file3     local.profile   test
```

ls -F

파일의 형식을 보려면 -F 옵션(file type)을 사용합니다.

파일의 형식에는 다음과 같은 것들이 있습니다.

파일 형식	기 호
디렉토리	/
실행가능 파일	*
텍스트/아스키 파일	(없음)
심벌릭 링크	@

```
$ pwd
/export/home/ckuser
$ ls -F
file.1      file3     local.cshrc      mytest*        test
file.2      file_1    local.login      php/           test_1
file1       file_2    local.profile    public_html/   www
file2       file_3    mbox             shell/         www2
$ ls -F /etc
TIMEZONE@           initpipe|        rc1.d/
X11/                inittab          rc2@
acct/               install@         rc2.d/
aggregation.conf    ioctl.syscon     rc3@
aliases@            ipf/             rc3.d/
amd64/              iscsi/           rc5@
(...)
```

ls -l

디렉토리의 내용에 대해서 자세한 정보를 보려면 -l 옵션(long listing)을 사용합니다.

```
$ ls -l
총 16
-rw-r--r--   1 ckuser   other       0   10월 18일  16:53 file.1
-rw-r--r--   1 ckuser   other       0   10월 18일  16:53 file.2
-rw-r--r--   1 ckuser   other       0   10월 18일  16:53 file1
-rw-r--r--   1 ckuser   other       0   10월 18일  16:53 file2
-rw-r--r--   1 ckuser   other       0   10월 18일  16:53 file3
-rw-r--r--   1 ckuser   other       0   10월 18일  16:53 file_1
-rw-r--r--   1 ckuser   other       0   10월 18일  16:53 file_2
-rw-r--r--   1 ckuser   other       0   10월 18일  16:53 file_3
-rw-r--r--   1 ckuser   other     136   10월 18일  16:48 local.cshrc
-rw-r--r--   1 ckuser   other     157   10월 18일  16:48 local.login
(...)
```

위의 명령 출력 결과에서 다음과 같은 정보를 알 수 있습니다.

출력결과	의 미
- 또는 d	파일 형식(file type)
rw-r--r--	접근 권한(permission)
1 또는 2	링크(link) 수
ckuser	소유자(owner)
other	그룹명
512	파일 크기(file size)
2월 12일 12:54	최종 파일변경 일자 및 시간
Desktop	파일/디렉토리 명

ls -d

앞에서와 같이 -l 옵션을 사용하면 해당 디렉토리의 내용(contents)을 보여줍니다. 그러나 해당 디렉토리의 내용이 아니라 디렉토리 자체에 대한 자세한 정보를 보려면 -d 옵션(directory)을 함께 같이 사용하면 됩니다. 즉 -ld 옵션을 사용합니다.

```
$ ls -l php
총 4
-rw-r--r--   1 ckuser   other      0  10월 18일  16:54 linux
-rw-r--r--   1 ckuser   other      0  10월 18일  16:54 minix
drwxr-xr-x   2 ckuser   other    512  10월 18일  16:53 object
drwxr-xr-x   2 ckuser   other    512  10월 18일  16:53 source
-rw-r--r--   1 ckuser   other      0  10월 18일  16:54 unix
$ ls -ld php
drwxr-xr-x   4 ckuser   other    512  10월 18일  16:54 php
```

ls -R

디렉토리 및 그 디렉토리의 모든 하위 디렉토리(subdirectory)의 내용을 보려면 -R 옵션(recursive)을 사용합니다. 이 -R(r) 옵션은 많은 유닉스 명령들에서 사용하는 옵션인데 이 옵션은 순환적인 작용(recursive action)을 의미합니다.

```
$ cd
$ cd ..
$ ls -R ckuser
ckuser:
file.1     file3     local.cshrc       mytest        test
file.2     file_1    local.login       php           test_1
file1      file_2    local.profile     public_html   www
file2      file_3    mbox              shell         www2

ckuser/php:
linux  minix  object  source  unix

ckuser/php/object:

ckuser/php/source:

ckuser/public_html:
file1     html      image     index.html  test

ckuser/public_html/html:

ckuser/public_html/image:

ckuser/shell:
bash   csh   file3  ksh

ckuser/shell/bash:

ckuser/shell/csh:

ckuser/shell/ksh:
```

4. 디렉토리와 파일 다루기

cp 명령

파일을 복사하려면 cp 명령(copy)을 사용합니다.

형식

```
cp [-options] source_file(s) destination
```

cp : 파일을 동일한 디렉토리로 복사하기

다음은 동일한 디렉토리 내에서 파일을 복사하는 예입니다.

```
$ cd
$ cp file1 apple
$ ls
...  apple   ...
$ cp apple orange
$ ls
...  apple  orange   ...
```

cp : 파일을 다른 디렉토리로 복사하기

다음은 여러 개의 파일을 다른 디렉토리로 복사하는 예입니다.

```
$ cp apple orange php
$ cd php
$ ls
apple  linux  minix  object  orange  source  unix
```

cp -i

복사하려는 파일이 기존에 있는 경우 덮어쓰기(overwrite)를 방지하려면 -i 옵션(interactive)을 사용하여 덮어쓰기를 할 것인지를 묻도록 할 수 있습니다.

```
$ cp apple orange
$ cp -i apple orange
cp: 겹쳐쓰기 orange (y/n)? _
```

cp -r

디렉토리와 그 안에 있는 모든 내용들을 다른 디렉토리로 복사하려면 -r 옵션(recursive)을 사용합니다.

형식

```
cp -r source_directory(s) destination_directory
```

```
$ cp php shell
cp: php: 은(는) 디렉토리입니다
$ cp -r php shell
$ ls shell
bash   csh   file3  ksh   php
```

mv 명령

파일이나 디렉토리를 다른 디렉토리로 이동하거나 이름을 변경하려면 mv 명령(move)을 사용합니다.

형식

```
mv [-options] old_name(s) new_name
```

파일을 다른 디렉토리로 이동

```
$ cd
$ ls
...  apple  orange  ...
$ mv apple ~/shell
$ ls
...  orange  ...
$ ls ~/shell
...  apple  ...
```

디렉토리와 그 내용을 다른 디렉토리로 이동

```
$ ls -F
... php/  public_html/  shell/   ...
$ mv shell public_html
$ ls -F
... php/  public_html    ...
$ cd public_html
$ ls -F
... shell/ ...
```

다시 원위치시킵니다.

```
$ cd ~/public_html
$ ls -F
... shell/ ...
$ mv shell ..
```

파일이나 디렉토리 이름을 변경

다음은 파일명을 변경하는 예입니다.

```
$ ls
...  apple  orange  ...
$ mv orange banner
$ ls
...  apple  banner  ...
```

다음은 디렉토리 이름을 변경하는 예입니다.

```
$ cd ~
$ ls -F
... php/    public_html/   shell/   ...
$ mv php dream
$ ls -F
... dream/  public_html/   shell/   ...
```

rm 명령

파일을 삭제하려면 rm 명령(**rem**ove)을 사용합니다.

형식1

```
rm [-options] filename(s)
```

형식2

```
rm -i filename(s)
```

```
$ cd
$ rm file2
$ cd shell
$ rm apple orange
```

파일을 삭제하기 전에 확인(confirmation)하려면 rm -i 명령을 사용합니다. 확인 메시지가 나올 때, 삭제하려면 y를 , 취소하려면 n을 입력합니다.

```
$ rm -i linux
rm: linux(y/n)을(를) 제거합니까? _
```

mkdir 명령

새로운 디렉토리를 만들려면 mkdir 명령(**make dir**ectory)을 사용합니다. 이 때 디렉토리는 절대 경로명이나 상대 경로명 어느 것이나 사용할 수 있습니다. 여러 개의 디렉토리 이름을 주면 한 번에 여러 개의 디렉토리를 생성할 수 있습니다.

형식

```
mkdir directory_name  directory_name
```

```
$ cd
$ mkdir color
$ ls -l color
총 0
$ ls -ld color
drwxr-xr-x   2 ckuser  other       512  2월 13일  19:42 color
$ cd color
```

```
$ mkdir white black red blue
$ ls -F
black/  blue/   red/    white/
$ cd /etc
$ mkdir ~/color/gray
$ ls -F ~/color
black/  blue/   gray/   red/    white/
```

-p 옵션(parent directory)을 사용하면 하위 여러 수준의 디렉토리를 한 번에 생성할 수 있습니다.

```
$ cd
$ mkdir books/dir1
mkdir: 디렉토리 "books/dir1" 작성 실패. 해당 파일이나 디렉토리가 없음
$ mkdir -p books/dir1
$ ls -R books
books:
dir1

books/dir1:
```

rmdir, rm -r 명령

디렉토리를 삭제하려면 rmdir 명령(**rem**ove **dir**ectory)을 사용합니다. 이 명령은 디렉토리가 비어 있을 때만 삭제할 수 있습니다. 그러나 비어있지 않은 디렉토리를 삭제하려면 rm -r 명령(**r**ecursive)을 사용합니다.

형식1

```
rmdir directory_name(s)
```

형식2

```
rm -r directory_name(s)
```

```
$ cd
$ rmdir books/dir1
$ rmdir books
$ rmdir color
rmdir: 디렉토리 "color": 디렉토리가 비어있지 않음
$ rm -r color
```

> **참고**
>
> ☞ **rm -i 옵션의 사용**
>
> 디렉토리 내의 모든 파일을 한꺼번에 지울 때, -i 옵션(interactive)을 함께 사용하면 매 파일마다 확인 메시지를 보여줍니다. 삭제하려면 y, 아니면 n를 입력합니다.

touch 명령

touch 명령은 기본적으로 크기가 0인 빈 파일을 만들 때 사용합니다. 파일의 내용은 상관없이 파일의 존재유무가 필요한 경우에 주로 사용합니다.

형식

```
touch filename [filenames]
```

파일이 존재하지 않을 경우에는 크기가 0인 빈 파일을 만듭니다.

```
$ ls -l ck
ck: 해당 파일이나 디렉토리가 없음
$ touch ck
$ ls -l ck
-rw-r--r--   1 ckuser   other        0 10월 21일  10:23 ck
```

그러나 파일이 이미 존재하는 경우에는 해당 파일의 시간 정보를 touch 명령을 사용한 시간으로 변경합니다.

```
$ ls -l local.profile
-rw-r--r--   1 ckuser   other      174 10월 18일  16:48 local.profile
$ touch local.profile
$ date
2010년 10월 21일 목요일 오전 10시 26분 49초
$ ls -l local.profile
-rw-r--r--   1 ckuser   other      174 10월 21일  10:26 local.profile
```

5. 파일 내용 보기

cat 명령

cat 명령(con**cat**enate)은 텍스트 파일의 내용을 화면에 보여줍니다. 그러나 cat 명령은 파일 내용을 멈추지 않고 끝까지 한 번에 보여 주기 때문에 파일 크기가 한 화면을 넘지 않는 작은 파일의 내용을 보는데 사용하는 것이 바람직합니다.

원래 cat 명령은 두 개 이상의 여러 개의 파일을 하나의 큰 파일로 결합시키는데 사용하는 명령이지만 간단한 파일의 내용을 보는데 주로 사용합니다.

형식

```
cat [-n] [filename(s)]
```

```
$ cat /etc/passwd
root:x:0:0:Super-User:/:/bin/ksh
daemon:x:1:1::/:
bin:x:2:2::/usr/bin:
sys:x:3:3::/:
adm:x:4:4:Admin:/var/adm:
lp:x:71:8:Line Printer Admin:/usr/spool/lp:
(...)
itpark:x:103:1::/export/home/itpark:/bin/ksh
behappy:x:104:1:Bourne Shell User:/export/home/behappy:/bin/sh
ckuser:x:105:1::/export/home/ckuser:/bin/ksh
ckuser2:x:106:1::/export/home/ckuser2:/bin/ksh
```

-n 옵션(number)은 모든 라인의 앞에 번호를 붙여 줍니다.

```
$ cat -n /etc/passwd
  1  root:x:0:0:Super-User:/:/bin/ksh
  2  daemon:x:1:1::/:
  3  bin:x:2:2::/usr/bin:
  4  sys:x:3:3::/:
  5  adm:x:4:4:Admin:/var/adm:
  6  lp:x:71:8:Line Printer Admin:/usr/spool/lp:
(...)
  20  itpark:x:103:1::/export/home/itpark:/bin/ksh
  21  behappy:x:104:1:Bourne Shell User:/export/home/behappy:/bin/sh
```

```
22 ckuser:x:105:1::/export/home/ckuser:/bin/ksh
23 ckuser2:x:106:1::/export/home/ckuser2:/bin/ksh
```

strings 명령

텍스트 파일이 아닌 경우, 즉 실행 파일이나 이진 파일의 경우 cat 명령을 사용하면 다음과 같이 해독할 수 없는 문자들을 보여줍니다.

```
$ cat /bin/ls
  ELF?@`4 (44젌????㉮
t:?겇/usr/lib/ld.so.1SbCN&:^_1AI[\a70-LMVHK?$WS,2ZG=/?
l ?
? 9 9T
9?9???D=???x;横 ?ㅔ<닰;겆<宓=??存;登<퀵
(...)
```

그러나 strings 명령을 사용하면 이진 파일이나 목적 파일의 내용 중 프린트할 수 있는 문자만을 볼 수 있습니다. 지금은 주로 유닉스에서 제공하는 게임의 사용법을 알아내는 방법으로 사용됩니다.

```
$ strings /bin/ls
%4llu%c
%2.1f%c
%10llu
COLUMNS
%-8u
%-8u
ls: can't read ACL on %s: %s
(...)
%llu
total %llu
ls: cycle detected for %s
total %d
usage: ls -1RaAdCxmnlhogrtuvVcpFbqisfHLeE@ [files]
RaAdC1hxmnlogrtucpFbqisfHL@eEvV
RaAdC1hxmnlogrtucpFbqisfHL@eEvV
SUNW_OST_OSCMD
筮梵拳乞璘袋허층噼瘕狡甘賚樓퍽
KMGTPE
(...)
```

more 명령

텍스트 파일의 내용을 한 번에 한 화면씩 보려면 more 명령을 사용합니다.

형식

```
more filename(s)
```

만일 파일의 내용이 한 화면이 넘는다면 다음과 같은 메시지를 화면 맨 아래에 보여줍니다.

```
--계속--(n$)
```

위에서 n은 지금까지 화면에 보여준 내용이 전체 파일의 내용 중 몇 퍼센트인가를 알려주는 것입니다.

more 명령 실행 결과에서 다음 키를 이용하여 여러 가지로 화면을 조절할 수 있습니다. 앞에서 배운 man 명령에서의 키 동작과 동일합니다.

키	동 작
〈스페이스바〉	다음 페이지 출력(화면 단위 스크롤)
〈Enter〉	다음 라인 출력(라인 단위 스크롤)
b	이전 페이지 출력(back)
f	다음 페이지 출력(forward)
d	다음 반 페이지 출력
q	more 명령 종료(quit)
/문자열	커서 이후의 해당 문자열 찾기
n	그 다음 해당 문자열 찾기(next)

less 명령

less 명령은 단순히 more의 반대라고만 생각하면 안 됩니다. less 명령은 more 명령보다 그 기능면에서 뛰어납니다. 사용되는 대부분의 명령은 vi 편집기 명령과 일치합니다.

유닉스 온라인 매뉴얼 페이지를 보여주는 man 명령은 바로 이 less 명령을 이용하여 내용을 보여줍니다. man 명령에서 사용하는 명령과 동일합니다.

향후에 vi 명령을 배운 후에는 more 명령보다 less 명령을 사용하는 것이 더 편리하다는 것을 느끼실 것입니다.

형식

```
less filename(s)
```

```
$ less /usr/dict/words
10th
1st
2nd
3rd
4th
5th
6th
7th
8th
9th
a
AAA
AAAS
Aarhus
Aaron
AAU
ABA
Ababa
aback
abacus
abalone
/usr/dict/words
```

head 명령

head 명령은 파일의 내용 중 처음 몇 라인을 보는데 유용합니다. 디폴트로 10 라인을 보여줍니다.

```
$ head /etc/passwd
root:x:0:0:Super-User:/:/bin/ksh
daemon:x:1:1::/:
bin:x:2:2::/usr/bin:
sys:x:3:3::/:
adm:x:4:4:Admin:/var/adm:
lp:x:71:8:Line Printer Admin:/usr/spool/lp:
uucp:x:5:5:uucp Admin:/usr/lib/uucp:
nuucp:x:9:9:uucp Admin:/var/spool/uucppublic:/usr/lib/uucp/uucico
smmsp:x:25:25:SendMail Message Submission Program:/:
listen:x:37:4:Network Admin:/usr/net/nls:
```

-n 옵션(number)은 파일의 처음 n라인을 보여줍니다. 다음은 /etc/passwd 파일의 처음 3라인을 보여줍니다.

```
$ head -3 /etc/passwd
root:x:0:0:Super-User:/:/bin/ksh
daemon:x:1:1::/:
bin:x:2:2::/usr/bin:
```

tail 명령

tail 명령은 파일의 내용 중 마지막 몇 라인을 보는데 유용합니다. 디폴트로 10라인을 보여줍니다.

```
$ tail /etc/passwd
svctag:x:95:12:Service Tag UID:/:
nobody:x:60001:60001:NFS Anonymous Access User:/:
noaccess:x:60002:60002:No Access User:/:
nobody4:x:65534:65534:SunOS 4.x NFS Anonymous Access User:/:
cs10999:x:101:1::/home/cs10999:/bin/sh
turiya:x:102:1::/export/home/turiya:/bin/csh
itpark:x:103:1::/export/home/itpark:/bin/ksh
behappy:x:104:1:Bourne Shell User:/export/home/behappy:/bin/sh
ckuser:x:105:1::/export/home/ckuser:/bin/ksh
ckuser2:x:106:1::/export/home/ckuser2:/bin/ksh
```

-n 옵션은 파일의 마지막 n라인을 보여줍니다. 다음은 /etc/passwd 파일의 마지막 3라인을 보여줍니다.

```
$ tail -3 /etc/passwd
behappy:x:104:1:Bourne Shell User:/export/home/behappy:/bin/sh
ckuser:x:105:1::/export/home/ckuser:/bin/ksh
ckuser2:x:106:1::/export/home/ckuser2:/bin/ksh
```

wc 명령

파일의 라인 수, 단어 수, 문자 수를 보려면 wc 명령(**w**ord **c**ount)을 사용합니다.

형식

```
wc [options] filename
```

옵 션	설 명
-l	라인(line) 수를 세어줍니다.
-w	단어(word) 수를 세어줍니다
-c	바이트 수를 세어줍니다.

옵션을 사용하지 않으면 라인 수, 단어 수, 바이트 수 순서로 모두 다 보여줍니다. 다음은 /etc/passwd 파일이 23라인, 51단어, 956바이트로 되어 있다는 것을 보여줍니다.

```
$ wc /etc/passwd
     23      51     956 /etc/passwd
$ wc -l /etc/passwd
     23 /etc/passwd
$ wc -w /etc/passwd
     51 /etc/passwd
$ wc -c /etc/passwd
    956 /etc/passwd
```

file 명령

파일의 종류를 보여주는 명령입니다. file 명령 뒤에 종류를 알고자 하는 파일명을 인수로 주면 그 파일의 종류를 보여줍니다.

형식

```
file filename(s)
```

다음 예는 파일의 여러 종류를 보여줍니다.

```
$ file local.profile
local.profile:  아스키 텍스트
$ file /usr/demo/ELF/acom.c
/usr/demo/ELF/acom.c:   영문 텍스트
$ file php
php:            디렉토리
$ file /bin/ls
/bin/ls:        ELF 32-비트 LSB 실행 가능 80386 버전 1, 동적으로 링크됨, 분리
$ file /etc/init.d/dhcp
/etc/init.d/dhcp:       실행 가능한 /sbin/sh 스크립트
$ file /usr/demo/SOUND/sounds/ring.au
/usr/demo/SOUND/sounds/ring.au: 오디오 데이터: 8비트 u-law, 모노, 8000 Hz
```

Chapter 5

메타 문자

1. 메타 문자
2. 리다이렉션
3. 와일드 카드
4. 명령의 그룹화
5. 파이프
6. 특수문자 인용

1. 메타 문자

메타 문자(metacharacters : 메타캐릭터)란 유닉스 셸에게 있어서 특별한 의미를 갖는 키보드 문자들로 어떠한 셸에 있어서도 강력한 특징이 됩니다.

셸은 명령이 실행되기 전에 먼저 명령어 라인에 메타 문자가 있는지를 검색하여 메타 문자를 특별히 처리한 후 명령을 실행합니다. 이를 명령어 확장이라고 합니다.

일반적으로 키보드상의 알파벳이나 숫자(alphanumeric)가 아닌 문자들입니다. 예를 들면, 다음과 같은 기호들입니다.

```
& * \ | [ ] { } $ < > ( ) # ? ' " / ; ^ ! ~ $
```

파일이나 디렉토리 이름에는 메타 문자를 사용해서는 안 됩니다.

영숫자가 아니면서도 메타 문자가 아닌 것은 . 과 _ 뿐입니다. 따라서 . 과 _ 은 파일이나 디렉토리 이름에 사용할 수 있습니다.

참고

☞ **기호 읽기**

semicolon(;), asterisk(*), question mark(?),
square brackets([]), angle brackets(>,<,,>>),
braced brackets({}), pipe(|), ampersand(&), backslash(\), slash(/),
pound(#), caret(^), tilde(~), single quote(''), double quote(""), back quote(``), dot(.), underscore(_)

2. 리다이렉션

사용자가 유닉스 명령을 실행할 때마다 운영체제는 입출력에 사용할 3개의 표준 채널을 열어 둡니다.

- 표준 입력(standard input) : 표준 입력이란 프로그램이 입력을 하기 위해 기본적으로 찾는 곳으로 디폴트는 키보드입니다.
- 표준 출력(standard output) : 표준 출력이란 프로그램이 기본적으로 출력을 하는 곳으로 디폴트는 화면입니다.
- 표준 에러(standard error) : 표준 에러란 프로그램이 에러 메시지를 디스플레이하기 위해 사용하는 곳으로 디폴트는 화면입니다.

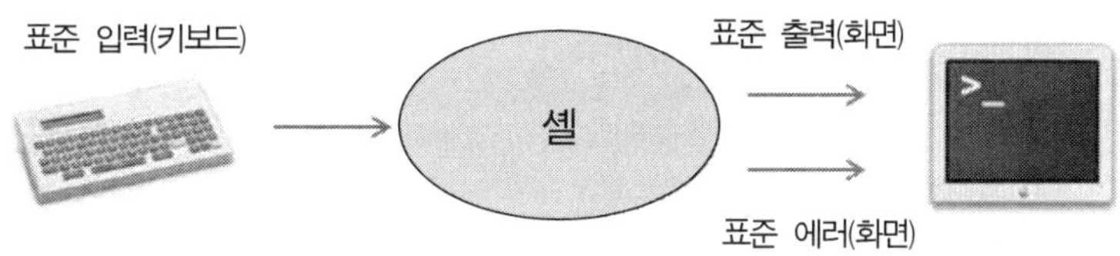

[그림] 표준 입출력

그러나 명령을 입력하여 그 명령을 실행하는 동안에 표준 입출력의 방향을 바꿀 수 있습니다. 이를 리다이렉션(redirection)이라 합니다. 우리말로는 방향 변경, 방향 전환, 재지정 등으로 번역하여 사용되지만 여기서는 리다이렉션이라는 용어를 그대로 사용합니다.

셸의 리다이렉션 기능은

- 프로세스의 출력을 표준 출력인 화면 대신 파일로 저장할 수 있습니다.
- 프로세스의 입력으로 표준 입력인 키보드 대신 파일의 내용을 사용할 수 있습니다.

주로 사용하는 리다이렉션 연산자에는 다음과 같은 것이 있습니다.

연산자	명령 형식	설 명
〉	`command > file`	명령의 표준 출력을 파일로 보낸다.
〉〉	`command >> file`	명령의 표준 출력을 파일에 덧붙인다.
〈	`command < file`	명령은 입력을 파일에서 받는다.
2〉	`command 2> file`	명령의 에러 메시지를 파일로 보낸다.
2〉〉	`command 2>> file`	명령의 에러 메시지를 파일에 덧붙인다.

표준 입력 리다이렉션

기본적으로 유닉스 명령어가 데이터를 읽어 들일 필요가 있을 때는 표준 입력인 키보드로부터 데이터를 읽어 들입니다. 그러나 키보드로부터 읽어 들이는 대신 파일로 부터 읽어 들이는 것을 "표준 입력 리다이렉션"이라 합니다.

그 형식은 다음과 같습니다.

형식1

```
command < filename
```

형식2

```
command 0< filename
```

두 가지 형식 모두 동일한 의미를 가지기 때문에 형식 1이 간단하므로 주로 사용됩니다.

참고

☞ **파일 기술자**

위 명령에서 숫자 0은 파일 기술자(fd: file descriptor)를 나타냅니다. 파일 기술자란 유닉스에서 파일을 다룰 때 사용하는 인덱스로, 표준 입력은 0, 표준 출력은 1, 표준 에러는 2로 지정되어 있습니다.

cat 명령과 같이 유닉스의 많은 명령어들은 인수가 하나인 경우에 파일로부터 입력을 받습니다. 이러한 명령어들은 일반적으로 파일명이나 표준 입력 둘 중 하나로 입력을 받습니다.

cat 명령은 입력한 내용을 그대로 출력해 주는 명령입니다. cat 명령에 파일명과 함께 사용하면 그 파일의 내용을 화면에 보여준다는 것을 알고 있습니다. 그러나 명령 뒤에 아무 것도 입력하지 않고 단독으로 사용하면 키보드에서 입력하기를 기다립니다. 입력을 하고 <Enter> 키를 칠 때마다 입력한 라인을 다시 한 번 보여줍니다. 원하는 입력이 모두 끝난 후 새로운 라인에서 <Ctrl-d>(^d로 표시하기도 합니다) 키를 누르면 키보드로 입력한 내용을 화면에 보여주고 명령이 끝나게 됩니다.

```
$ cat
I love Linux.
I love Linux.
Good Luck !
Good Luck !
<Ctrl-d>
```

그러나 키보드로부터의 입력 대신에 파일로부터 입력을 받아보겠습니다. 그 결과는 화면에 출력을 해줍니다.

```
$ cat < txt1
I love Linux.
Good Luck !
```

위의 결과는 표준 입력 리다이렉션 기호를 사용하지 않고 파일명을 입력받은 결과와 동일합니다. 일반적으로 유닉스 명령은 파일을 인수로 가지는 경우 표준 입력 리다이렉션 기호(<)를 사용해야 하지만 생략하고 사용합니다.

```
$ cat txt1
I love Linux.
Good Luck !
I love Internet.
```

표준 입력 리다이렉션은 명령을 입력할 때 시간이 많이 소요되는 데이터의 경우 명령에 입력할 내용을 미리 준비하여 파일로 저장한 후에 나중에 사용할 수 있으므로 매우 편리합니다.

다음 예는 위에서 작성한 "txt1"라는 파일의 내용을 ckuser2 사용자에게 메일로 보내는 경우입니다.

```
$ mail ckuser2 < txt2
```

표준 출력 리다이렉션

표준 출력 리다이렉션은 명령의 실행 결과가 표준 출력(화면)으로 출력되는 것을 방향을 바꾸어 지정한 파일로 저장되도록 하는 것입니다.

형식1

```
command > filename
```

형식2

```
command 1> filename
```

두 가지 형식 모두 동일한 의미를 가지기 때문에 형식 1이 간단하므로 주로 사용됩니다.

이 때 주의할 점은 해당 파일이 없으면 새로 생성하지만, 해당 파일이 있으면 이전의 파일 내용은 무시하고 현재의 출력 결과로 파일을 덮어 씌웁니다.

다음은 date 명령의 결과를 화면이 아닌 파일로 저장하는 예입니다.

```
$ date
2010년 10월 21일 목요일 오전 11시 32분 14초
$ date > pine
$ cat pine
2010년 10월 21일 목요일 오전 11시 32분 24초
```

이미 존재하는 파일로 출력 리다이렉션을 하면 이전의 파일 내용을 현재의 출력 결과로 덮어 씌우게 됩니다.

```
$ uname
SunOS
$ uname > pine
$ cat pine
SunOS
```

형식3

```
command >> filename
```

형식4

```
command 1>> filename
```

이는 명령의 표준 출력을 파일이 존재하는 경우 그 파일의 끝에 덧붙입니다(append). 해당 파일이 없으면 셸은 파일을 새로 생성합니다.

```
$ cat >> txt1
I love Internet.
^d
$ cat txt1
I love Unix
Good Luck !
I love Internet.
```

표준 출력 리다이렉션을 이용하면 cat 명령으로 간단한 파일을 작성할 수 있습니다.

아래의 예는 키보드로 입력한 내용을 화면에 다시 보여주는 대신 txt2라는 파일로 보내줍니다. 파일의 내용을 보면 키보드로 입력한 내용이 들어있음을 알 수 있습니다. 즉 화면으로 출력될 내용이 파일로 출력된 것입니다.

```
$ cat > txt2
I love Unix.
Good Luck !
^d
$ cat txt2
I love Unix.
Good Luck !
```

표준 에러 리다이렉션

명령을 실행할 때에 에러가 나는 경우가 있습니다. 이 때 에러 메시지는 디폴트로 화면에 보여줍니다. 어떤 명령의 경우에는 실행되는 동안 중간중간에 에러 메시지를 보여줄 때도 있습니다. 이러한 에러 메시지를 파일로 만들어 줄 수 있는데 이를 표준 에러 리다이렉션이라고 합니다.

형식2

```
command 2> filename
```

표준 에러 리다이렉션은 하나의 형식만 갖습니다. 리다이렉션에 사용되는 > 기호가 표준 출력 리다이렉션에 사용되는 기호이고 생략이 가능하기 때문에 반드시 표준 에러 리다이렉션에서는 파일 기술자인 2를 생략하면 안 됩니다.

다음은 존재하지 않는 파일의 내용을 cat 명령으로 볼 때의 표준 에러 리다이렉션 예입니다.

```
$ cat ttt
cat: ttt을(를) 열 수 없습니다
$ cat ttt 2> caterr
$ cat caterr
cat: ttt을(를) 열 수 없습니다
$
```

표준 출력과 에러 동시 리다이렉션

유닉스를 사용하다 보면 표준 출력과 표준 에러 모두 파일로 저장할 필요가 있을 때가 있습니다.

다음 형식은 표준 출력 리다이렉션 결과는 파일 1에, 표준 에러 리다이렉션 결과는 파일 2에 각각 저장하는 경우입니다.

형식1

```
command 1> filename1 2> filename2
command  > filename1 2> filename2
```

다음 형식은 출력 결과가 명령이 정상적으로 실행되든 비정상적으로 실행되든 모두 하나의 파일에 저장하고자 할 때 사용하면 편리합니다.

형식2

```
command 1> filename 2>&1
command 2> filename 1>&2
```

>& 기호는 >& 기호 앞뒤에 파일 기술자를 붙여서 명시해야 하는데 뒤의 파일 기술자가 저장하는 파일은 앞의 파일 기술자가 명시한 파일을 사용한다는 의미입니다. 앞의 파일 기술자가 1일 경우에는 생략 가능합니다. 그러나 뒤의 파일 기술자가 1일 경우에는 생략할 수 없습니다.

다음은 존재하는 디렉토리 php와 존재하지 않는 win 디렉토리에 대한 ls 명령 결과를 표준 출력 리다이렉션과 표준 출력 리다이렉션을 동시에 하나의 파일로 저장한 예입니다.

```
$ ls php
linux  minix  object  source  unix
$ ls win
win: 해당 파일이나 디렉토리가 없음
$ ls win php
win: 해당 파일이나 디렉토리가 없음
php:
linux  minix  object  source  unix
$ ls win php > kkk
win: 해당 파일이나 디렉토리가 없음
$ ls win php > kkk 2>&1
$ cat kkk
win: 해당 파일이나 디렉토리가 없음
php:
linux
minix
object
source
unix
```

3. 와일드 카드

모든 셸은 파일시스템에서 특정한 패턴을 만족하는 파일들을 선택할 수 있게 하는 와일드 카드(wildcard) 기능을 가지고 있습니다. 와일드 카드는 우리말로 파일명을 대치하는 대표문자라고 해석할 수 있습니다. 이 와일드 카드를 이용하여 파일명을 생략할 수도 있습니다. 와일드 카드 기호에는 아스테리스크(*), 물음표(?), 대괄호[ ]가 있습니다.

- * : 파일명이 영 또는 그 이상의 연속적인 모든 문자(blank 포함)와 일치하는 파일들로 대치하는 대표문자(all의 의미)
- ? : 파일명이 모든 문자 중 아무 문자 하나와 일치하는 파일들로 대치하는 대표문자(any의 의미)
- [ ] : 파일명이 묶여진 문자들 중 어느 하나와 일치하는 파일들로 대치하는 대표문자

예를 들어, 현재 디렉토리 및 하위 디렉토리의 파일들이 다음과 같다고 가정합니다.

```
$ ls -FR
a.c   b.c   cc.c   dir1/   dir2/
dir1:
d.c   e.e
dir2:
f.d   g.c
```

참고

☞ ls 명령의 옵션에서 F 옵션은 디렉토리인 경우에는 디렉토리 이름 끝에 /를 붙여서 보여주고(실행 파일의 경우에는 *, 일반 파일인 경우에는 그대로), R 옵션은 하위 디렉토리의 파일까지 모두 다 보여달라는 의미입니다.

예를 들어 ls 명령에서 와일드 카드를 이용한 출력 결과는 다음과 같습니다.

```
$ ls *.c
a.c.  b.c  cc.c
$ ls ?.c
a.c b.c
$ ls [ac]*
a.c  cc.c
$ ls [A-Za-z]*
a.c b.c cc.c
$ ls dir*/*.c
dir1/d.c  dir2/g.c
$ ls */*.c
dir1/d.c  dir2/g.c
$ ls ?.?  *2/?.?
a.c  b.c dir2/f.d  dir2/g.c
```

기타 다른 명령에 사용해본 예는 다음과 같습니다.

```
$ rm *.c
```

```
$ echo *
```

```
$ cp chap??.html myhtml
```

```
$ mv img[1-5].jpg myimage
```

4. 명령의 그룹화

일반적으로 사용자는 한 번에 하나의 명령만을 입력합니다. 그러나 세미콜론(;)으로 명령을 분리하여 같은 하나의 라인에 여러 개의 명령을 입력할 수 있습니다.

예를 들어 다음과 같이 입력했다고 가정합니다.

```
$ who; ls; cal
```

위 명령은 다음과 같은 세 개의 서로 분리된 명령어 라인과 같은 효과를 갖습니다.

```
$ who
```

```
$ ls
```

```
$ cal
```

명령을 그룹화하면 출력을 파일로 리다이렉트할 때 특히 유용할 수 있습니다. 예를 들어 2010년 여름용(6, 7, 8월) 달력은 다음 세 단계로 만들 수 있습니다.

```
$ cal 6 2010 > summer08
$ cal 7 2010 >> summer08
$ cal 8 2010 >> summer08
```

위의 작업을 한꺼번에 한 라인에서 할 수 있습니다.

```
$ (cal 6 2010; cal 7 2010; cal 8 2010) > summer08
```

소괄호( )에 유의하시기 바랍니다. 이 소괄호는 6, 7, 8월 달력을 모두 같은 하나의 파일로 리다이렉트하는데 필요합니다. 만약 소괄호를 생략하면

```
$ cal 6 2010; cal 7 2010; cal 8 2010 > summer08
```

위 명령은 6월과 7월 달력은 화면 상에 디스플레이(표준 출력)되고 단지 8월 달력만 summer08 파일로 표준 출력 리다이렉트됩니다.

5. 파이프

파이프

예를 들어, 2010년, 2011년, 2012년 달력을 차례로 디스플레이하려면 다음과 같은 명령어 라인을 입력합니다.

```
$ cal 2010; cal 2011; cal 2012
```

이는 달력을 표준 출력(화면)에 디스플레이되는데, 빠른 속도로 스크롤되기 때문에 읽을 수 없습니다. 이 문제를 해결하기 위해서는 표준 출력 리다이렉션을 이용하면 됩니다.

```
$ (cal 2010; cal 2011; cal 2012) > temp
```

그리고 나서 more 유틸리티를 이용하여 temp의 내용을 볼 수 있습니다.

```
$ more temp
```

물론 위와 같이 해도 문제는 없지만, 단지 명령의 출력을 보기 위해서 임시 파일을 생성하였습니다.

그런데 파이프를 이용하면 임시 파일을 만들지 않을 수 있습니다. 파이프는 한 프로세스의 표준 출력을 다른 프로세스의 표준 입력으로 사용할 수 있도록 하며, 이는 파이프(|) 메타 문자를 사용하여 프로세스들을 연결하면 됩니다.

형식

```
command1 | command2
```

이는 *command1*의 표준 출력을 *command2*의 표준 입력으로 흘러가도록 합니다. 여러 개의 명령들을 파이프로 연결할 수 있습니다. 이러한 방법으로 연결된 명령들의 순서를 파이프라인(pipeline)이라고 합니다. 파이프라인은 "커다란 문제는 비교적 작고, 재사용할 수 있는 유틸리티에 의해 실행되는 작은 프로세스들을 연결하여 해결할 수 있다"는 기본 유닉스의 개발 철학 중의 하나입니다.

예를 들어 2010년, 2010년, 2012년 달력을 보려면 cal 명령의 출력을 more 명령으로 파이프시키면 됩니다.

```
$ (cal 2010; cal 2011; cal 2012) | more
```

참고

☞ 파이프와 리다이렉션이 어떻게 다른지를 확실히 이해하여야 합니다. 리다이렉션은 명령의 표준 출력을 파일로 보내는 것이고, 파이프는 명령의 출력을 다른 명령의 입력으로 보내는 것입니다.

tee 명령

tee 명령은 명령의 출력을 파일로 저장함과 동시에 계속해서 다른 명령으로 파이프시켜 줍니다. *command1*의 출력을 *outfile*이라는 파일과 *command2*라는 명령으로 보내려면,

형식

```
command1 | tee outfile | command2
```

다음의 명령은 2011년과 2012년의 달력 복사본을 파일 calfile에 보내고 또한 more를 이용하여 화면에 보여줍니다.

```
$ (cal 2011; cal 2012) | tee calfile | more
```

다음은 여러 개의 파이프를 사용한 복잡한 예입니다.

배우지 않은 명령은 다음에 자세히 소개됩니다. 여러 개의 파이프를 이렇게도 사용할 수 있다는 것을 알면 됩니다.

```
$ command | tee step1.out | sort | tee step2.out | uniq -c | \
> tee step3.out | sort -r | tee step4.out | less
```

참고

☞ **긴 명령의 입력**

위의 명령은 두 라인이 하나의 명령입니다. 이렇게 긴 명령을 입력하는 경우 라인을 바꿔 계속 입력하려면 <Entrer> 키를 치기 전에 ₩(백슬래시) 을 입력해야 합니다. 새로운 라인의 프롬프트로 '>'가 나타나면 명령을 이어서 입력하면 됩니다.

tee 명령을 파이프와 사용하지 않고 단독으로 사용하는 경우에는 의미가 좀 다릅니다. 다음과 같이 tee 명령을 사용하여 텍스트 파일을 새로 작성하거나 기존의 파일에 내용을 추가할 수 있습니다.

```
$ tee txt3
Computer Network
Computer Network
Internet Business
Internet Business
<Ctrl>-d
$ cat txt3
Computer Network
Internet Business
```

tee 명령을 실행하면 처음에 시스템은 해당 파일(여기서는 txt3)를 찾습니다. 만약 이 파일이 존재하면 입력하는 새로운 내용으로 덮어씌웁니다(overwrite). 파일이 존재하지 않으면 입력한 내용으로 새로운 파일이 생성됩니다.

한 라인의 입력이 끝나면 <Enter> 키를 칩니다. 그러면 그 라인의 텍스트는 셸에서 중복되어 나타나는데 이는 그 내용을 파일에 쓰기가 완료되었다는 것을 보여줍니다. 내용의 입력을 끝내려면 <Ctrl-d>를 입력합니다.

이미 존재하는 파일에 내용을 추가하려면 -a 옵션(append)을 사용합니다.

```
$ tee -a txt3
Computer Software
Computer Software
<Ctrl-d>
$ cat txt3
Computer Network
Internet Business
Computer Software
```

6. 특수문자 인용

유닉스 파일의 이름에는 다음과 같은 특수문자가 포함되면 안 됩니다.

```
& * \ | [ ] { } $ < > ( ) # ? ' " / ; ^ ! ~ $
```

왜냐 하면 이러한 문자 하나하나는 셸에 있어서 특별한 의미를 가지기 때문입니다. 그러나 어떤 경우에는 특수한 의미가 아닌 문자 그 자체로 사용해야 할 경우가 있습니다. 예를 들면, C 셸의 경우

```
$ csh
$ echo what time is it?
```

이 경우에 셸은 ?를 와일드 카드로 인식하여 그것에 일치하는 파일명을 찾으려 할 것입니다. 만일 일치하는 파일이 있으면, 예를 들어 itx와 ity라는 파일이 있으면 다음과 같이 보여줍니다.

```
what time is itx ity
```

it를 포함하여 세 자로 된 파일이 없는 경우에는 다음과 같이 보여줍니다.

```
$ echo what time is it?
echo : 찾지 못함
```

참고

☞ 본 셸이나 콘 셸의 경우에는 와일드 카드로 대치되는 파일이 없으면 와일드 카드 그 자체를 그대로 보여줍니다.

셸이 물음표(?)를 특수문자가 아닌 물음표 자체로 해석하게 하려면 그것을 인용(quote)하여야 하는데 이를 위한 한 가지 방법은 물음표 바로 앞에 백슬래시(₩)를 붙이는 것입니다.

```
$ echo What time is it\?
What time is it?
```

여기서 유의할 점은 백슬래시는 출력에 나타나지 않는다는 것입니다. 백슬래시의 유일한 목적은 물음표의 특수한 의미를 없애는 것이기 때문입니다. 백슬래시는 단지 한 문자에만 적용됩니다. 만일 다음과 같은 출력을 얻고 싶다고 가정합니다.

```
***** STARS *****
```

이 때에는 특수문자 하나하나에 백슬래시를 넣어야 합니다.

```
$ echo \*\*\*\*\* STARS \*\*\*\*\*
***** STARS *****
```

이렇게 한 자 한 자에 특수문자를 인용하는 것은 지루한 일입니다. 이를 해결하기 위한 다른 방법은 단일 인용부호(single quotes)를 이용하여 한 번에 모든 문자들을 인용하면 됩니다.

```
$ echo '***** STARS *****'
***** STARS *****
```

여기서 사용한 단일 인용부호('...')와 역 인용부호(backquote: `...`)를 혼돈하면 안 됩니다. 역 인용부호는 저(低) 액센트 부호(grave accent mark)라고도 하는데 셸이 실행할 명령을 감싸는데(명령어 치환) 사용됩니다.

```
$ echo `pwd`
/export/home/ckuser
$ echo It is now `date`
It is now 2010년 9월 1일 목요일 오후 01시 55분 26초
$ echo It is now date
It is now date
```

이중 인용부호(double quotes : " ")는 단일 인용부호와 거의 같으나 덜 강력합니다. 즉 달러기호($), 백쿼트(`...`), 백슬래시(＼)의 특수 의미를 없앨 수 없습니다.

```
$ echo "***** `date` *****"
***** 2010년 9월 1일 목요일 오후 02시 05분 46초 *****
$ echo '***** `date` *****'
***** `date` *****
```

Chapter 6

vi 편집기

1. vi 개요
2. 입력하기
3. 커서 이동
4. 편집하기
5. 저장 및 종료
6. 기타 유용한 명령

1. vi 개요

vi 편집기("비아이"로 발음)는 visual display editor로서, 모든 유닉스 시스템의 표준 편집기입니다. 유닉스 시스템에서 문서나 파일 작업(생성, 수정, 삭제 등)을 하려면 vi 편집기를 사용할 수 있어야 합니다.

vi 를 이용하여 작성되는 파일은 아스키(ascii) 파일 또는 텍스트(text) 파일입니다. 이 파일은 유닉스 명령어인 cat, more, pg 등을 이용하여 파일의 내용을 읽을 수 있습니다. 따라서 전자메일의 메시지나 C 프로그램, Java 프로그램, HTML 파일, 셸 스크립트(shell script) 등을 작성할 수 있는 유닉스의 스크린 에디터(screen editor)입니다.

vi는 DOS의 Edit 나 Windows 의 메모장과는 달리 작업과 관련된 메뉴가 나타나지 않으므로 자주 사용하는 기능에 대한 명령은 외워두는 것이 좋습니다. 또한 커서를 원하는 위치로 이동시킬 때 마우스를 사용할 수 없습니다.

유닉스 시스템에서 사용할 수 있는 텍스트 편집기에는 vi 이 외에도 emacs, pico, xedit, CDE text editor 그리고 vi와 거의 완벽하게 호환이 되면서도 더욱 많은 기능이 추가된 vim 등이 있습니다.

기본적인 유닉스 편집기의 발전과정은 다음과 같습니다.

```
ed -> ex -> vi -> vim
```

vi 모드

vi 작업을 하려면 필요에 따라 다음 3가지 모드를 오가면서 작업을 해야 하기 때문에 필요한 작업이 어느 모드에 해당하는지를 반드시 숙지하고 있어야 합니다.

- 명령 모드(command mode)
- 입력 모드(entry mode 또는 insert mode)

• 라스트라인 모드(last-line mode)

사용자는 항상 어느 모드에 있는지를 알아서 그 모드에 맞는 명령을 실행하여야 합니다.

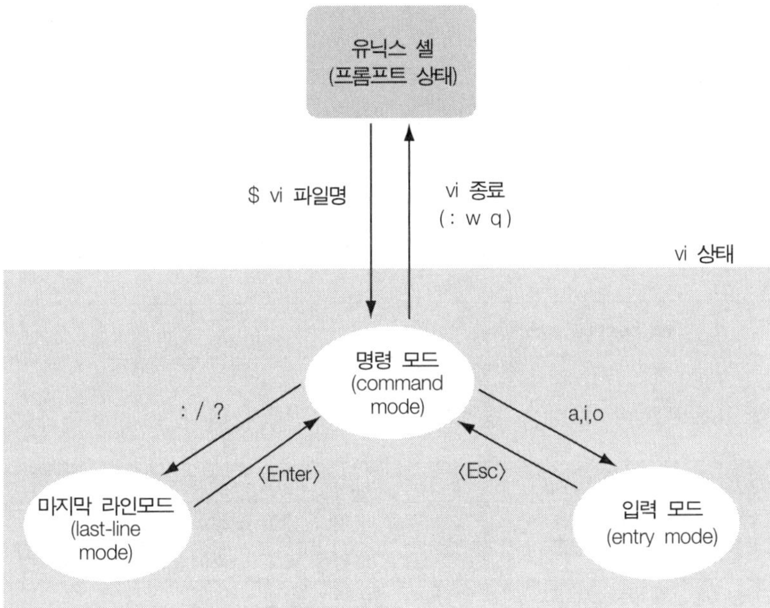

[그림] vi 모드 상태의 전이도

vi를 시작하면 바로 명령 모드로 동작하게 됩니다. 이 모드에서 모든 명령이 실행됩니다. 즉 커서 이동이나 원하는 문자열의 검색, 복사, 삭제 등과 같은 명령을 수행시킬 수 있습니다. 이 모드에서는 키를 입력해도 화면에 표시되지 않습니다.

입력 모드란 실제로 문서를 작성할 수 있는 모드로, 키보드에서 입력하는 모든 문자가 화면에 표시되는 모드입니다. 입력을 하기 위해서는 명령 모드에서 입력 모드로 전환을 해야 하는데, 명령 모드에서 "i, I, a, A, o, O" 등의 입력 명령키(아래에서 설명)를 누르면 입력 모드로 전환됩니다. 반대로 입력 모드에서 명령 모드로 전환하려면 <Esc> 키를 누르면 됩니다. <Esc> 키는 여러 번 눌러도 상관없으며 여러 번 누르게 되면 '삑' 소리가 납니다.

라스트라인 모드는 명령 모드에서 ':'(콜론)을 입력하면 화면 맨 마지막 줄 첫 컬럼에 콜론이 나타나는데, 아래에서 설명하는 명령 중 : / ? 등과 함께 사용되는 명령을 실행할 수 있습니다. 예를 들면 파일을 저장하거나 vi를 종료할 때 라스트라인 모드에서 명령을 입력합니다.

vi 시작하기

vi를 실습하기 위하여 다음과 같이 임시로 사용할 파일(test01.txt)을 만듭니다.

```
$ man echo > test01.txt
```

실습이 끝나면 다음 명령으로 임시로 사용했던 파일을 삭제합니다.

```
$ rm test01.txt
```

셸 프롬프트에서 다음 명령 중 하나를 입력합니다.

명 령	동 작
`$ vi` *filename*	파일을 열거나 새로 작성할 때
`$ vi`	새로운 파일을 열고 나중에 파일명을 줍니다.
`$ vi -r` *filename*	깨진 파일을 복구할 때(recover)
`$ view` *filename*	파일을 읽기 전용(read-only)으로 열 때

2. 입력하기

파일을 작성하려면 명령 모드에서 입력 모드로 전환하여야 하는데 다음 명령 중 하나를 입력합니다.

명 령	동 작
a A	현재 커서가 위치한 문자 다음부터 입력 현재 커서가 위치한 라인의 마지막부터 입력
i I	현재 커서가 위치한 문자 앞에 삽입 현재 커서가 위치한 라인의 처음부터 입력
o O	현재 커서가 위치한 라인의 바로 다음 라인에 빈 라인을 만듭니다. 현재 커서가 위치한 라인의 바로 위의 라인에 빈 라인을 만듭니다.

참고

☞ a는 append, i는 insert 또는 input, o는 open의 의미입니다.

3. 커서 이동

기본적인 커서 이동

명 령	동 작
h	현재 위치에서 한 문자 앞으로 이동 (←)
j	현재 위치에서 한 라인 아래로 이동 (↓)
k	현재 위치에서 한 라인 위로 이동 (↑)
l	현재 위치에서 한 문자 뒤로 이동 (→)
〈Enter〉	커서를 다음 라인의 처음으로 이동

참고

☞ h, j, k, l은 특별한 의미를 갖는 명령이 아니며, 단순히 키보드 상에 연속되어 나란히 위치하고 있습니다.

현재 라인 내에서 커서 이동

명 령	동 작
^ $	현재 커서가 위치한 라인의 첫 컬럼(공백이나 탭이 아닌)으로 이동 현재 커서가 위치한 라인의 마지막으로 이동
w W	커서가 다음 단어의 처음으로 이동(문장부호를 단어로 인식) w와 같으나 문장부호는 단어로 인식하지 않음
b B	커서가 이전 단어의 처음으로 이동(문장부호를 단어로 인식) b와 같으나 문장부호는 단어로 인식하지 않음
e E	커서가 다음 단어의 끝 문자로 이동(문장부호를 단어로 인식) e와 같으나 문장부호는 단어로 인식하지 않음

참고

☞ 앞의 동작 설명 중 문장부호(punctuation)는 "!, >, -, ." 등을 말합니다. 즉 위 명령의 대소문자의 차이는 이러한 문장부호를 단어로 인식하느냐의 차이입니다. 문장부호가 이어져 있는 경우에는 이어져 있는 문장부호 모두를 하나의 단어로 간주합니다.

현재 화면 내에서 커서 이동

명 령	동 작
H	현재 화면의 첫 라인의 첫 컬럼으로 이동
M	현재 화면의 중간 라인의 첫 컬럼으로 이동
L	현재 화면의 맨 마지막 라인의 첫 컬럼으로 이동

참고

☞ H는 High(사실은 top), M은 Middle, L은 Low(사실은 bottom)의 의미입니다.

화면 간에 커서 이동

명 령	동 작
〈Ctrl-f〉	한 화면 뒤로 이동
〈Ctrl-b〉	한 화면 앞으로 이동
〈Ctrl-d〉	반 화면 뒤로 이동
〈Ctrl-u〉	반 화면 앞으로 이동

참고

☞ f는 forward screen, b는 backward screen, d는 scroll down half screen, u는 scroll up half screen의 의미입니다. 소문자 대신에 대문자를 사용해도 상관없습니다. 그리고 명령 앞에 숫자를 먼저 입력하고 명령을 수행하면 한 화면이 아니라 숫자만큼의 여러 화면을 한 번에 앞뒤로 이동할 수 있습니다.

지정된 라인으로 커서 이동

명 령	동 작
7G	파일의 7번째 라인으로 이동
1G	파일의 1번째 라인으로 이동
G	파일의 맨 마지막 라인으로 이동
:7	7G와 동일

참고

☞ G는 Go의 의미입니다. 그리고 편집 파일의 라인 번호를 보려면 ":set number"를 실행합니다. 이 때 나타나는 번호는 실제로 본문에 삽입되는 것이 아니라 눈금자와 같이 편집에 참조를 위한 것입니다. 다시 없애려면 ":set nonumber"를 실행합니다.

4. 편집하기

삭 제

명 령	동 작
x	커서가 있는 한 문자를 삭제
X	커서의 앞 한 문자를 삭제
dw	커서가 있는 한 단어를 삭제
3dw	3단어를 삭제
dd	커서가 있는 한 라인을 삭제
3dd	커서가 있는 라인 포함 3라인 삭제
D	커서의 현재위치에서 그 라인 끝까지 삭제
dG	커서 위치부터 파일 끝까지 삭제
d1G	파일 처음부터 커서 위치까지 삭제
:5,7d	5번째 라인부터 7번째 라인까지 삭제

참고

☞ d는 delete, dw는 delete word의 의미입니다. 삭제된 내용은 버퍼에 저장되므로 삭제된 것은 삭제 직후에 바로 "u" 명령(undo)을 이용하여 다시 취소(원위치)시킬 수 있습니다.

라인 길이 조정

명 령	동 작
i〈Enter〉 a〈Enter〉 J	커서가 있는 현재의 문자부터 새로운 라인으로 분리 커서가 있는 현재의 문자 이후를 새로운 라인으로 분리 커서가 있는 현재의 라인과 다음 라인을 결합

> **참고**
> ☞ J는 Join의 의미입니다.

현재 라인에서 문자 치환

명 령	동 작
r R	현재 커서가 위치한 한 문자를 치환 현재 커서의 위치로부터 입력하는 대로 겹쳐서 치환(overwrite)
cw 3cw C	커서 위치에서 그 단어의 끝까지 치환 커서 위치에서 3단어를 치환 커서 위치에서 라인의 끝까지 치환
s S	한 문자를 여러 문자로 치환 현재 커서가 위치한 라인 전체를 치환
~	현재 커서가 위치한 한 문자를 대문자는 소문자로, 소문자는 대문자로 변환

> **참고**
> ☞ r은 replace, cw는 change word, s는 substitute의 의미입니다. ~ 는 7~ 과 같이 숫자와 함께 사용하면 편리합니다. r 과 ~ 는 명령 실행 후 명령모드를 계속 유지하지만 그 이외의 명령은 <Esc> 키를 입력해야 합니다.

문자열 치환

명 령	동 작
:1,6s/문자열1/문자열2/g	1 - 6번 라인까지 "문자열1"을 "문자열2"로 치환
:1,$s/문자열1/문자열2/g	1 - 끝 라인까지 "문자열1"을 "문자열2"로 치환
:1,.s/문자열1/문자열2/g	1 - 커서가 있는 라인까지 "문자열1"을 "문자열2"로 치환
:%s/문자열1/문자열2/g	파일 전체에서 "문자열1"을 "문자열2"로 치환

참고

☞ 앞의 명령어 중 맨 끝에 있는 "/g"는 global의 의미로 한 라인에 원하는 문자열이 여러 번 나오는 경우에 전부 치환을 한다는 의미입니다. g를 붙여주지 않으면 한 라인에 원하는 문자열이 여러 개인 경우 처음 하나만 치환되는데 이렇게 사용하는 경우는 거의 없기 때문에 항상 "/g"를 함께 사용하면 됩니다.

복사 및 붙여넣기

명 령	동 작
yy 3yy	커서가 있는 현재의 라인을 버퍼에 저장 커서가 있는 현재의 라인부터 3라인을 버퍼에 저장
p P	버퍼에 저장된 내용을 커서 앞에 출력 버퍼에 저장된 내용을 커서 뒤에 출력
:1,3 co 5 :4,6 m 8	1 - 3번째 라인까지를 복사하여 5번째 라인 다음에 복사 1 - 6번째 라인까지를 8번째 라인으로 이동

참고

☞ 위의 명령어 중 yy는 Y를 사용해도 됩니다. 즉 3yy는 3Y와 같습니다. y는 yank의 의미입니다. co는 copy, m은 move의 의미입니다.

yy는 주로 p와 함께 많이 사용됩니다. 복사하여 붙여넣기를 UNIX에서는 Yanking & Putting이라 하는데 PC에서의 Copy & Paste(복사 및 붙여넣기) 개념과 같습니다.

데이터(다른 파일 전체나 명령 결과) 읽어 오기

명 령	동 작
:r 파일명 :25 r 파일명 :r !명령어	지정한 파일의 내용을 현재 라인 다음에 삽입(끼워 넣기) 지정한 파일의 내용을 25번째 라인 다음에 삽입(끼워 넣기) 셸 명령어의 실행 결과를 현재 라인 다음에 삽입

참고

☞ r은 read의 의미입니다.

다른 파일 편집

명 령	동 작
:e 파일명 :e! 파일명	지정한 파일을 불러옵니다. 이전에 편집하던 파일을 저장하지 않고 불러옵니다.

참고

☞ e는 edit의 의미입니다.

다른 파일 일부 가져오기

다른 파일 전체를 읽어 올 때는 위의 명령을 사용하지만 다른 파일의 일부를 읽어 오려면 버퍼의 이름을 지정하여 읽어 옵니다. 지금까지는 하나의 버퍼를 사용하였지만 다음과 같이 여러 개를 사용할 수 있습니다.

```
"a "b "c ... "z "1 "2 ... "9
```

위의 버퍼 이름을 사용하면 파일 간에 일부를 복사 및 붙이기를 할 수 있습니다. "a 버퍼를 이용하는 예는 다음과 같습니다.

① 다른 파일에서 읽을 부분을 버퍼 "a 에 복사합니다. : "a4yy
② 붙이기 할 파일을 부릅니다. :e 파일명
③ 원하는 위치로 커서를 이용한 후 붙이기 명령을 사용합니다. :"ap

여러 개의 버퍼를 사용하면 각기 다른 여러 부분을 버퍼에 저장한 후 필요한 버퍼를 불러서 사용할 수 있습니다.

5. 저장 및 종료

저장 및 종료

명 령	동 작
:w :w 파일명 :w 〉〉 파일명	원래의 파일로 저장 지정한 파일로 저장 지정한 파일의 끝에 추가
:q :q! :wq :wq!	수정한 파일을 저장하지 않고 vi를 종료 수정한 파일을 저장하지 않고 vi를 무조건 종료 수정한 파일을 저장하고 종료 수정한 파일을 저장하고 vi를 무조건 종료
ZZ	수정한 파일을 저장하고 종료

참고

☞ w는 write, q는 quit의 의미입니다.

ZZ 명령의 경우 명령모드에서 사용하며, 반드시 파일명을 지정하고 vi를 실행한 경우에만 사용할 수 있으며, 만일 파일명이 지정되지 않은 경우에는 "현재 파일명 지정 안됨"이라는 메시지가 나타나며 이 때에는 ":wq 파일명"이나 ":wq! 파일명"을 사용하여 파일을 저장한 후 종료할 수 있습니다.

또한 view 명령으로 읽어 온 파일은 수정이 되었을 때 ZZ으로 파일을 저장할 수 없습니다.

특정 라인을 별도의 파일로 저장

명 령	동 작
:4,20 w 파일명 :4,20 w 〉〉 파일명	라인 4부터 라인 20까지를 지정된 파일명으로 저장 라인 4부터 라인 20까지를 지정된 파일의 뒤에 저장

여러 파일 편집

vi를 실행할 때 여러 개의 파일을 불러서 편집할 수 있습니다. 예를 들어 다음과 같은 3개의 파일이 있다고 가정합니다.

```
$ cat test1
I love Unix.
You love Unix.
$ cat test2
I love Java.
You love Java.
$ cat test3
I love C.
You love C.
```

다음과 같이 vi를 실행합니다.

```
$ vi test1 test2 test3
I love Unix.
You love Unix.
~
~
```

첫 번째 파일인 test1 의 편집을 끝내고 두 번째 파일인 test2 파일을 불러 오려면 다음과 같이 test1 파일을 저장하고(:w) 다음 파일인 test2를 불러옵니다(:n).

```
~
~
:w
```

```
~
~
:n
```

그러면 다음 파일인 test2 파일이 불러집니다. 마찬가지로 그 다음 파일인 test3 파일을 편집하려면 위와 같은 명령을 반복합니다.

참고

☞ w는 write, n은 next의 의미입니다.

예를 들어 html 로 끝나는 모든 파일을 편집하려면 다음과 같이 와일드 카드를 이용하여 모든 html 파일을 불러올 수 있습니다.

```
$ vi *.html
```

편집을 계속합니다가 마지막 파일에서 :n을 입력하면 다음과 같은 메시지가 화면 맨 아래 라인에 나타난다.

```
더이상 편집할 파일 없음
```

여러 개의 파일을 편집할 때 앞의 버퍼 이름을 사용하면 한 파일의 일부를 복사하여("ayy) 다른 파일에 복사("ap)하는 기능을 사용함으로써 더욱 편리하게 편집할 수 있습니다.

6. 기타 유용한 명령

문자열 검색

명 령	동 작
/문자열 ?문자열	현재 커서 위치의 아래로 문자열을 검색 현재 커서 위치의 위로 문자열을 검색
n 또는 /〈Enter〉 N 또는 ?〈Enter〉	아래(같은) 방향으로 검색을 계속 위(반대) 방향으로 검색을 계속

참고

☞ 문자열을 찾을 수 없을 경우에는 "패턴이 없음"(pattern not found) 이라는 메시지가 나타납니다.

실행 취소 및 반복

명 령	동 작
u U :u	편집 버퍼를 수정했던 마지막 명령을 취소 현재의 라인에서 변경된 모든 것을 취소 직전의 라스트 라인에서의 명령(last-line command)을 취소
.	편집 버퍼를 수정했던 마지막 명령을 반복

참고

☞ u는 undo(실행 취소)의 의미입니다.

사용자 환경 설정

명 령	동 작
:set nu :set nonu	라인 번호를 보여줍니다. 라인 번호를 감춥니다.
:set ic :set noic	찾을 때 대소문자를 구분하지 않습니다. 찾을 때 대소문자를 구분합니다.
:set list :set nolist	탭(tab)과 EOL과 같은 보이지 않는 문자를 보여줍니다. 탭(tab)과 EOL과 같은 보이지 않는 문자는 보여주지 않습니다.
:set showmode :set noshowmode	현재의 작업 모드를 보여줍니다. 현재의 작업 모드를 보여주지 않습니다.

참고

☞ nu는 number, ic는 ignore case의 의미입니다.

위의 :set list 명령은 탭의 경우 "^I"로, 라인 끝은 "$"로 보여줍니다.

vi 작업 중 셸 명령 실행

명 령	동 작
:sh :!*명령어* :!!	유닉스 셸 나들이(다시 vi로 돌아오려면 exit을 입력) vi를 중단하고 지정한 셸 명령어 실행 vi를 중단하고 바로 전에 실행한 셸 명령어 실행

약어 사용

예를 들어, "computer network"이라는 단어를 자주 입력해야 할 때 이를 "cn"이라는 약자를 이용하여 입력하려면

```
:ab cn computer network
```

로 약어를 만듭니다. 그러면 독립된 단어로 "cn"이라고 입력하면 vi는 자동적으로 cn 을 computer network으로 치환합니다.

명 령	동 작
:ab *short long*	short를 long에 대한 약어로 사용
:unab *short*	short로 지정된 약어를 삭제
:ab	현재의 약어 목록을 표시

참고

☞ ab는 abbreviate, una는 unabbreviate의 의미입니다.

화면 정리

vi 편집중에 다른 사람으로부터 메시지를 받았을 때 메시지를 다 읽고 편집하던 화면을 다시 정리할 때 유용합니다. 무언가 화면의 내용이이 깨졌거나 좀 이상한 글자가 나타났다고 생각되면 사용합니다.

명 령	동 작
^L	현재의 화면을 다시 디스플레이(refresh)합니다.

vi 초기화 파일(.exrc)

vi 는 시작할 때 사용자의 홈 디렉토리에 .exrc 파일이 있으면 그 파일안의 명령을 먼저 실행합니다. 따라서 사용자는 자신의 vi 작업 환경을 자동적으로 초기화할 수 있습니다(customizing).

다음은 .exrc 파일의 예입니다.

```
$ vi ~/.exrc
set number                    //라인보여주기
set cindent                   //c프로그래밍할 때 자동 들여쓰기 해줌
colorscheme elflord           //키워드 색을 컬러풀하게 해줌
ab ib Internet Business
ab cs Computer Software
ab cn Computer Network
!date; sleep 3
```

매크로 사용

여러 번 반복되는 명령이나 긴 명령은 map 명령을 이용하여 매크로(Macro)를 정의하여 간단하고 편리하게 사용할 수 있습니다.

예를 들어, 커서를 첫 라인으로 이동하려면 명령 모드에서 1G를 입력해야 하는데 다음과 같이 g라는 매크로를 정의하면 다음부터는 g만 입력하면 커서를 첫 라인으로 항상 이동할 수 있습니다.

```
ed -> ex -> vi -> vim
```

```
:map g 1G
```

매크로는 명령 모드뿐 아니라 입력모드에서도 사용할 수 있도록 정의할 수 있는데 그 형식이 서로 다릅니다.

형식 1

```
map macroname  commands
```

형식 2

```
map! macroname  commands
```

위에서 [형식1]은 명령 모드에서 사용할 수 있도록 매크로를 정의하는 것이고, [형식2]는 입력 모드에서 사용할 수 있는 매크로를 정의하는 것입니다.
다음은 입력 모드 상태에서 파일을 저장하고 종료하는 매크로의 작성 예입니다.

이렇게 정의한 후에는 명령 모드가 아니라 입력 모드에서 ZZ을 입력하면(1초 이내에) 파일을 저장하고 종료하게 됩니다.

```
:map! ZZ ^[:wq^M
```

위에서 ^[은 <Esc> 키를, ^M 은 <Enter> 키를 나타내는 컨트롤 문자로 두 문자가 아니라 한 문자입니다. 이러한 컨트롤 문자를 vi에서 입력하려면 <Ctrl-v>를 누르고 이어서 해당 키를 입력해야 합니다.

컨트롤 문자에 대하여 더 알아보자. 유닉스 명령어에 대한 온라인 매뉴얼 페이지를 출력 리다이렉션을 시켜 파일로 저장한 후 vi로 열어보면 _^H 문자가 상당히 많이 보이게 됩니다.

```
$ man cp > temp
$ vi temp
User Commands           cp(1)

NAME
   cp - copy files

SYNOPSIS
     /usr/bin/cp [-fip] _^Hs_^Ho_^Hu_^Hr_^Hc_^He__^Hf_^Hi_^Hl_^He_^Ht_^Ha_^Hr_^
Hg_^He_^Ht__^Hf_^Hi_^Hl_^He
     /usr/bin/cp [-fip] _^Hs_^Ho_^Hu_^Hr_^Hc_^He__^Hf_^Hi_^Hl_^He...
_^Ht_^Ha_^Hr_^Hg_^He_^Ht
     /usr/bin/cp -r|-R [-fip] _^Hs_^Ho_^Hu_^Hr_^Hc_^He__^Hd_^Hi_^Hr...
_^Ht_^Ha_^Hr_^Hg_^He_^Ht
     /usr/xpg4/bin/cp [-fip] _^Hs_^Ho_^Hu_^Hr_^Hc_^He__^Hf_^Hi_^Hl_^He
_^Ht_^Ha_^Hr_^Hg_^He_^Ht__^Hf_^Hi_^Hl_^He
     /usr/xpg4/bin/cp [-fip] _^Hs_^Ho_^Hu_^Hr_^Hc_^He__^Hf_^Hi_^Hl_^He...
_^Ht_^Ha_^Hr_^Hg_^He_^Ht
@
...
```

이 문자들도 컨트롤 문자로 종이에 인쇄할 때 _^H 다음에 나오는 문자는 밑줄을 그으라는 명령으로 화면에서는 어지럽게 보일 뿐입니다. 이를 없애려면 이 문자를 널(null) 문자로 치환하면 됩니다.

```
:%s/_^H//g
```

위의 명령을 입력할 때 ^H는 컨트롤 문자이므로 <Ctrl-v>를 누른 다음 <Ctrl-h>를 누릅니다. 그러면 화면은 다음과 같이 제대로 보일 것입니다.

```
User Commands          cp(1)
NAME
    cp - copy files

SYNOPSIS
    /usr/bin/cp [-fip] _s_o_u_r_c_e__f_i_l_e _t_a_r_g_e_t__f_i_l_e
    /usr/bin/cp [-fip] _s_o_u_r_c_e__f_i_l_e... _t_a_r_g_e_t
    /usr/bin/cp -r|-R [-fip] _s_o_u_r_c_e__d_i_r... _t_a_r_g_e_t

    /usr/xpg4/bin/cp [-fip] _s_o_u_r_c_e__f_i_l_e _t_a_r_g_e_t__f_i_l_e
    /usr/xpg4/bin/cp [-fip] _s_o_u_r_c_e__f_i_l_e... _t_a_r_g_e_t
...
```

vi 실행 시에 매크로를 정의하면 vi를 종료한 이후에는 사용할 수 없습니다. 따라서 매크로를 .exrc 파일에 정의를 해 두면 항상 사용할 수 있습니다.

```
$ vi ~/.exrc
set nu
ab cn computer network
!date; sleep 3
map  g  1G
:map!  ZZ  ^[:wq^M
```

Part Ⅱ

유닉스 응용

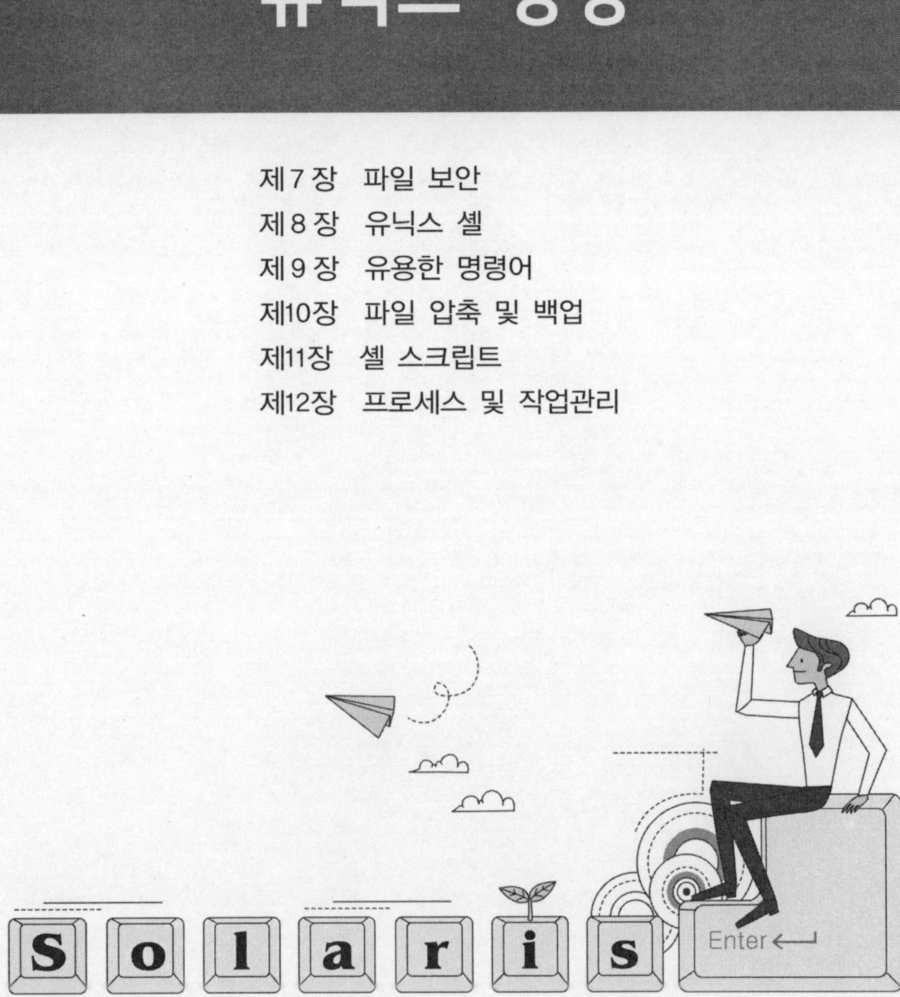

Chapter 7

파일 보안

1. 파일 퍼미션
2. 퍼미션 변경
3. 디폴트 퍼미션 변경

1. 파일 퍼미션

일반 사용자가 시스템을 사용할 때 고려해야 할 보안사항으로는 기본적으로 두 가지가 있습니다. 첫 번째는 시스템에 접근할 때의 로그인 ID와 패스워드이고, 두 번째는 파일이나 디렉토리가 생성될 때 자동적으로 설정되는 퍼미션(permission)에 대한 고려입니다.

참고

☞ **퍼미션**(permission)의 해석 : 퍼미션은 사용 권한, 접근 권한, 허가권, 허가 등으로 번역하여 사용하고 있습니다. 이 책에서는 퍼미션과 권한으로 상황에 따라 사용하겠습니다.

유닉스와 같은 다중 사용자 시스템(multi-user system)의 경우 같은 한 대의 시스템에 여러 명이 동시에 접속해서 사용할 수 있습니다. 이 때 다른 사용자가 내 파일을 읽거나 수정하거나 심지어 삭제할 수도 있습니다. 이를 방지하기 위하여 자신의 파일을 보호할 수 있는 기능을 제공하여 자신의 파일을 다른 사용자가 사용할 수 있도록 할 수도 있고 사용할 수 없도록 할 수도 있습니다. 이는 퍼미션을 통해서 관리할 수 있습니다.

파일이나 디렉토리의 퍼미션을 적절하게 설정해 주면 읽기나 쓰기 권한이 없는 사용자들이 이를 액세스하는 것을 보호해 줄 수 있습니다.

일반적으로 파일이 생성될 경우 다른 사용자에게 읽기는 허용하지만 변경(쓰기)은 허용하지 않도록 퍼미션이 설정됩니다. 그러나 어떤 경우에는 프로그램과 같은 실행 파일을 공유해야 할 경우도 있습니다. 따라서 파일 퍼미션을 이용하여 사용자의 파일에 대한 액세스 권한을 적절하게 제어할 수 있습니다.

그러나 root 라는 계정을 갖는 사용자는 주어진 권한에 관계없이 모든 권한을 사용할 수 있습니다. 그래서 root 사용자를 수퍼유저(superuser)라고 합니다.

퍼미션 종류

퍼미션을 설정한다는 것은 **누구**에게 **어떤** 퍼미션을 줄 것인가의 문제입니다. 먼저 누구에게 줄 것인가의 누구(사용자)는 다음과 같이 세 가지 범주로 나눌 수 있습니다.

사 용 자	기호	설 명
owner	u	파일이나 디렉토리의 소유자(user)
group	g	그룹. 사용자와 같은 그룹에 소속된 다른 사용자로, 그룹은 시스템 관리자에 의해 만들어지고 관리됩니다.
other	o	기타. 그 외 다른 모든 사용자들

어떤 퍼미션을 줄 것인가 즉, 퍼미션의 기본적인 유형은 파일과 디렉토리에 대한 영향이 다릅니다.

〈표〉 파일에 설정된 권한의 의미

퍼미션	기호	파일에 대한 영향
읽기	r	파일의 내용을 보거나 복사할 수 있습니다.
쓰기	w	파일 내용을 수정할 수 있습니다.
실행	x	실행파일이나 셸 스크립트를 실행할 수 있습니다.
금지	-	권한이 없습니다.

〈표〉 디렉토리에 설정된 권한의 의미

퍼미션	기호	디렉토리에 대한 영향
읽기	r	ls 명령으로 디렉토리의 내용, 즉 목록을 읽을 수 있습니다(ls).
쓰기	w	디렉토리에 새로운 파일이나 디렉토리를 추가하거나 삭제할 수 있습니다(rm, rmdir, vm mkdir, cp, vi).
실행	x	해당 디렉토리로 이동할 수 있습니다(cd, ls -l).
금지	-	권한이 없습니다.

퍼미션 보기 : ls -l

ls -l 명령을 이용하면 파일의 각종 속성과 퍼미션을 알 수 있습니다.

먼저 임의의 파일을 하나 만든 후 ls -l 명령(**l**ong)을 실행해 보겠습니다.

```
$ touch mango
$ ls -l mango
-rw-r--r--   1 ckuser   staff         0  7월 13일  19:41 mango
```

또는 ls -n 명령(**n**umber)을 실행해도 됩니다.

```
$ ls -n mango
-rw-r--r--   1 100      10            0  7월 13일  19:41 mango
```

이는 소유자와 소유자의 그룹을 이름 대신 UID 번호와 그룹의 GID 번호를 보여줍니다.

ls -l 명령은 파일 목록을 긴 형식으로 자세히 보여주기 때문에 파일이나 디렉토리의 퍼미션을 볼 수 있습니다.

위의 명령 실행결과 중 처음의 -rw-r--r--가 바로 이 파일의 퍼미션을 나타냅니다. 파일이나 디렉토리의 퍼미션은 위와 같이 10자리의 문자로 나타내는데 이를 구분해 보면 다음 그림과 같습니다.

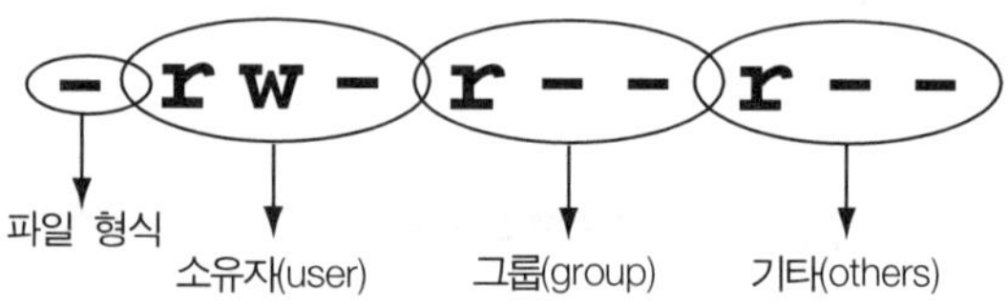

첫 자리인 '-'는 파일 형식을 나타냅니다. 파일인 경우 '-'로 표시되고, 디렉토리인 경우에는 'd'로 표시됩니다. 위의 경우는 '-'이므로 파일을 나타냅니다. 이 외에도 'l'인 경우에는 링크 파일(link file)을 의미하고, 'c'는 문자 장치(character device)를, 'b'는 블록 장치(block device)를 의미합니다.

두 번째부터 네 번째 자리까지의 rw- 는 소유자의 퍼미션을 나타냅니다. 이 경우 이 파일의 소유자인 ckuser는 이 파일에 대하여 읽기, 쓰기 권한이 있으며 실행 권한은 없는 것입니다.

다섯 번째부터 일곱 번째 자리까지의 r-- 는 그룹의 퍼미션을 나타냅니다. 이 경우 staff 그룹에 속한 사용자들은 이 파일에 대하여 읽기 권한만 있고 다른 권한은 없습니다.

여덟 번째부터 열 번째 자리까지의 r-- 는 기타 사용자의 퍼미션을 나타냅니다. 이 경우 소유자인 ckuser와 staff 그룹에 속한 사용자들 이 외의 모든 사용자들은 이 파일에 대하여 읽기 권한만 있고 다른 권한은 없습니다.

다음은 파일이나 디렉토리에 퍼미션이 부여된 예입니다.

- 소유자에게만 읽기/쓰기/실행 권한 부여

```
-rwx------
```

- 소유자와 그룹에 대하여 읽기/실행 권한 부여

```
-r-xr-x---
```

- 소유자의 경우 읽기/쓰기/실행 권한, 그룹 멤버와 기타 사용자들은 읽기/실행 권한 부여

```
-rwxr-xr-x
```

- 소유자의 경우 읽기/쓰기/실행 권한, 그룹의 경우 읽기/실행 권한, 기타 사용자의 경우 실행 권한 부여

```
-rwxr-x--x
```

디폴트 퍼미션

새로운 파일이나 디렉토리가 생성되면 자동적으로 퍼미션이 설정되어 기본적으로 보안을 유지할 수 있습니다. 이렇게 자동적으로 설정되는 권한을 디폴트 퍼미션(default permission)이라 합니다.

```
$ mkdir fruit
$ ls -ld fruit
drwxr-xr-x   2 ckuser   staff      512  7월 13일  19:13 fruit
```

```
$ touch grapes
$ ls -l grapes
-rw-r--r--   1 ckuser   staff        0  7월 13일  19:15 grapes
```

위의 명령 실행결과에서 보면 알 수 있듯이, 파일에 대한 디폴트 퍼미션은 rw-r--r--이고 디렉토리에 대한 디폴트 퍼미션은 rwxr-xr-x로 설정되는 것을 알 수 있습니다.

퍼미션 결정

사용자가 파일이나 디렉토리에 접근할 때 OS 는 먼저 사용자의 UID와 파일이나 디렉토리의 UID를 비교합니다. UID가 일치하면 소유자(user)에게 설정되어 있는 퍼미션이 적용됩니다.

UID가 일치하지 않으면 OS는 사용자의 GID와 그 파일이나 디렉토리의 GID를 비교합니다. 이 번호가 일치하면 그룹(group) 퍼미션이 적용됩니다.

만약 GID가 일치하지 않으면 OS는 그 파일이나 디렉토리의 기타 사용자(others)의 퍼미션을 적용합니다.

2. 퍼미션 변경

chmod 명령

파일이나 디렉토리의 퍼미션을 변경할 때는 chmod 명령(**ch**ange **mod**e)을 사용합니다. 이 때 권한을 변경하려면 반드시 해당 파일이나 디렉토리의 소유자이거나 root 사용자 권한을 가지고 있어야 합니다.

chmod 명령의 일반적인 형식은 다음과 같습니다.

형식

```
chmod permissions filename
```

*permissions*는 변경될 퍼미션을 나타내며, *filename*은 해당 파일 또는 디렉토리 이름을 나타냅니다.

퍼미션을 지정하는 방법에는 심벌릭 모드(symbolic mode)와 절대 모드(absolute mode)가 있습니다. 절대 모드는 8진 모드(octal mode)라고도 합니다.

심볼릭 모드로 퍼미션 변경

현재 설정되어 있는 퍼미션을 기준으로 권한을 추가하거나 제거할 때 사용합니다.

그 순서는 다음과 같습니다.

1. ls -l 명령을 이용하여 먼저 현재의 퍼미션을 확인합니다.
2. 권한을 부여할 대상 사용자를 지정하기 위하여 다음 중 하나 또는 여러 개의 기호를 지정합니다. a(all)는 모든 권한, 즉 ugo와 같습니다.

```
u g o (a)
```

3. 권한을 추가(+)할 것인지 제거(-)할 것인지 지정합니다.

```
+ -
```

4. 하나 또는 여러 문자를 사용하여 대상 권한을 지정합니다. -는 아무 권한도 주지 않는 것을 의미합니다.

```
r w x -
```

5. chmod 명령을 이용하여 퍼미션을 변경합니다.

다음은 심볼릭 모드로 퍼미션을 설정하는 여러 가지 예입니다.

1 그룹의 읽기 권한을 제거합니다.

```
$ ls -l grapes
-rw-r--r--   1 ckuser   other        0 10월 21일  15:04 grapes
$ chmod g-r grapes
$ ls -l grapes
-rw----r--   1 ckuser   other        0 10월 21일  15:04 grapes
```

2 기타 사용자의 읽기 권한을 제거합니다.

```
$ ls -l grapes
-rw----r--   1 ckuser   other        0 10월 21일  15:04 grapes
$ chmod o-r grapes
$ ls -l grapes
-rw-------   1 ckuser   other        0 10월 21일  15:04 grapes
```

3 소유자에게는 실행 권한을 추가하고, 그룹 및 기타 사용자에게 읽기 권한을 줍니다.

```
$ ls -l grapes
-rw-------   1 ckuser   other        0 10월 21일  15:04 grapes
$ chmod u+x,go+r grapes
$ ls -l grapes
-rwxr--r--   1 ckuser   other        0 10월 21일  15:04 grapes
```

절대 모드로 퍼미션 변경

절대 모드(absolute Mode)는 현재 설정되어 있는 퍼미션에 상관없이 8진 모드(octal mode)로 절대값을 주어 권한을 변경합니다. 8진법을 이용하므로 0~7까지의 숫자만 사용할 수 있습니다.

chmod 명령의 절대 모드 형식은 다음과 같습니다.

형식

```
chmod 8진모드 filename
```

각 퍼미션에 대한 8진값은 다음과 같습니다.

퍼미션	8진값
읽기(r)	4
쓰기(w)	2
실행(x)	1
아무 권한 없음(-)	0

각 퍼미션을 조합한 3자리 세트에 대한 8진값은 다음과 같습니다.

퍼미션	8진값	2진
rwx	7	111 (4+2+1)
rw-	6	110 (4+2+0)
r-x	5	101 (4+0+1)
r--	4	100 (4+0+0)
-wx	3	011 (0+2+1)
-w-	2	010 (0+2+0)
--x	1	001 (0+0+1)
---	0	000 (0+0+0)

이를 다시 권한 부여 대상별로 조합하여 chmod 명령에 사용할 수 있도록 8진 모드를 만들어 보면 다음과 같습니다.

퍼미션	8진 모드
rw-r--r--	644
rwxr-x--x	751
rwxrwxr-x	775
rwxrwxrwx	777

위의 8진값에서 첫자리는 소유자, 두 번째 자리는 그룹, 세 번째 자리는 기타 사용자에 대한 접근을 나타냅니다.

다음은 절대 모드로 퍼미션을 설정하는 여러 가지 예입니다.

• 소유자, 그룹, 기타 사용자에게 읽기와 실행 권한을 줍니다.

```
$ ls -l grapes
-rwxr--r--   1 ckuser   other        0 10월 21일  15:04 grapes
$ chmod 555 grapes
$ ls -l grapes
-r-xr-xr-x   1 ckuser   other        0 10월 21일  15:04 grapes
```

• 소유자와 그룹에 쓰기 권한을 추가합니다.

```
$ chmod 775 grapes
$ ls -l grapes
-rwxrwxr-x   1 ckuser   other        0 10월 21일  15:04 grapes
```

• 그룹의 권한을 읽기와 실행 권한으로 변경합니다.

```
$ chmod 755 grapes
$ ls -l grapes
-rwxr-xr-x   1 ckuser   other        0 10월 21일  15:04 grapes
```

3. 디폴트 퍼미션 변경

새로 만들어지는 모든 파일이나 디렉토리는 만들어질 때 디폴트 퍼미션이 부여됩니다. 위의 예처럼 파일의 경우 -rw-r--r--, 디렉토리의 경우 drwxr-xr-x가 기본적인 디폴트 퍼미션입니다.

이러한 디폴트 퍼미션은 파일 모드 생성 마스크(file mode creation mask), 줄여서 umask라고 하는데 이 umask 값에 의해 파일이나 디렉토리에 부여되는 디폴트 퍼미션이 결정됩니다. 사용자는 이 umask 값을 umask 유틸리티를 이용하여 변경함으로써 디폴트 퍼미션을 변경할 수 있습니다.

umask 명령

umask 값은 umask 명령을 통해 알 수 있습니다. 솔라리스의 경우 기본적으로 umask 값이 022로 설정되어 있습니다.

```
$ umask
022
```

022라는 3자리 숫자열이 나타납니다. 이는 8진 모드 디폴트 퍼미션 숫자열(디렉토리 755, 파일 644)와 비슷한 표시 형식입니다. 그러나 이를 8진 모드 숫자열과 같은 의미로 해석하면 안 됩니다. 022를 소유자 0, 그룹 2, 기타 사용자 2 (심볼릭 모드로 나타내면 ----w--w-), 즉 소유자에게는 어떤 권한도 주지 않고 그룹과 기타 사용자에게만 쓰기 권한을 주는 것으로 이해할 수 있지만 사실은 그 반대입니다.

이 값을 '필터(filter)'의 개념으로 이해하여야 합니다. 즉 어떤 권한을 실제로 파일에 부여할 것인지를 결정하고 그 외의 권한은 걸러내는 것으로 정수기의 필터 개념으로 생각하면 됩니다.

umask는 3개의 필터가 연결되어 있다고 생각하시면 됩니다. 어떤 필터가 활성화되어 있으면 그 필터가 처리하도록 되어 있는 정보는 통과할 수 없고, 비활성화되어 있으면 그 필터가 처리하도록 되어 있는 정보는 통과할 수 있습니다. 따라서 실제로 파일에 설정되도록 원하는 퍼미션이 있다면 필터 즉 umask 값을 반대로 설정하여야 합니다. 예를 들어 파일이나 디렉토리의 디폴트 퍼미션을 700으로 하고 싶다면 umask 값은 정확히 그 반대인 007로 설정해야 합니다.

솔라리스의 경우를 살펴보겠습니다.

솔라리스의 경우 파일이나 디렉토리가 생성될 때 초기 퍼미션(initial permission) 값을 자동으로 부여합니다. 파일 생성 시 시스템에서 부여하는 초기 퍼미션은 666 (rw-rw-rw)이고 디렉토리 생성 시 시스템에서 부여하는 초기 퍼미션은 777 (rwxrwxrwx)입니다.

umask 값은 파일의 경우 666, 디렉토리의 경우 777에서 원하는 퍼미션 값을 빼주면 됩니다. 빼 준 나머지 값이 umask 명령에서 사용하는 값입니다. 엄밀히 말해서 이진 연산을 하는 것입니다. 예를 들어 파일에 대한 디폴트 퍼미션 값을 644(rw-r--r--)로 하고 싶다면 파일의 초기 퍼미션 값인 666에서 원하는 디폴트 퍼미션 값인 644를 빼주면 022가 됩니다. 바로 이 022가 umask 명령의 인자로 사용되는 것입니다.

다음 표는 umask 8진 값 중 각 자리 값에 따른 파일과 디렉토리의 퍼미션을 보여주고 있습니다. 괄호 안의 숫자는 8진 값입니다.

umask 8진 값	파일 퍼미션(6)	디렉토리 퍼미션(7)
0	rw- (6)	rwx (7)
1	r-x (5)	rw- (6)
2	r-- (4)	r-x (5)
3	-wx (3)	r-- (4)
4	-w- (2)	-wx (3)
5	--x (1)	-w- (2)
6	--- (0)	--x (1)
7	(해당사항 없음)	--- (0)

예를 들어 사용자의 초기 파일의 디폴트 퍼미션 값을 rw-rw-rw-로 주려면 umask 값은 000으로 주면 됩니다.

```
$ umask 000
$ umask
00
```

umask 값이 00으로 설정된 것을 확인할 수 있습니다. 제일 앞에 오는 0은 생략되었기 때문에 실제 값은 000으로 생각하시면 됩니다. 예를 들어 07로 나오면 007로 생각하시면 됩니다.

실습 후 원래의 umask 값으로 되돌립니다.

```
$ umask 022
```

umask 값 적용

이제 시스템에서 부여하는 초기값을 umask 값을 적용하여 새로운 파일이나 디렉토리의 디폴트 퍼미션 값을 8진 모드로 계산할 수 있습니다.

파일의 경우

예를 들어 새로운 파일에 대한 시스템의 초기 퍼미션이 8진 모드로 666(심볼릭 모드 : rw-rw-rw-)라고 가정합시다. 이 퍼미션은 소유자, 그룹, 기타 사용자 모두에게 읽기/쓰기 권한을 준 것입니다. 이를 8진으로 표현하면 420420420 또는 666이 됩니다.

초기 퍼미션에서 그룹과 기타 사용자의 쓰기 권한을 안주려면 디폴트 umask 값 022를 적용하면 됩니다. 그러면 8진 모드 값은 420400400 또는 644(심볼릭 모드 : rw-r--r--)가 됩니다. 즉 소유자는 읽기/쓰기 권한을, 그룹과 기타 사용자에게는 읽기 권한을 부여됩니다.

다음은 이를 심볼릭 모드로 표현한 것입니다.

- rw-rw-rw- : 시스템 초기 퍼미션
- ----w--w- : 권한 제거를 위한 디폴트 umask 값
- rw-r--r-- : 새로운 파일 생성 시 디폴트 퍼미션 값

정리하면 초기의 퍼미션 값에서 마스크 값을 적용해야(mask out) 새로운 파일에 대한 디폴트 퍼미션 값이 된다는 것입니다.

디렉토리의 경우

디렉토리의 경우에도 마찬가지입니다. 단지 시스템의 초기 퍼미션이 파일과는 달리 8진 값으로 777(심볼릭 모드 : rwxrwxrwx)이라는 점입니다.

초기 퍼미션에서 그룹과 기타 사용자의 쓰기 권한을 안주려면 디폴트 umask 값 022를 적용하면 됩니다. 그러면 8진 모드 값은 421401401 또는 755(심볼릭 모드 : rwxr-xr-x)가 됩니다. 즉 소유자는 읽기/쓰기/실행 권한을, 그룹과 기타 사용자에게는 읽기/실행 권한을 부여됩니다.

다음은 이를 심볼릭 모드로 표현한 것입니다.

- rwxrwxrwx : 시스템 초기 퍼미션
- ----w--w- : 권한 제거를 위한 디폴트 umask 값

- -rwxr-xr-x : 새로운 디렉토리 생성 시 디폴트 퍼미션 값

정리하면 초기의 퍼미션 값에서 마스크 값을 적용해야(mask out) 새로운 디렉토리에 대한 디폴트 퍼미션 값이 된다는 것입니다.

umask 값 변경

예를 들어 umask 값을 027로 변경하고자 할 경우, 즉 이는 파일의 경우 소유자는 읽기/쓰기 권한을, 그룹에게는 읽기 권한을, 기타 사용자에게는 어떤 권한도 주지 않게 되고(심볼릭 모드 : rw-r-----) 디렉토리의 경우 소유자는 읽기/쓰기/실행 권한을, 그룹에게는 읽기/실행 권한을, 기타 사용자에게는 아무 권한도 주지 않는 것(심볼릭 모드 : rwxr-x---)입니다.

이렇게 되도록 umask 값을 변경하려면 다음과 같이 실행하면 됩니다.

```
$ umask 027
$ umask
027
```

그러면 이제부터 만들어지는 파일이나 디렉토리은 이 umask 값을 적용하여 디폴트 퍼미션이 부여됩니다. 그러나 이렇게 변경된 umask 값은 사용자가 시스템에서 로그아웃하게 되면 다음 로그인 시에 이전의 umask 값인 022로 원위치됩니다. umask 명령을 이용하면 시스템에 로그인되어 있는 당시에만 유효합니다. 따라서 변경된 umask 값을 계속 사용하고 싶다면 다음 장에서 배우는 사용자의 초기화 파일에 umask 명령을 추가하면 됩니다.

일반적으로 많이 사용되는 umask 값을 정리하면 다음 표와 같습니다.

umask 값	파일	디렉토리
022	644	755
027	640	750
077	600	700

Chapter 8

유닉스 셸

1. 셸이란
2. 콘 셸 변수
3. 명령을 보다 간단히 사용하기
4. 셸 초기화 파일

1. 셸이란

셸의 정의

셸(shell)은 '조개 껍데기'란 뜻입니다. 즉 무엇인가를 둘러싸고 있는 것인데 여기서 말하는 셸은 그 내용물이 운영체제(Operating System)입니다. 엄격히 말하면 운영체제 중에서도 핵심인 커널(kernel)을 둘러싸고 있는 것입니다.

사용자가 직접 커널과는 대화할 수 없기 때문에 커널과의 의사소통을 하기 위한 대화형 환경이 필요한데 바로 이것이 셸입니다.

다시 말해 셸이란 유닉스 시스템에 들어있는 하나의 프로그램으로 우리가 유닉스를 사용하기 위해서는 셸을 통해서만이 가능합니다.

사용자가 명령을 입력하면 그 명령은 셸이 해석하여 운영체제에게 전달합니다. 컴퓨터는 0과 1만을 이해할 수 있습니다. 하지만 사람이 컴퓨터가 이해할 수 있는 0과 1만을 사용하여 명령을 내리기는 너무나 어렵기 때문에 셸이라는 것이 명령을 입력받아 이것을 컴퓨터가 이해할 수 있는 0과 1로 된 명령으로 바꾸어 이 명령을 처리하는 커널에 전달합니다.

셸이 명령을 처리하는 방법은 다음과 같습니다.

1. 셸이 스크린 상에 프롬프트 기호를 나타냅니다. 프롬프트는 사용자의 명령을 받아들일 준비가 되어 있다는 것을 알려줍니다.
2. 명령을 입력합니다. 명령을 입력하면 셸은 그 문자열을 저장하고 또한 그것을 단말기 스크린 상에 보여줍니다.
3. <Enter> 키를 칩니다. 이것은 셸이 명령을 해석하여 셸 상에서 작업을 시작하라는 신호입니다.
4. 셸은 사용자가 입력한 명령을 실행시키기 위하여 해당 소프트웨어를 찾습니다. 대부분의 경우 명령과 동일한 이름을 갖는 파일을 찾습니다. 셸이 해당 소프트웨어를 찾지 못하면 에러 메시지를 보내고, 찾게 되면 셸은 커널

에게 그 소프트웨어를 실행하도록 요구합니다.

5 요구한 소프트웨어를 커널이 실행합니다. 명령이 실행되는 동안 셸은 잠자는(sleep) 상태에 들어갑니다. 커널에서의 실행이 완료되면 커널은 셸을 깨웁니다(wake up).

6 셸이 다시 스크린 상에 프롬프트 기호를 나타냅니다. 이것은 셸이 다시 한 번 사용자의 명령을 받아들일 준비가 되어 있다는 것을 의미합니다.

위와 같이 셸은 사용자가 입력한 명령을 처리해 주기 때문에 셸을 "명령 처리기"(command processor) 또는 "명령 해석기"(command interpreter)라고 하며, 이는 사용자가 유닉스 운영체제를 편리하게 사용할 수 있도록 중간에 위치하여 "인터페이스"(interface) 역할을 합니다. 유닉스 시스템과의 모든 대화는 이와 같이 셸이라는 프로그램의 도움을 받아서 이루어집니다.

유닉스 시스템에 로그인하면 화면상에 $ 기호가 나타나고 이어서 커서가 깜빡이는 것을 볼 수 있습니다.

```
$
```

여기에 명령을 입력하고 <Enter> 키를 치면 명령이 실행되고 다시 $ 기호가 나타납니다. 이 $ 기호를 "셸 프롬프트"(shell prompt)라고 하는데, 이 셸 프롬프트가 나타나야 명령을 내릴 수 있습니다.

셸에는 여러 종류가 있으며 셸의 종류마다 사용하는 셸 프롬프트 기호가 다릅니다. 기본적으로 본 셸과 콘 셸, 배시 셸은 $를, C 셸은 %를 사용하며 root 사용자(super-user)일 경우에는 모두 셸 프롬프트가 #입니다.

셸은 위의 명령 처리기 기능 이 외에도 프로그래밍 언어로서의 역할도 합니다. 셸이 해석할 수 있는 "스크립트"(script)를 작성하여 반복적이고 복잡한 일을 처리할 수 있습니다. 이에 대해서는 "제 11장 셸 스크립트"에서 자세히 다루기로 합니다.

셸의 종류

대부분의 유닉스 시스템 상에서 이용할 수 있는 셸에는 일반적으로 본 셸 계열의 셸들과 C 셸 계열의 셸들로 구분됩니다. 본 셸 계열에는 본 셸, 콘 셸, 배시 셸, Z 셸 등이 있고, C 셸 계열에는 C 셸, TC 셸 등이 있습니다.

유닉스에서 가장 일반적으로 사용하는 셸은 본 셸, 콘 셸, C 셸이며 기본적으로 솔라리스 환경에서는 콘 셸을 가장 많이 사용합니다.

본 셸

- Bourne shell : sh
- AT&T 벨 연구소의 스티브 본(Steven Bourne)이 개발하였습니다.
- 최초의 오리지널 유닉스 셸로 초기 유닉스 시스템부터 사용되어 왔으며 모든 유닉스 시스템에서 사용할 수 있습니다.
- C 셸이나 Korn 셸과 기능적인 면에서 미흡한 점이 많고, 특히 상호대화식(interactive) 방식을 취하고 있지 않습니다.
- 다른 셸에 비해 비교적 쉬운 셸 스크립트 언어를 제공하기 때문에 시스템 관리용 스크립트를 포함하여 대부분의 스크립트는 본 셸을 이용하여 작성합니다.

C 셸

- C shell : csh
- 버클리 캘리포니아 대학의 학생이었던 빌 조이(Bill Joy)가 개발하였습니다.
- 셸 스크립트 언어가 프로그래밍 언어인 C의 문법과 유사합니다.
- 명령 히스토리, 작업제어, 명령의 별명 등의 추가 기능이 있습니다.

콘 셸

- Korn shell : ksh
- AT&T 벨 연구소의 데이비드 콘(David Korn)이 개발하였습니다.
- 본 셸을 완전히 포함한 본셸의 확장판으로 요즘 사용되는 유닉스 시스

템의 표준 셸로 제공됩니다.
- C 셸과 TC 셸의 기능을 모두 제공합니다.
- 셸 스크립트 언어는 본 셸과 비슷하며 본 셸로 작성된 스크립트는 수정 없이 콘 셸에서 작동합니다.

배시 셸

- Bourne Again shell : bash
- 자유 소프트웨어 재단(Free Software Foundation)에서 내어 놓은 GNU 운영체제에 포함되어 있습니다.
- 배시 셸은 콘 셸과 C 셸의 유용한 특징들을 통합하고 있습니다. 또한 대부분의 본 셸 스크립트들은 수정 없이 배시 셸에서 실행시킬 수 있습니다.
- 리눅스의 기본 셸로 제공됩니다.

다음은 위의 여러 셸을 주요 기능면에서 서로 비교해 본 것입니다.

구분	Bourne	C	TC	Korn	Bash
명령 히스토리	X	O	O	O	O
명령의 별명	X	O	O	O	O
셸 스크립트	O	O	O	O	O
파일명 완성하기	X	O*	O	O*	O
명령행 편집	X	X	O	O*	O
job 제어	X	O	O	O	O

(*표시가 있는 것은 초기값으로 지정되어 있지 않은 것입니다.)

로그인 셸

사용자가 어떤 셸을 사용하는가는 사용자의 계정을 만들 때 시스템 관리자가 사용자에 적합한 셸을 선택해 줍니다. 이것을 사용자의 로그인 셸(login shell)이라 하는데, 이는 사용자가 시스템에 로그인할 때마다 기본적으로 사용하는 셸이기 때문입니다.

사용자가 사용하는 셸이 무엇인지를 알려면 사용자 정보를 저장하고 있는

/etc/passwd 파일에서 확인해 보면 됩니다..

다음은 ckuser 사용자의 정보를 ":"으로 구분된 7개의 필드를 보여주는데 맨 마지막 필드인 /bin/ksh이 기본 셸입니다. 즉 콘 셸을 기본 셸로 사용하고 있다는 것입니다.

```
$ grep ckuser /etc/passwd
ckuser:x:100:1::/export/home/ckuser:/bin/ksh
```

작업중에 일시적으로 셸 변경하기

현재 콘 셸을 사용하고 있는데 C 셸로 작성된 스크립트를 실행하려고 할 때는 일시적으로 셸을 변경해야 합니다. 현재 자신의 로그인 상태를 유지하면서, 현재 사용하고 있는 셸을 바꾸려면 그 실행시키고자 하는 셸 이름 자체를 명령 라인에 입력하면 됩니다. (이 말은 엄격히 말해서 그 로그인 셸의 하위 프로세스로 또 하나의 셸 즉 서브 셸을 실행시키는 것입니다)

예를 들어, 현재 사용하고 있는 콘 셸을 일시적으로 C 셸로 변경하려면 다음과 같이 입력합니다.

```
$ csh
solpark%
```

이제부터 C 셸을 사용하는 것을 의미합니다. C 셸의 프롬프트는 기본적으로 노드이름 뒤에 %가 나타납니다. C 셸을 마치고 다시 이전의 콘 셸로 돌아오려면 exit 명령을 사용합니다.

```
solpark% exit
$
```

2. 콘 셸 변수

셸의 환경을 설정하는 과정에서 가장 중요한 것이 변수입니다. 변수는 셸을 커스터마이징 하는데 필요한 정보나 다른 프로세스들이 제대로 작동하는데 필요한 정보를 가지고 있습니다. 따라서 셸이나 다른 프로그램의 환경을 설정하는데 매우 중요한 역할을 합니다.

셸은 변수에 값을 저장할 수 있도록 합니다. 즉 변수란 어떤 값(value)을 갖는 표시자(label)입니다. 값은 경우에 따라 변하지만 표시자 자체는 변하지 않습니다.

콘 셸 환경에서는 두 가지 유형의 변수를 사용합니다. 서브 프로세스에 값을 넘겨주느냐 넘겨주지 않느냐에 따라 구분됩니다. 셸이 변수를 호출한 명령에 변수를 넘겨주면 환경 변수이고 넘겨주지 않으면 지역 변수입니다.

이러한 셸 변수들은 사용자가 정의할 수도 있고 시스템에 내장되어 있을 수도 있습니다.

- 지역 변수 : Local variable
- 환경 변수 : Global variable 또는 Environment variable

따라서 지역 변수는 셸 자체의 설정에 사용되는 반면에 환경 변수는 다른 명령을 설정하는데 사용됩니다.

지역 변수

셸 변수로 사용자가 정의한 변수는 사용자가 변수명과 변수값을 모두 결정합니다. 본 셸과 콘 셸은 관례상 내장(built-in)된 셸 변수 이름은 대문자를 사용합니다.

변수의 설정 및 해제 형식은 다음과 같습니다.

형식

```
VARIABLE=value
unset VARIABLE
```

변수명과 변수값은 한 단어이어야 합니다. 변수값에 스페이스가 있는 경우에는 인용부호로 감싸주어야 합니다.

지역 변수 설정

```
$ TT=/export/home
$ echo $TT
/export/home
$ cd $TT
$ pwd
/export/home
$ sh
$ echo $TT

$ exit
$ echo $TT
/export/home
```

변수명 앞의 $ 기호는 메타 문자로 시스템에서 변수명이 아닌 변수의 값(value)을 사용할 수 있도록 합니다. 위의 명령 중 echo $TT의 경우 변수명 TT의 값을 화면에 보여줍니다. 이 변수는 지역 변수(local variables)이기 때문에 새로운 서브 셸에서는 TT 변수를 더 이상 사용할 수 없습니다.

셸 변수 보기

모든 지역 변수는 set 명령으로 볼 수 있습니다. 사실 set 명령은 지역 변수와 환경 변수 모두를 보여줍니다.

```
$ set
ENV=/export/home/ckuser/.kshrc
ERRNO=2
FCEDIT=/bin/ed
HOME=/export/home/ckuser
IFS='
'
LANG=ko
LINENO=1
LOGNAME=ckuser
MAIL=/var/mail//ckuser
MAILCHECK=600
```

```
OPTIND=1
PATH=/usr/sbin:/usr/bin:/usr/ucb:/etc:.
PPID=7524
PS1='$ '
PS2='> '
PS3='#? '
PS4='+ '
PWD=/export/home/ckuser
RANDOM=14574
SECONDS=4665
SHELL=/bin/ksh
SSH_CLIENT='203.230.223.123 64915 22'
SSH_CONNECTION='203.230.223.123 64915 203.230.223.160 22'
SSH_TTY=/dev/pts/5
TERM=xterm
TMOUT=0
TZ=ROK
USER=ckuser
_=unset
```

지역 변수를 환경 변수로 사용하려면 export 명령을 사용합니다.

```
$ DEPT="Mobile Security"
$ echo $DEPT
Mobile Security
$ sh
$ echo $DEPT

$ exit
$ export DEPT
$ sh
$ echo $DEPT
Mobile Security
$ exit
```

지역 변수를 환경 변수로 설정할 때 다음과 같이 한 번의 명령으로 실행할 수 있습니다.

```
$ DEPT='Mobile Security'; export DEPT
```

또는

```
$ export DEPT='Cyber Security'
```

■ PS1

PS1(**p**rompt **s**tring **1**)은 셸 프롬프트가 저장된 변수입니다. 이 변수에 있는 값이 셸 프롬프트로 사용됩니다. 기본적으로 콘 셸을 사용할 경우 셸 프롬프트는 $입니다.

셸은 대화형 모드로 실행하면서 명령을 읽을 준비가 되면 주 프롬프트인 PS1을 표시합니다. 만일 명령이 길어서 한 라인에 입력할 수 없어서 추가 입력이 필요할 때에는, 즉 라인의 맨 마지막에 '₩'을 입력하고 <Enter>를 치면 두 번째 프롬프트인 PS2를 표시합니다.

먼저 현재의 PS1과 PS2 지역 변수의 값을 알아봅니다. 이 값을 보면 현재의 프롬프트에 대한 이해를 할 수 있습니다. PS2는 라인을 바꿔 명령을 계속 입력하는 경우에 나타나는 두 번째 프롬프트입니다.

```
$ echo $PS1
$
$ echo $PS2
>
$
```

프롬프트를 다음과 같이 설정해 보겠습니다. 프롬프트가 변경된 것을 확인할 수 있습니다.

```
$ PS1="Solaris $ "
Solaris $ PS1="$ "
$
```

다음 예와 같이 환경변수를 이용하여 셸 프롬프트를 정의할 수 있습니다.

```
$ PS1='$PWD $ '
/export/home $ cd ..
/export $ cd
/export/home/ckuser $
```

환경 변수

미리 정의된 모든 환경 변수를 보려면 printenv 명령(**print env**ironment variable)을 실행합니다.

```
$ printenv
_=/usr/ucb/printenv
MANPATH=/usr/share/man:/usr/openwin/man:/usr/dt/man
SESSIONTYPE=altDt
DTXSERVERLOCATION=local
DTDATABASESEARCHPATH=/export/home/ckuser/.dt/types,/usr/dt/appconfig/
types/%L,/usr/dt/appconfig/types/C
LANG=ko
...
USER=ckuser
LC_MESSAGES=ko
SESSION_MANAGER=local/unknown:/tmp/.ICE-unix/995,inet6/unknown:32813,
inet/unknown:32814
COLORTERM=gnome-terminal
DISPLAY=:0.0
START_SPECKEYSD=no
SHELL=/bin/ksh
GNOME_KEYRING_SOCKET=/var/tmp/keyring-NVCUhL/socket
...
```

env 명령 뒤에 아무 인수 없이 단독으로 사용하면 printenv 명령과 동일한 결과를 보여줍니다.

env 명령을 이용하여 일시적으로 프로그램을 다른 환경 변수 하에서 실행할 수 있습니다.

다음 예는 한글 로케일 환경에서 잠시 영문 로케일 환경으로 date 명령을 실행해 본 예입니다.

```
$ date
2010년 10월 14일 목요일 오후 03시 29분 05초
$ LANG=C
$ date
Thu Oct 14 15:29:19 KST 2010
$ LANG=ko
$ date
2010년 10월 14일 목요일 오후 03시 29분 26초
```

앞서의 설명과 같이 환경 변수는 셸 안에 설정되며 다른 명령이나 프로그램을 설정하는데 사용됩니다. 즉 환경 변수를 호출하는 모든 프로그램들에게 셸은 환경 변수의 모든 목록을 넘겨주며, 명령들은 적당하다고 여기는 환경 변수들을 사용합니다.

예를 들어, EDITOR 변수는 많은 프로그램들에서 사용하고 있는데 사용자가 명령을 실행하다가 편집기 프로그램이 필요할 때는 EDITOR 변수에 설정된 편집기가 실행됩니다. 따라서 사용자는 디폴트로 사용되는 편집기 대신에 자신이 선호하는 편집기로 EDITOR 변수값을 설정하여 사용할 수 있습니다.

예를 들어 주기적으로 실행할 작업을 만들 때 사용되는 crontab -e 명령의 경우 기본적으로 ed 명령을 이용하여 편집을 할 수 있지만 EDITOR 변수에 vi를 명시하면 vi 명령을 이용하여 편집할 수 있습니다.

```
$ EDITOR=vi;export EDITOR
$ crontab -e
(vi 명령을 이용하여 내용 편집)
```

■ 일반적인 환경 변수의 예

이 름	설 명
EDITOR	mail 프로그램과 같은 다른 프로그램에서 기본적으로 사용하는 문서 편집기
HOME	사용자 홈 디렉토리의 절대 경로
PWD	사용자의 현재의 작업 디렉토리
PATH	실행 파일의 경로. 셸에서 디렉토리를 지정하지 않은 명령은 이 변수에 지정된 디렉토리에서만 찾으며, 있으면 그것을 실행합니다.
SHELL	로그인 셸에 대한 절대경로
LANG	사용언어로 보통은 시스템 관리자에 의해 설정되지만 개인적으로 여러 언어를 사용하는 경우에 이 변수를 이용하면 된다. 예 : 영어의 경우 C, 한글의 경우 ko
USER LOGNAME	사용자의 로그인명(사용자명)

■ PATH 환경 변수

PATH 환경 변수는 명령이 존재하는 디렉토리들의 목록을 콜론(:)으로 구분하여 표시합니다.

셸은 PATH에 정해진 순서대로 디레토리에서 명령을 찾는데 명령을 찾게 되면 더 이상 찾기를 중단하고 그 명령을 실행시킵니다.

```
$ echo $PATH
/usr/bin:/usr/openwin/bin:/usr/ucb
```

명령을 실행할 때 그 명령이 들어있는 경로를 명시적(explicitly)으로 줄 수 있습니다.

상대경로나 절대경로 어느 것을 주어도 상관없으나 슬래시(/)는 반드시 포함해야 합니다.

PATH 변수값을 설정할 수 있습니다. 다음의 예는 현재의 PATH 변수에 현재의 디렉토리(.)에서 명령을 찾을 수 있도록 추가한 예입니다.

```
$ echo $PATH
/usr/bin:/usr/openwin/bin:/usr/ucb
$ PATH=/usr/bin:/usr/openwin/bin:/usr/ucb:.
$ export $PATH
$ echo $PATH
/usr/bin:/usr/openwin/bin:/usr/ucb:.
```

PATH 변수값 설정시 기존의 PATH 변수값을 이용해서 다음과 같이 간단히 설정할 수 있습니다.

```
$ PATH=$PATH:.
$ echo $PATH
/usr/bin:/usr/openwin/bin:/usr/ucb:.
```

which 명령

which 명령의 경우 PATH 환경 변수에 설정되어 있는 디렉토리 순서대로 명령을 찾아 그 명령의 경로를 보여줍니다.

```
$ which vi
/usr/bin/vi
$ which vvi
no vvi in /usr/bin /usr/openwin/bin /usr/ucb
```

whereis 명령

whereis 명령은 지정한 명령이 어디에 위치해 있는지를 찾아서 절대 경로를 보여준다.

```
$ whereis vi
vi: /usr/bin/vi /usr/ucb/vi /usr/man/man1/vi.1
```

whereis 명령을 찾을 수 없을 경우에는 /usr/ucb/whereis을 이용합니다.

```
$ /usr/ucb/whereis vi
vi: /usr/bin/vi /usr/ucb/vi /usr/man/man1/vi.1
```

3. 명령을 보다 간단히 사용하기

유닉스 명령을 보다 간단하게 사용하는 방법에는 두 가지가 있는데 콘 셸의 경우 이전에 사용했던 명령을 참조해서 다시 사용할 수 있는 히스토리(history) 기능과 일련의 명령을 사용자가 사용하기 편리한 이름으로 변경하여 사용할 수 있는 앨리어스(alias) 기능을 사용할 수 있습니다.

히스토리

히스토리(history) 명령은 콘 셸에서 입력한 명령들의 목록인 히스토리 목록을 보는 명령입니다. history 명령을 사용하면 16개의 명령어를 순서대로 출력하는데 가장 최근에 입력한 명령어가 가장 마지막에 출력됩니다. 각 명령어 앞에는 숫자가 하나씩 있는데 이 숫자는 명령어가 몇 번째로 실행이 되었는가를 나타내는데 이 숫자를 이용하여 이전에 사용한 명령을 다시 사용할 수 있습니다.

```
$ history
103    export DEPT
104    sh
105    export tt="KKK"
106    echo $tt
107    echo $HISTSIZE
108    history
109    date
110    ls
111    ls -l
112    echo $USER
113    ps
114    ps -al
115    which vi
116    whereis vi
117    cd ..
118    history
```

참고

☞ 오류가 난 명령도 히스토리 목록에 저장됩니다.

history 명령 뒤에 숫자를 입력하면 숫자 만큼의 마지막 명령을 보여줍니다. 다음은 히스토리 리스트의 마지막 5개의 내용을 출력합니다.

```
$ history 5
...
```

history 명령 뒤에 -r 옵션(recently)은 역순으로 출력되어 가장 최근에 실행한 명령이 가장 처음에 출력됩니다.

```
$ history -r
121    history -r
120    history
119    ls a.*
118    history
117    cd ..
116    whereis vi
115    which vi
114    ps -al
113    ps
112    echo $USER
111    ls -l
110    ls
109    date
108    history
107    echo $HISTSIZE
106    echo $tt
```

-n 옵션(**n**o number) 명령어 앞에 출력되는 숫자를 나타내지 않고 오로지 명령만 출력합니다.

```
$ history -n
       echo $HISTSIZE
       history
       date
       ls
       ls -l
       echo $USER
       ps
       ps -al
       which vi
       whereis vi
       cd ..
       history
       ls a.*
       history
       history -r
       history -n
```

history 명령 뒤에 두 개의 명령을 입력하면 지금까지 사용한 명령 중에서 첫 번째 인수의 명령부터 두 번째 인수의 명령까지를 출력합니다.

```
$ history ps ls
114     ps -al
115     which vi
116     whereis vi
117     cd ..
118     history
119     ls a.*
```

■ 명령 다시 사용하기 : r 명령

history 명령을 이용해서 최근에 실행한 명령의 목록을 보고 그 중에서 원하는 명령을 실행하려면 **r** 명령(**repeat**)을 사용합니다.

방금 전에 사용한 명령을 다시 실행하려면 r 명령만 실행하면 됩니다.

```
$ date
2010년 10월 14일 목요일 오후 04시 54분 27초
$ r
date
2010년 10월 14일 목요일 오후 04시 54분 28초
```

바로 이전의 명령이 아니라 목록에 있는 다른 명령을 실행하려면 r 명령 뒤에 해당 명령의 숫자를 입력하면 됩니다.

```
$ history -3
130     history -5
131     echo "r command test"
132     who
133     history -3
$ r 132
who
root        console     10월  8일  17:59    (:0)
root        pts/3       10월  8일  18:00    (:0.0)
root        pts/4       10월  8일  18:11    (:0.0)
ckuser      pts/5       10월 14일  14:18    (203.230.223.123)
```

바로 이전에 사용한 명령의 일부를 다른 내용으로 바꾸어 사용할 수 있습니다. 다음의 예는 바로 이전에 잘못 사용한 /export/hoem 디렉토리를 /export/home으로 바꾸어 실행하는 예입니다.

```
$ find /export/hoem -name core
find: stat() 오류 /export/hoem: 해당 파일이나 디렉토리가 없음
$ r hoem=home
find /export/home -name core
```

바로 이전의 명령이 아닌 경우에는 반드시 해당 명령의 숫자를 인수로 명시해야 합니다.

```
$ history -3
150     find /export/hoem -name core
151     ls
152     pwd
153     history -4
$ r hoem=home 150
find /export/home -name core
```

■ PS1 변수와 이전 명령 목록

앞에서 살펴본 바와 같이 PS1 변수는 셸 프롬프트를 저장하는 변수입니다. 일반적으로 $ 기호를 사용하지만 셸 프롬프트에 사용자 이름, 현재의 작업 디렉토리, 현재 명령의 작업 번호 등을 추가로 나타내게 하면 편리하게 작업할 수 있습니다. ! 기호가 작업 번호로 대치됩니다.

```
$ PS1="$LOGNAME \$PWD \! $ "
ckuser / 162 $ cd
ckuser /export/home/ckuser 163 $ PS1="$ "
$
```

앨리어스

앨리어스(alias)는 콘 셸을 사용하는 사용자가 기존의 명령을 조합하여 새로운 명령을 만들거나, 어떤 명령어에 특정 옵션을 항상 명시해서 실행하고자 할 때 사용할 수 있습니다. 또는 긴 명령이나 기억하기 힘든 명령의 이름을 짧게 줄여 사용할 수도 있습니다. 이를 앨리어스(별명)라고 합니다.

또한 셸 변수를 만들어 참조할 수 있고 명령을 치환하거나 다른 앨리어스를 사용

할 수도 있습니다. 물론 앨리어스에 여러 개의 인자를 넘겨 줄 수도 있습니다.

앨리어스도 하나의 명령에 해당됩니다. 실제로 어떤 명령을 입력하면 셸은 제일 먼저 앨리어스에서 명령을 찾습니다. 동일한 이름을 가진 명령과 앨리어스가 있을 때 앨리어스를 먼저 실행합니다.

앨리어스를 정의할 때는 여러 개의 명령을 나열(;)하거나, 파이프(|), 리다이렉션(>, <) 등을 사용할 수 있습니다.

앨리어스의 명령 형식은 다음과 같습니다.

형식	**alias** *이름=정의*

alias 명령을 아무 인수없이 실행하면 현재 콘 셸에 정의되어 있는 앨리어스의 목록과 각 앨리어스가 어떻게 만들어진 것인지를 보여줍니다.

```
$ alias
autoload='typeset -fu'
c=clear
command='command '
functions='typeset -f'
history='fc -l'
integer='typeset -i'
local=typeset
ls='ls -F'
nohup='nohup '
r='fc -e -'
rm='rm -i'
stop='kill -STOP'
suspend='kill -STOP $$'
```

위의 콘 셸에 미리 정의된 앨리어스 중 history와 r이 있는 것을 알 수 있습니다. 즉 앞에서 학습한 히스토리 관련 history 명령과 r 명령(repeat)은 사실 앨리어스라는 것을 알 수 있습니다.

alias 명령을 이용하여 앨리어스를 만들어 보겠습니다. 다음은 chmod +x 명령을 앨리어스 cx로 만드는 예입니다.

```
$ alias cx=chmod +x
```

■ 다른 앨리어스를 참조하기

다음은 이미 앨리어스로 존재하는 h 명령을 이용하여 새로운 앨리어스 ah 명령을 만드는 예입니다.

```
$ alias h=history
```

```
$ alias ah='h | head -15'
```

참고

☞ 셸 특수문자인 | 를 사용했기 때문에 ' '(단일인용부호)를 사용하였습니다.

■ 앨리어스를 삭제하기

정의된 앨리어스를 삭제하려면 unalias 명령 뒤에 삭제하고자 하는 앨리어스를 명시하면 됩니다.

```
$ unalias ah
$ ah
ksh: ah:  찾을 수 없음
```

모든 앨리어스를 다 삭제하고자 할 경우에는 -a 옵션(all)을 주면 됩니다.

```
$ unalias -a
```

■ 앨리어스를 사용해서는 안되는 경우

앨리어스는 확장하는데 시간이 걸리고 메모리도 그만큼 요구되기 때문에 자주 사용하는 명령은 앨리어스로 지정하지 않는 것이 좋습니다.

너무 많은 앨리어스를 지정해 놓으면 그 이름을 기억하기가 힘들기 때문에 필요한 것만 앨리어스를 정의합니다.

인자의 타당성 검사, 루프 수행, 다른 함수 호출 등 복잡한 것은 앨리어스 대신 셸 스크립트를 작성하여 사용합니다.

히스토리와 앨리어스 수행 순서

1. 히스토리 치환
2. 앨리어스 치환
3. 내장 명령(cd, kill 등)
4. PATH 변수에 지정된 명령(/bin/who, /bin/pwd 등)

다음의 cancel 명령은 프린트를 취소할 때 사용되는 명령으로 /usr/bin/cancel 파일로 존재합니다. 그러나 이 cancel을 kill 명령의 앨리어스로 사용하면 프린트 취소 명령의 cancel이 아니라 kill 명령으로 실행합니다(앨리어스 치환이 먼저 일어나므로).

```
$ alias cancel=kill
$ cancel 25745
```

원래의 cancel 명령을 실행하려면 /usr/bin/cancel와 같이 실행 명령의 절대 경로를 주면 됩니다.

```
$ /usr/bin/cancel
```

4. 셸 초기화 파일

초기화 파일이란

셸 초기화 파일(Shell Startup Script)이란 로그인 시에 실행되는 일련의 명령들을 가지고 있는 스크립트입니다. Initialization file이라고도 합니다. 이를 이용하여 다음과 같은 작업을 통하여 시스템과 사용자의 환경을 각기 개별설정(customize)할 수 있습니다.

- PS1과 같은 지역 변수의 설정이나 set 명령을 이용한 셸 환경 설정
- PATH 등의 환경 변수 설정
- 앨리어스 설정 또는 해제
- umask

초기화 파일은 두 가지 부류로 나눌 수 있습니다.

한 가지는 시스템 전반에 영향을 미치는 초기화 파일로 시스템 관리자가 관리하며 /etc 디렉토리에 있습니다. 다른 한 가지는 개별 사용자만의 초기화 파일로 사용자의 홈 디렉토리에 있습니다.

초기화 파일은 셸마다 이름과 종류와 실행순서가 다른데 정리하면 다음과 같습니다.

셸	시스템 전체 (처음에 읽음)	사용자별 (두 번째로 읽음)
본 셸	1. /etc/profile	2. $HOME/.profile
콘 셸	1. /etc/profile	2. $HOME/.profile ENV=$HOME/.kshrc;export ENV 3. $HOME/.kshrc
C 셸	1. /etc/.login	2. $HOME/.cshrc 3. $HOME/.login 4. $HOME/.logout

공통 초기화 파일

/etc/profile

로그인 셸이 시작될 때 제일 먼저 부르는 스크립트로 로그인 셸이 아닌 경우에는 실행되지 않습니다.

일반적으로 /etc/profile 파일은 다음과 같은 작업을 하게 됩니다.

- 하드 디스크의 사용량 확인
- /etc/motd 파일의 내용을 화면에 출력
- 사용자에게 새로운 e-mail 도착여부 확인
- 새로 만들어질 파일과 디렉토리의 퍼미션 명시

로그인할 때 위와 같은 내용이 화면에 출력되는 것을 원하지 않을 경우에는 홈 디렉토리에 .hushlogin 파일을 만들어 놓으면 됩니다.

```
$ touch ~/.hushlogin
```

따라서 로그인하게 되면 아무 메시지도 출력하지 않고 바로 셸 프롬프트가 나타납니다.

```
$ cat /etc/profile
#ident  "@(#)profile   1.19   01/03/13 SMI"   /* SVr4.0 1.3   */
# The profile that all logins get before using their own .profile.

trap ""  2 3
export LOGNAME PATH

if [ "$TERM" = "" ]
then
        if /bin/i386
        then
                TERM=sun-color
        else
                TERM=sun
        fi
        export TERM
fi
```

```
#       Login and -su shells get /etc/profile services.
#       -rsh is given its environment in its .profile.
case "$0" in
-sh | -ksh | -jsh | -bash)

        if [ ! -f .hushlogin ]
        then
                /usr/sbin/quota
                #       Allow the user to break the Message-Of-The-Day only.
                trap "trap '' 2"  2
                /bin/cat -s /etc/motd
                trap "" 2

                /bin/mail -E
                case $? in
                0)
                        echo "You have new mail."
                        ;;
                2)
                        echo "You have mail."
                        ;;
                esac
        fi
esac

umask 022
trap  2 3
```

본 셸 초기화 파일

.profile 파일은 홈 디렉토리에 정의하는 초기화 파일입니다. 로그인할 때 로그인 셸이 .profile 파일을 실행시킵니다. .profile 파일 내의 환경 변수와 터미널 설정 등을 커스터마이징하여 사용자의 작업 환경을 바꿀 수 있습니다.

다음은 기본적으로 정의되어 있는 .profile 파일의 내용입니다.

```
$ cat .profile
#       This is the default standard profile provided to a user.
#       They are expected to edit it to meet their own needs.

MAIL=/usr/mail/${LOGNAME:?}
```

자신의 환경에 맞추어 .profile 파일의 내용을 수정하거나 보완하면 됩니다.

다음의 예는 기본적으로 설정되어 있는 PATH 경로에 /usr/local/bin 디렉토리와 현재 디렉토리(.)를 추가하고 백스페이스 키를 <Delete> 키 대신에 <왼쪽 화살표> 키를 사용하기 위하여 .profile 파일을 수정한 예입니다.

```
$ cat .profile
#       This is the default standard profile provided to a user.
#       They are expected to edit it to meet their own needs.
MAIL=/usr/mail/${LOGNAME:?}
stty erase ^H
PATH=$PATH:/usr/local/bin:.
```

.profile 파일을 수정한 후 이를 적용하려면 로그아웃한 후 로그인하거나 다음과 같이 셸 내장 명령인 점(.)명령으로 .profile 파일을 실행합니다.

```
$ . .profile
```

참고

☞ stty erase ^H 입력 후 "." 명령 실행 시 "H: 없음"이라고 에러 메시지가 뜨면 ^H 입력 시 "<Ctrl-v><Ctrl-h>"를 입력하면 됩니다.

콘 셸 초기화 파일

콘 셸은 .profile 파일과 .kshrc 파일이라는 두 개의 초기화 파일을 갖고 있습니다.

~/.profile 파일

.profile 파일은 사용자의 홈 디렉토리에 있는 초기화 파일입니다. 로그인할 때 로그인 프로세스가 .profile 파일을 실행시킵니다. 이 파일 안에 있는 환경 변수나 터미널 설정 등을 커스터마이징하여 작업 환경을 사용자에 맞도록 수정할 수 있습니다.

다음은 .profile 파일의 예입니다.

```
$ cat .profile
#
# Copyright (c) 2001 by Sun Microsystems, Inc.
# All rights reserved.
#
# ident "@(#)local.profile     1.10    01/06/23 SMI"
stty istrip
PATH=/usr/sbin:/usr/bin:/usr/ucb:/etc:.
export PATH
#
stty erase ^H
ENV=~/.kshrc;export ENV
```

~/.kshrc 파일

사용자의 홈 디렉토리에 있는 .kshrc 파일은 셸 변수와 앨리어스를 갖고 있습니다. 시스템은 사용자가 로그인 하거나 ksh 서브 셸이 시작되면 .kshrc 파일을 실행합니다.

이 파일을 이용하여 콘 셸 특유의 설정을 정의할 수 있습니다. 이를 위해서는 반드시 .profile 파일에 ENV 변수가 정의되어 있어야 합니다.

일반적으로 .kshrc 파일에서는 다음과 같은 설정을 할 수 있습니다.

- 셸 프롬프트 정의 (PS1과 PS2)
- 앨리어스 정의
- 셸 함수
- 히스토리 변수
- 셸 옵션 (set -o 옵션)

다음은 .kshrc 파일의 예입니다.

```
$ cat .kshrc
alias ls='ls -F'
alias rm='rm -i'
set -o vi
set -o noclobber
```

초기화 파일을 수정하게 되면 바로 적용이 되는 것이 아니라 다음 로그인 시에 적용이 됩니다. 그러나 바로 이를 적용하려면 본 셸과 같이 점(.) 명령을 이용하면 됩니다.

```
$ . ~/.profile
$ . ~/.kshrc
```

C 셸 초기화 파일

C 셸은 .cshrc 파일과 .login 파일이라는 두 개의 초기화 파일을 갖고 있습니다.

~/.cshrc 파일

.cshrc 파일은 사용자의 홈 디렉토리에 있는 초기화 파일입니다. 로그인할 때 로그인 프로세스가 .cshrc 파일을 실행시킵니다. 이 파일 안에 있는 환경 변수나 터미널 설정 등을 커스터마이징하여 작업 환경을 사용자에 맞도록 수정할 수 있습니다.

일반적으로 .cshrc 파일에서는 다음과 같은 설정을 할 수 있습니다.

- 셸 프롬프트 정의 (PS1과 PS2)
- 앨리어스 정의
- 셸 함수
- 히스토리 변수
- 셸 옵션 (set 옵션)

다음은 .cshrc 파일의 예입니다.

```
solpark% cat .cshrc
#ident  "@(#)local.cshrc       1.2     00/05/01 SMI"
umask 022
set path=(/bin /usr/bin /usr/ucb /etc .)
if ( $?prompt ) then
       set history=32
endif
alias ls 'ls -F'
```

```
alias rm 'rm -i'
alias c clear
```

~/.login 파일

사용자의 홈 디렉토리에 있는 .login 파일은 .cshrc 파일과 동일한 기능을 합니다.

다음은 .login 파일의 예입니다.

```
solpark% cat .login
#
# Copyright (c) 2001 by Sun Microsystems, Inc.
# All rights reserved.
#
# ident "@(#)local.login       1.7    01/06/23 SMI"
stty -istrip
stty erase ^H
# setenv TERM `tset -Q -`
```

초기화 파일을 수정하게 되면 바로 적용이 되는 것이 아니라 다음 로그인 시에 적용이 됩니다. 그러나 바로 이를 적용하려면 source 명령을 이용하면 됩니다.

```
solpark% source ~/.cshrc
solpark% source ~/.login
```

Chapter 9

유용한 명령어

1. 파일 내용 검색
2. 파일과 디렉토리 링크하기
3. 파일의 문자열 처리
4. 디스크 사용량 관리

1. 파일의 내용 검색

find 명령

find 명령은 유닉스 사용자가 사용할 수 있는 명령 중 가장 강력하고도 유용한 명령 중의 하나입니다. 이 명령은 특정 파일명이나 원하는 조건에 맞는 파일들을 찾을 때 사용합니다. 일단 원하는 조건에 맞는 파일들이 찾아지면 *action*이나 파이프(|)를 이용하여 다른 명령을 실행시킬 수 있습니다.

주로 파일을 검색, 삭제, 백업, 프린트 등을 할 때 사용됩니다.

형식

```
find pathname expressions actions
```

옵션	설 명
pathname	찾기를 시작하는 디렉토리(절대경로 또는 상대경로)로 하나 또는 여러 개의 인수를 줄 수 있습니다. 디렉토리 밑의 모든 파일 트리를 순환적으로(recursive) 찾습니다.
expressions	하나 이상의 찾을 기준(search criteria)을 표현식으로 나타냅니다. (-o나 -depth 등을 추가 사용할 수 있습니다.)
actions	찾은 파일들에 대해서 그 다음 원하는 동작을 나타냅니다. (-exec command {} ₩; -ok command {} ₩;, -ls, -print 등이 있습니다.)

〈표〉 find 명령의 표현식(expression)

표현식	설 명
-name *filename*	지정한 filename에 일치하는 파일들을 찾습니다. 메타 문자도 사용가능하며 " "안에 있어야 합니다.
-size [+|-]*n*	+*n*보다 큰 파일, -*n*보다 작은 파일, 정확히 *n*인 파일을 찾습니다. 여기서 *n*은 512바이트 블록으로 표시합니다.
-atime [+|-]*n*	+*n*일보다 그 이전에, -*n*일보다 그 이후에, 정확인 *n*일 전에 액세스했던 파일을 찾습니다.
-mtime [+|-]*n*	+*n*일보다 그 이전에, -*n*일보다 그 이후에, 정확인 *n*일 전에 수정되었던 파일을 찾습니다.
-user *loginID*	소유주가 *loginID*인 모든 파일을 찾습니다.
-type *c*	파일타입이 *c*인, 예를 들어 f(file) 또는 d(directory)을 찾습니다.
-perm *nnn*	특정 퍼미션 *nnn*을 가진 파일을 찾습니다.

〈표〉 find 명령의 action

action	설 명
-exec *command* {} ₩;	찾은 각각의 파일에 대하여 지정한 *command*를 실행합니다. {}은 찾아진 파일들을 인수로 가지고 있는 곳으로 찾아진 각각의 파일에 대하여 명령이 실행되며, ₩;은 생성된 여러 인수에 대한 명령의 나열을 의미합니다. 백슬래시 앞에는 반드시 스페이스여야 합니다.
-ok *command* {} ₩;	-exec와 동일하나 사용자로부터의 입력이 필요한 경우에 사용합니다. 즉 명령을 실행할 것인지를 물어보는 프롬프트가 나타납니다.
-print	find 명령에게 현재의 경로명을 터미널에 디스플레이하도록 지시합니다. 디폴트로 생략가능합니다.
-ls	현재의 경로명과 함께 관련된 여러 정보를 보여줍니다.

다음의 예는 홈 디렉토리에서 시작해서 그 디렉토리 밑으로 이름이 ckuser인 파일을 찾습니다.

```
$ find ~ -name ckuser
/export/home/ckuser
find: 디렉토리 /export/home/ckuser/.mozilla을(를) 읽을 수 없습니다:
사용 권한이 거부됨
```

find 명령은 위의 경우와 같이 일반 사용자가 액세스할 수 없는 디렉토리의 경우에는 허가가 거부된다는 표준 에러를 출력하기 때문에 이를 출력하지 않으려면 다음과 같이 find 명령을 실행하면 됩니다.

```
$ find ~ -name ckuser 2> /dev/null
/export/home/ckuser
```

현재의 디렉토리에서 시작해서 그 아래로 이름의 확장자가 html인 파일을 찾습니다.

```
$ find . -name "*.html"
```

/usr 디렉토리에서 시작해서 그 아래로 이름이 tif로 끝나는 파일들을 찾습니다.

```
$ find /usr -name '*tif' 2> /dev/null
/usr/share/sgml/docbook/docbook-xsl-stylesheets-1.60.1/images/caution.tif
/usr/share/sgml/docbook/docbook-xsl-stylesheets-1.60.1/images/important.tif
/usr/share/sgml/docbook/docbook-xsl-stylesheets-1.60.1/images/note.tif
(...)
```

> **참고**
> ☞ 파일명의 대소문자를 구별하지 않고 찾는 경우에는 -name 대신 -iname 옵션(case-insensitive)을 줍니다.

다음은 사용자의 홈 디렉토리에서 시작하여 그 아래로 core 파일을 찾아 삭제 명령을 실행합니다.

```
$ touch core
$ find ~ -name core -ok rm {} \;
< rm ... /export/home/ckuser/core >?   y
$
```

```
$ touch core
$ find ~ -name core -exec rm {} \;
$
```

다음은 현재의 디렉토리에서 시작해서 그 아래로 지난 90일 전 그 이전에 생성 또는 수정(modify)된 적이 없는 파일을 모두 찾습니다. 즉 100일이나 110일 전에 생성 또는 수정된 파일을 찾습니다. -90을 주면 오늘을 기준으로 90일 전 그 이후에 생성 또는 수정된 파일을 찾습니다.

```
$ find . -mtime +90
(결과생략)
```

> **참고**
> ☞ **-mtime**의 일자 구분
>
> **n** (현재일 기준 n일전) | **현재일**
>
> (+) | (-) |

다음은 /etc 디렉토리 아래의 모든 파일과 디렉토리에서 크기가 400블록(1블록 : 512 bytes) 이상인 파일을 찾습니다.

```
$ find /etc -size 400
```

> **참고**
>
> ☞ **-size**의 단위구분
> 400만 주면 400b(block)와 동일합니다. 400c의 경우 400자(character), 400k의 경우 400킬로바이트(kilobyte)를 의미합니다.

다음은 현재의 디렉토리에서 파일의 소유자가 ckuser, 그룹 이름이 staff인 파일을 찾아 자세한 정보와 함께 보여줍니다.

```
$ find . -user ckuser -group staff -ls
5824  1 drwxr-x---  19 ckuser staff  1024 Sep 20 17:14 /export/home/ckuser
5828  1 -rw-r--r--   1 ckuser staff   280 Jul 13 19:40 /export/home/ckuser/.profile
5825  1 drwxr-xr-x   9 ckuser staff   512 Jul 13 10:03 /export/home/ckuser/.dt
5829  1 drwxr-xr-x   2 ckuser staff   512 Jul 12 17:21 /export/home/ckuser/.dt/sessions
```

다음은 /etc 디렉토리에서 시작해서 동일한 inode number를 공유하는 파일들을 찾습니다.

```
$ find /etc -inum 789
(...)
```

다음은 두 개의 기준을 주는 경우로 두 기준 중 하나를 만족하는 파일들을 찾을 수 있습니다. -o는 or을 의미합니다.

```
$ find . -name core -o -size 100c
(...)
```

grep 명령

grep 명령은 파일 내에서 특정한 패턴(pattern)을 검색하여 그 패턴을 포함하는 모든 라인을 화면에 출력합니다. 검색하고자 하는 패턴을 정규식(Globally Regular Expression)이라고 하는데 grep 명령은 많은 패턴을 제공합니다. grep은 "**g**lobal/**re**gular expression/**p**rint"에서 각각의 머리글자를 따 온 것입니다.

grep 명령은 두 가지 변종이 있는데 하나는 정규 표현식을 사용하는 egrep 명령과 파일 기반의 단어 목록을 탐색 패턴으로 사용하는 fgrep 명령이 있습니다. grep 명령의 형식과 가장 많이 사용하는 옵션은 다음과 같습니다.

형식

```
grep options pattern filenames
```

옵션	설 명
-c	패턴과 일치하는 라인 갯수 표시(count)
-i	패턴에서 대소문자 구분 안함(ignore)
-l	패턴을 포함하는 파일명 표시(matching lines)
-n	라인 번호 표시(number)
-v	패턴과 일치하지 않는 라인(invert)
-w	패턴과 완전히 일치하는 단어를 가진 라인(word)

grep 명령의 가장 일반적인 사용법은 옵션, 패턴, 파일명을 나열하는 방식입니다. grep 명령을 실습하기 위하여 /etc/passwd 파일을 예를 들어 설명하겠습니다.

```
$ cat /etc/passwd
root:x:0:0:Super-User:/:/bin/ksh
daemon:x:1:1::/:
bin:x:2:2::/usr/bin:
sys:x:3:3::/:
adm:x:4:4:Admin:/var/adm:
lp:x:71:8:Line Printer Admin:/usr/spool/lp:
uucp:x:5:5:uucp Admin:/usr/lib/uucp:
nuucp:x:9:9:uucp Admin:/var/spool/uucppublic:/usr/lib/uucp/uucico
smmsp:x:25:25:SendMail Message Submission Program:/:
listen:x:37:4:Network Admin:/usr/net/nls:
gdm:x:50:50:GDM Reserved UID:/:
webservd:x:80:80:WebServer Reserved UID:/:
postgres:x:90:90:PostgreSQL Reserved UID:/:/usr/bin/pfksh
svctag:x:95:12:Service Tag UID:/:
nobody:x:60001:60001:NFS Anonymous Access User:/:
noaccess:x:60002:60002:No Access User:/:
nobody4:x:65534:65534:SunOS 4.x NFS Anonymous Access User:/:
ckuser:x:100:10:5981:/home/ckuser:/bin/ksh
```

다음은 /etc/passwd 파일에서 문자열 Program이 들어 있는 라인을 찾아 화면에 보여줍니다.

```
$ grep Program /etc/passwd
smmsp:x:25:25:SendMail Message Submission Program:/:
```

문자열을 찾을 때 대소문자를 구분하지 않으려면 -i 옵션(case-insensitive)을 사용합니다.

```
$ grep access /etc/passwd
noaccess:x:60002:60002:No Access User:/:
$ grep -i access /etc/passwd
nobody:x:60001:60001:NFS Anonymous Access User:/:
noaccess:x:60002:60002:No Access User:/:
nobody4:x:65534:65534:SunOS 4.x NFS Anonymous Access User:/:
```

화면에 출력되는 라인의 행 번호를 함께 출력하려면 -n 옵션(number)을 사용합니다.

```
$ grep -n access /etc/passwd
16:noaccess:x:60002:60002:No Access User:/:
```

다음은 0(숫자 0)을 포함하지 않는 라인과 함께 행 번호를 보여줍니다.

```
$ grep -nv 0 /etc/passwd
2:daemon:x:1:1::/:
3:bin:x:2:2::/usr/bin:
4:sys:x:3:3::/:
5:adm:x:4:4:Admin:/var/adm:
6:lp:x:71:8:Line Printer Admin:/usr/spool/lp:
7:uucp:x:5:5:uucp Admin:/usr/lib/uucp:
8:nuucp:x:9:9:uucp Admin:/var/spool/uucppublic:/usr/lib/uucp/uucico
9:smmsp:x:25:25:SendMail Message Submission Program:/:
10:listen:x:37:4:Network Admin:/usr/net/nls:
14:svctag:x:95:12:Service Tag UID:/:
17:nobody4:x:65534:65534:SunOS 4.x NFS Anonymous Access User:/:
```

다음은 /etc 디렉토리의 group, passwd, hosts 파일 중 패턴 root를 포함하고 있는 파일을 찾는 경우입니다.

```
$ cd /etc
$ grep -l root group passwd hosts
group
passwd
```

/etc/group 파일에서 패턴 root를 포함하고 있는 라인의 줄 수를 보여줍니다.

```
$ grep -c root /etc/group
11
```

grep 명령은 일반적으로 파이프(|)와 연결하여 많이 사용되고 있습니다. grep 명령은 검색할 파일명을 주지 않으면 표준입력에서 검색한 데이터를 받아들입니다. 따라서 파이프(|)를 이용하여 특정 명령의 출력 결과를 파이프 뒷단의 grep 명령의 표준입력으로 전달하여 출력 결과 중 특정 패턴을 찾는 방식을 많이 사용합니다.

다음은 시스템에서 현재 실행중인 프로세스들 중 현재 로그인한 사용자와 관련된 프로세스를 보여주는 예입니다.

```
$ ps -ef | grep $LOGNAME
  ckuser 14825 14672   0 14:40:39 pts/4       0:00 ps -ef
  ckuser 14666 14665   0 11:02:55 ?           0:00 /usr/lib/ssh/sshd
  ckuser 14826 14672   0 14:40:39 pts/4       0:00 grep ckuser
  ckuser 14672 14666   0 11:03:01 pts/4       0:00 -ksh
```

다음은 ls -F 명령 결과 중 디렉토리만 화면에 출력하는 사용 예입니다. -F 옵션은 디렉토리인 경우 파일명 뒤에 "/"를 함께 출력합니다.

```
$ cd /
$ ls -F |grep /
Desktop/
Documents/
boot/
dev/
devices/
etc/
export/
home/
...
```

정규 표현식 사용하기

패턴을 정의할 때 정규 표현식을 이용하면 단순한 문자열 이 외에 다양한 패턴을 이용할 수 있습니다.

다음은 정규 표현식의 표기에 사용되는 메타 문자입니다.

〈표〉 정규 표현식 메타 문자

메타문자	설 명
c	문자 *c*에 대응
₩*c*	*c*를 강제로 문자 *c*로 해석하게 만듬
^	라인의 시작
$	라인의 끝
.	아무거나 한 문자
[*xy*]	지정한 *xy* 문자 중의 한 문자
[^*xy*]	지정한 *xy* 문자 집합에 속하지 않는 한 문자 일치
*c**	0개 이상의 문자 *c*에 대응

정규 표현식의 간단한 예를 들어보겠습니다.

- '^pattern' - pattern으로 시작하는 모든 라인
- 'patterm$' - pattern으로 끝나는 모든 라인
- 'p.....n' - "p" 다음에 아무 문자나 5자가 오고 "n"으로 끝나는 문자열을 포함하는 라인
- '[a-z]*' - 영문 소문자가 0번 이상 나타나는 라인
- '[Pp]attern' - Pattern 또는 pattern을 포함하는 라인
- '[^a-m]attern' - "a"부터 "m"까지의 문자가 아니고 이어서 attern을 포함하고 있는 라인

정규 표현식을 이용한 사용 예는 다음과 같습니다.

/etc/paswd 파일에서 no로 시작하는 라인을 찾아 출력합니다.

```
$ grep '^no' /etc/passwd
nobody:x:60001:60001:NFS Anonymous Access User:/:
noaccess:x:60002:60002:No Access User:/:
nobody4:x:65534:65534:SunOS 4.x NFS Anonymous Access User:/:
```

/etc/passwd 파일에서 sh로 끝나는 라인을 찾아 출력합니다.

```
$ grep 'sh$' /etc/passwd
root:x:0:0:Super-User:/:/bin/ksh
postgres:x:90:90:PostgreSQL Reserved UID:/:/usr/bin/pfksh
ckuser:x:100:10:5981:/home/ckuser:/bin/ksh
```

/etc/passwd 파일에서 r로 시작하고 t로 끝나는 4자로 된 패턴이 있는 라인을 찾아 출력합니다.

```
$ grep 'r..t' /etc/passwd
root:x:0:0:Super-User:/:/bin/ksh
lp:x:71:8:Line Printer Admin:/usr/spool/lp:
```

/etc/passwd 파일에서 하나 이상의 y를 포함하는 라인을 출력합니다. 여기서 주의할 점은 패턴을 'y*'로 하였을 경우에는 y를 0개 이상 포함한 라인이기 때문에 모든 라인이 패턴매치가 되어 grep 명령을 실행하지 않았을 때와 같습니다.

```
$ grep 'yy*' /etc/passwd | head -5
sys:x:3:3::/:
nobody:x:60001:60001:NFS Anonymous Access User:/:
nobody4:x:65534:65534:SunOS 4.x NFS Anonymous Access User:/:
```

```
$ grep 'y*' /etc/passwd
root:x:0:0:Super-User:/:/bin/ksh
daemon:x:1:1::/:
bin:x:2:2::/usr/bin:
sys:x:3:3::/:
adm:x:4:4:Admin:/var/adm:
(...)
```

egrep 명령

어떤 경우에는 하나의 정규 표현식을 이용한 패턴 만으로는 원하는 것을 찾지 못할 경우가 있습니다. 두 개의 정규 표현식 중 하나와 대응되는 문자열을 갖고 있는 라인을 찾고자 할 때인데 이 때 egrep 명령(**e**xntended **grep**)을 사용하면 효율적입니다.

〈표〉 확장된 정규 표현식 메타 문자

메타 문자	설 명
c+	1개 이상의 문자 *c*와 일치
x|*y*	x 또는 y와 일치
(|)	그룹 문자

예를 들어, 문자 y를 하나 이상 포함하는 라인을 찾기 위해서 grep 명령에서는 'yy*' 정규 표현식으로 사용하였지만 다음과 같이 egrep 명령을 사용하면 간단하게 찾을 수 있습니다.

```
$ egrep 'y+' /etc/passwd
sys:x:3:3::/:
nobody:x:60001:60001:NFS Anonymous Access User:/:
nobody4:x:65534:65534:SunOS 4.x NFS Anonymous Access User:/:
```

다음은 /etc/passwd 파일에서 한 자 이상의 영문소문자와 이어서 패턴 "body"가 한 번 이상 나타나는 라인을 출력합니다.

```
$ egrep '[a-z]+body' /etc/passwd
nobody:x:60001:60001:NFS Anonymous Access User:/:
nobody4:x:65534:65534:SunOS 4.x NFS Anonymous Access User:/:
```

다음은 /etc/passwd 파일에서 패턴 "Network Admin" 또는 "uucp Admin"을 포함하고 있는 라인을 출력합니다.

```
$ egrep '(Network|uucp) Admin' /etc/passwd
uucp:x:5:5:uucp Admin:/usr/lib/uucp:
nuucp:x:9:9:uucp Admin:/var/spool/uucppublic:/usr/lib/uucp/uucico
listen:x:37:4:Network Admin:/usr/net/nls:
```

fgrep 명령

만일 일련의 정규 표현식들을 파일에 저장한 후 그들 중 하나에라도 대응되는 패턴을 가지고 있는 라인을 전부 출력하고 싶을 경우가 있을 것입니다. 이러한 경우에 사용할 수 있는 명령어가 **fgrep** 명령으로 file-based grep의 약자입니다. -f 옵션 뒤에 해당 파일명을 지정하면 됩니다.

정규 표현식을 저장하는 파일에는 grep 명령에서 사용할 수 있는 패턴은 무엇이든 저장할 수 있으나 egrep 명령에서 사용할 수 있는 확장된 표기법은 사용할 수 없습니다. 또한 fgrep 명령은 모든 정규 표현식을 문자 자체로 읽어 들이기 때문에 예를 들면 ? 문자는 물음표 자체로 해석합니다. 따라서 패턴에 특수문자를 사용할 경우에는 grep 명령보다는 fgrep 명령을 사용하는 것이 편리합니다.

다음은 /etc/system 파일에서 문자 "*"를 포함하는 모든 라인을 출력합니다.

```
$ fgrep '*' /etc/system
*ident  "@(#)system    1.18    97/06/27 SMI" /* SVR4 1.5 */
*
* SYSTEM SPECIFICATION FILE
*
* moddir:
*
*       Set the search path for modules.  This has a format similar to the
*       csh path variable. If the module isn't found in the first directory
*       it tries the second and so on. The default is /kernel /usr/kernel
*
*       Example:
*               moddir: /kernel /usr/kernel /other/modules
* root device and root filesystem configuration:
*
(...)
```

위의 예를 grep 명령으로 실행시키려면 다음과 같이 특수문자 앞에 이스케이프 문자인 "₩"를 사용하면 됩니다.

```
$ grep '\*' /etc/system
(...)
```

2. 파일과 디렉토리 링크하기

링크(link)란 같은 시스템 내에 있는 파일이나 디렉토리에 대하여 또 다른 이름이나 별명을 만드는 것입니다. 이를 이용하여 다른 사용자라도 편한 이름이나 더 짧은 이름으로 동일한 파일이나 디렉토리를 참조할 수 있습니다. 일반적으로 시스템 관리자는 명령어에 링크를 설정하여 서로 다른 운영체제의 사용자들이 좀 더 친숙한 이름을 사용할 수 있도록 합니다.

링크에는 심볼릭 링크(symbolic link)와 하드 링크(hard link) 두 가지가 있습니다.

심볼릭 링크는 윈도의 바로가기 아이콘처럼 원본을 가리키는 특수한 파일이고 하드 링크는 원본 파일에 새로운 이름을 붙인 파일입니다.

▩ 심볼릭 링크

심볼릭 링크는 소프트 링크(soft link)라고도 하는데 이는 윈도의 단축 아이콘과 비슷한 의미입니다. 즉 윈도에서 프로그램을 실행할 때 원하는 프로그램을 찾아서 실행해도 되지만 바탕화면에 바로가기 아이콘을 만들어 놓으면 이 단축 아이콘을 클릭하여 프로그램을 실행할 수도 있습니다.

심볼릭 링크는 자기 자신이 직접 데이터를 가지고 있지 않습니다. 실제 데이터는 다른 파일이 가지고 있고 심볼릭 링크 자신은 파일이 어디에 있는지 위치 정보만 가지고 있다가 사용자가 파일을 요청하면 데이터를 가진 파일에서 데이터를 가져와서 필요한 사용자에게 전달합니다.

솔라리스에 있는 모든 파일은 다 심볼릭 링크를 만들 수 있습니다.

심볼릭 링크를 사용하는 이유는 두 가지입니다.

첫째, 파일의 경로명이 길어서 상대 경로명이나 절대 경로명으로 나타내기에 귀찮을 경우 이를 심볼릭 링크로 만들어 놓아 쉽게 이를 이용하거나 다른 파일 시스템에 있는 파일이나 디렉토리를 링크를 하는 경우입니다.

둘째, 유닉스 버전이 발전되어 오면서 명령의 이름이 변경된 경우가 있는데, 심볼릭 링크를 이용하여 이전 이름과 새로운 이름을 둘 다 사용할 수 있도록 할 경우에 사용됩니다. 이를 backward compatibility(이전 버전과의 호환성)라고 합니다.

다음 명령의 결과는 /etc/hosts 파일이 /etc/inet/hosts 파일과 심볼릭 링크된 파일이라는 것을 보여줍니다. 심볼릭 링크 파일은 퍼미션 맨 앞의 파일 타입이 "l" 로 되어 있고 실제 데이터 파일은 "->" 다음에 명시되어 있습니다.

```
$ ls -l /etc/hosts
lrwxrwxrwx   1 root   root  12  7월 12일  16:06 /etc/hosts -> ./inet/hosts
```

위와 같이 /etc/hosts 파일이 /etc/inet/hosts 파일에 심볼릭 링크되어 있을 때 /etc/hosts 파일에 들어 있는 데이터는 단순히 /etc/inet/hosts 파일에 대한 절대 경로입니다. 그러나 cat 명령과 more 명령으로 디스플레이 해보면 두 파일 모두 동일한 결과를 가져옵니다. /etc/hosts 파일을 삭제하면 /etc/inet/hosts 파일에는 영향을 미치지 않습니다. 그러나 /etc/inet/hosts 파일을 삭제하면 /etc/hosts 파일은 그대로 존재하지만 존재하지 않는 파일을 가리키고 있으므로 실질적으로 사용할 수 없습니다.

```
$ cat /etc/hosts
#
# Internet host table
#
::1     localhost
127.0.0.1       localhost
203.230.223.160 solpark loghost
$ cat /etc/inet/hosts
#
# Internet host table
#
::1     localhost
127.0.0.1       localhost
203.230.223.160 solpark loghost
```

하드 링크

하드 링크는 하나의 파일에 둘 이상의 다른 이름을 붙일 수 있는데 새로운 이름이 붙여진 파일을 하드 링크 파일이라고 합니다.

사실 하드 링크라는 말 자체는 파일이 아니라 디렉토리에서 파일명과 i-node가 연결되어 있는 상태를 말합니다. 어떤 파일이든 존재하기 위해서는 하드 링크가 있어야 합니다.

하드 링크는 같은 파일시스템 내에 있는 파일만 링크할 수 있습니다. 하드 링크된 파일은 동일한 i-node 번호를 공유하기 때문에 같은 데이터를 가리킵니다. 파일의 i-node 번호는 현재 위치하고 있는 파일시스템에서는 유일해야 하기 때문에 다른 파일시스템에 있는 파일은 링크시킬 수 없습니다. 즉 완전히 다른 파일인데도 다른 파일시스템에 동일한 i-node 번호가 존재할 수 있습니다.

참고

☞ **i-node number**

같은 파일시스템 내에서 하나의 파일을 유일하게 인식할 수 있는 번호입니다. 파일과 디렉토리의 i-node number는 시스템이 부여합니다. 일명 index number(색인 번호)라고도 하는데 유닉스 커널(kernel)은 이 i-node number를 파일과 디렉토리의 색인으로 이용하여 더욱 빠르게 해당 파일과 디렉토리를 액세스합니다.

참고

☞ **파일시스템**

전체 하드 디스크를 논리적으로 여러 파티션으로 나눈 것 중의 하나로 logical partition이라고도 합니다. 이렇게 파티션으로 나누는 이유는 크게 두 가지로 볼 수 있습니다. 첫째, 매일 백업받는 경우에 편리합니다. 자주 갱신되는 데이터의 경우 하나의 파티션에 위치시키면 전체 하드 디스크를 전부 백업받을 필요 없이 해당 파티션만을 백업받으면 됩니다. 둘째, 찾기 시간(seek time)을 줄일 수 있습니다. 원하는 파일이나 디렉토리에 액세스할 때 전체 디스크를 다 찾지 않고 해당 파티션에서 바로 찾을 수 있습니다.
일반적으로 파일시스템은 디렉토리 계층구조로 표현됩니다. df 명령을 이용하면 현재 시스템의 파일시스템 구성을 알 수 있습니다.

ls -l 명령을 실행하면 퍼미션 다음에 하드 링크의 개수를 보여줍니다. 이는 동일한 i-node 번호에 얼마나 많은 파일이 하드 링크 되었는가의 개수입니다.

```
$ ls -l ~
총 10
drwxr-xr-x  2 ckuser  staff     512  7월 13일  15:34 Desktop
drwxr-xr-x  2 ckuser  staff     512  7월 12일  17:22 Documents
drwxr-xr-x  2 ckuser  staff     512  7월 13일  17:38 META-INF
-rw-r--r--  1 ckuser  staff       0  9월 16일  15:44 exam
drwxr-xr-x  2 ckuser  staff     512  7월 13일  19:13 fruit
-rw-r--r--  1 ckuser  staff       0  7월 13일  19:41 mango
drwxr-xr-x  2 ckuser  staff     512  7월 13일  12:08 rose
```

위의 결과에서 접근 권한(permission) 옆의 숫자 1이나 2가 바로 링크 개수입니다.

숫자 2는 하나는 자기 자신이고 나머지 하나는 링크되어 있는 파일을 뜻합니다. 그러므로 링크가 되어 있지 않은 파일이더라도 숫자 1은 반드시 입력되어 있습니다. 디렉토리의 경우 현재 디렉토리(.)와 부모 디렉토리(..)로의 링크 2개와 그 디렉토리에 있는 서브 디렉토리의 수가 더해져서 표시되며 기본적으로 2로 되어 있습니다.

하드 링크된 모든 파일은 동일한 i-node 번호를 공유하기 때문에 동일한 데이터입니다. 따라서 하드 링크된 어느 한 파일을 삭제하더라도 나머지 파일은 여전히 남아 있습니다.

하드 링크와 심볼릭 링크의 차이점을 요약하면 다음과 같습니다.

- ln 명령 시 심볼릭 링크는 -s 옵션을 주나 하드 링크는 옵션이 없음
- 심볼릭 링크 파일은 원본 파일과 i-node 번호가 다르나 하드 링크 파일은 원본 파일과 i-node 번호가 동일함
- ls -l 명령 시 심볼릭 링크는 파일 타입에 l이 출력되고 하드 링크는 링크 개수 표시
- ls -F 명령 시 심볼릭 링크 파일은 "@"가 파일명 뒤에 붙음
- 원본 파일 삭제 시 심볼릭 링크 파일은 원본 파일 액세스가 불가능하나 하드 링크 파일은 액세스 가능

ln 명령

하드 링크 또는 심볼릭 링크를 하려면 ln 명령(**l**i**n**k)를 사용합니다.

형식

```
ln [-s] source-file target-file
```

기본적으로 ln 명령은 하드 링크를 만듭니다. -s 옵션(symbolic)은 심볼릭 링크를 만들 때 사용됩니다. *source-file*은 기존에 있는 파일이고 *target-file*은 *source-file*에 링크되는 새로운 파일입니다.

두 파일을 하드 링크하기

먼저 하드 링크를 테스트할 파일 hlink.txt를 만듭니다.

```
$ cat > hlink.txt
I love UNIX.
You love UNIX.
^D
$ ls -l hlink.txt
-rw-r--r--   1 ckuser   staff        28  9월 20일  19:28 hlink.txt
```

앞에서 만든 파일에 하드 링크 파일 hlink.lnk을 만듭니다.

```
$ ln hlink.txt hlink.lnk
$ ls -l hlink.*
-rw-r--r--   2 ckuser   staff        28  9월 20일  19:28 hlink.lnk
-rw-r--r--   2 ckuser   staff        28  9월 20일  19:28 hlink.txt
```

두 파일 모두 하드 링크 수가 2로 변한 것을 알 수 있습니다. 두 파일이 동일한 파일인지 파일 내용을 확인해 봅니다.

```
$ cat hlink.txt
I love UNIX.
You love UNIX.
$ cat hlink.lnk
I love UNIX.
You love UNIX.
```

파일의 내용이 같음을 알 수 있습니다. 그러나 파일의 내용이 같다고 동일한 파일이라고 단정할 수 없습니다. 복사를 해도 파일의 내용은 같습니다. i-node 번호를 확인해 보면 동일한 파일인지 알 수 있습니다.

```
$ cp hlink.txt hlink.cpy
$ ls -i hlink.*
    6063 hlink.cpy        6062 hlink.lnk        6062 hlink.txt
```

즉 하드 링크된 hlink.lnk 파일의 i-node 번호가 hlink.txt 파일의 i-node 번호가 같으므로 동일한 파일임을 알 수 있고 복사한 hlink.cpy 파일은 i-node 번호가 다르므로 서로 다른 파일임을 알 수 있습니다.

이제 하드 링크된 hlink.lnk 파일의 내용을 변경해 보겠습니다. 변경된 내용이 원본인 hlink.txt 파일에도 똑같이 적용되었는지 확인합니다.

```
$ cat >> hlink.lnk
We love UNIX.
$ cat hlink.lnk
I love UNIX.
You love UNIX.
We love UNIX.
$ cat hlink.txt
I love UNIX.
You love UNIX.
We love UNIX.
```

hlink.lnk 파일의 변경 내용이 원본 파일인 hlink.txt 파일에도 그대로 변경되었음을 확인할 수 있습니다.

원본 파일인 hlink.txt 파일을 삭제해도 하드 링크된 hlink.lnk 파일은 그대로 남아 있습니다. 이 파일을 이용해 파일의 내용을 보거나 수정하거나 복사할 수 있습니다.

```
$ rm hlink.txt
$ ls -l hlink.*
-rw-r--r--  1 ckuser  staff       28  9월 20일  19:39 hlink.cpy
-rw-r--r--  1 ckuser  staff       42  9월 20일  19:47 hlink.lnk
$ cat hlink.lnk
I love UNIX.
You love UNIX.
We love UNIX.
```

두 파일을 심볼릭 링크하기

먼저 기존의 hlink.lnk 파일에 심볼릭 링크 slink.lnk 파일을 만든 후 ls -l 로 두 파일을 비교해 봅니다.

```
$ ln -s hlink.lnk slink.lnk
$ ls -l *.lnk
-rw-r--r--  1 ckuser  staff      42  9월 20일  19:47 hlink.lnk
lrwxrwxrwx  1 ckuser  staff       9  9월 20일  19:57 slink.lnk -> hlink.lnk
```

심볼릭 링크된 slink.lnk 파일의 퍼미션 앞 파일 타입에 "l"이 표시된 것을 알 수 있습니다. 또한 파일명 뒤에 "->" 기호를 이용하여 원본 파일을 보여줍니다.

동일한 파일인지를 확인하기 위하여 i-node 번호를 출력합니다.

```
$ ls -i *.lnk
    6062 hlink.lnk      6064 slink.lnk
```

두 파일의 i-node 번호가 서로 다른 것을 알 수 있습니다. 즉 두 파일은 동일 파일이 아닙니다. 그러나 두 파일 중 어느 한 파일을 수정하거나 변경하면 다른 파일도 동일하게 수정되거나 변경됩니다.

그러나 원본 파일을 삭제하면 심볼릭 링크 파일은 제대로 작동하지 않습니다.

```
$ cat hlink.lnk
I love UNIX.
You love UNIX.
We love UNIX.
$ cat slink.lnk
I love UNIX.
You love UNIX.
We love UNIX.
$ rm hlink.lnk
$ cat slink.lnk
cat: slink.lnk을(를) 열 수 없습니다.
```

3. 파일의 문자열 처리

cut 명령

cut 명령은 파일 데이터의 특정 컬럼이나 필드를 잘라내어 화면에 보여줍니다.

형식

```
cut [options] filename
```

옵 션	설 명
-f	필드(field)나 컬럼을 지정합니다.
-d	구분자(delimeter)를 지정합니다.
-c	잘라낼 것이 몇 번째 문자(character)인가를 지정합니다.

다음 예는 /etc/passwd 파일의 세 번째 필드인 uid(사용자id)만을 화면에 출력합니다. 각 필드는 ":"로 구분되어 있습니다.

```
$ cut -f3 -d: /etc/passwd
0
1
2
3
4
(...)
95
```

```
60001
60002
65534
100
```

다음 예는 해당 파일에서 1번 째부터 10번 째까지의 문자만 보여줍니다.

```
$ cut -c1-10 /etc/passwd
root:x:0:0
daemon:x:1
bin:x:2:2:
sys:x:3:3:
adm:x:4:4:
(...)
svctag:x:9
nobody:x:6
noaccess:x
nobody4:x:
ckuser:x:1
```

paste 명령

paste 명령은 수평적으로 파일을 결합합니다. 각 파일의 한 라인씩을 가져와 그것들을 붙인 후 화면에 출력합니다. 이 때 구분자는 탭(tab)입니다. 출력의 구분자를 바꾸려면 -d 옵션(delimeter)을 사용하면 됩니다.

```
$ cat tel.txt
ib05001 02-999-9999
ib05002 02-888-8888
ib05003 031-777-777
$ cat addr.txt
ib05001 Seoul
ib05002 Suwon
ib05002 Guri
$ paste -d: tel.txt addr.txt
ib05001 02-999-9999:ib05001 Seoul
ib05002 02-888-8888:ib05002 Suwon
ib05003 031-777-777:ib05002 Guri
```

tr 명령

tr 명령(**translate**)은 문자를 변환하는데 사용합니다. 문자의 범위가 2개 주어졌을 때 범위 1에 있는 문자가 발견될 때는 범위 2의 동등한 문자로 변환됩니다. 이 명령은 셸 스크립트에서 데이터의 대소문자를 구분할 때 주로 사용됩니다.

tr 명령은 인자로 파일명을 입력받지 않고 표준입력 리다이렉션(<)으로만 입력을 받습니다.

다음은 해당 파일의 모든 소문자를 대문자로 바꾸는 경우의 예입니다.

```
$ tr '[a-z]' '[A-Z]' < /etc/passwd
ROOT:X:0:0:SUPER-USER:/:/BIN/KSH
DAEMON:X:1:1::/:
BIN:X:2:2::/USR/BIN:
SYS:X:3:3::/:
ADM:X:4:4:ADMIN:/VAR/ADM:
(...)
NOBODY:X:60001:60001:NFS ANONYMOUS ACCESS USER:/:
NOACCESS:X:60002:60002:NO ACCESS USER:/:
NOBODY4:X:65534:65534:SUNOS 4.X NFS ANONYMOUS ACCESS USER:/:
ckuser:X:100:10:5981:/EXPORT/HOME/ckuser:/BIN/KSH
```

diff 명령

diff 명령(**different**)은 두 파일의 내용에 있어 차이점을 비교하는데 사용합니다. 어떤 파일을 수정한 후 이전 파일과 비교하여 어떤 차이점이 있는지를 알고 싶을 때 주로 사용합니다.

예를 들어 보겠습니다.

```
$ cat file1.txt
12345
abcde
ABCDE
$ cat file2.txt
12345
abcDE
ABCde
56789
```

```
$ diff file1.txt file2.txt
2,3c2,4
< abcde
< ABCDE
---
> abcDE
> ABCde
> 56789
```

위의 예에서 2, 3c2, 4는 파일에 차이가 있는 라인을 가리킵니다.

<는 첫 파일에 있는 라인을 가리키고, >는 두 번째 파일에 있는 라인을 가리킵니다.

look 명령

look 명령은 신속하게 철자(spelling)를 찾아줍니다.

형식

```
look string [filename]
```

*filename*이 주어지면 *filename*에서 *string*으로 시작하는 라인을 찾아 보여줍니다.

*filename*을 지정하지 않으면 /usr/share/lib/dict/words 파일에서 *string*으로 시작하는 단어를 찾아줍니다. 이 파일에는 단지 알파벳 단어만 있으며, 대소문자는 무시됩니다. 이 명령은 영문 철자를 확인하는데 유용하게 쓰일 수 있습니다.

다음은 *filename*이 지정되어 있지 않으므로 /usr/share/lib/dict/words 파일에서 dict로 시작하는 단어를 찾아 보여주는 예입니다.

```
$ look dict
dicta
dictate
dictatorial
diction
dictionary
dictum
```

4. 디스크 사용량 관리

du 명령

du 명령(**d**isk **u**sage)은 얼마나 많은 양의 디스크를 사용하고 있는지를 알아보는데 사용됩니다.

du 명령을 옵션 없이 사용하면 현재 위치의 디렉토리와 하위 디렉토리에 대한 크기를 블록 단위(512byte)로 보여줍니다. 맨 마지막에는 현재 디렉토리의 총 사용량(442블록)을 보여줍니다.

```
$ du
4       ./.dt/sessions
2       ./.dt/types
2       ./.dt/tmp
4       ./.dt/sessionlogs
2       ./.dt/icons
2       ./.dt/appmanager
(...)
4       ./META-INF
2       ./rose/kkk
2       ./rose/ccc
6       ./rose
442     .
```

-h 옵션(human readable)은 킬로바이트 단위로 보여줍니다.

```
$ du -h
  2K  ./.dt/sessions
  1K  ./.dt/types
  1K  ./.dt/tmp
  2K  ./.dt/sessionlogs
  1K  ./.dt/icons
  1K  ./.dt/appmanager
(...)
  2K  ./META-INF
  1K  ./rose/kkk
  1K  ./rose/ccc
  3K  ./rose
 221K  .
```

전체 사용량만 보려면 -s 옵션(sum)을 사용하면 됩니다.

```
$ du -s
442    .
```

디렉토리를 지정하면 현재 디렉토리 이 외에 지정된 디렉토리의 사용량을 볼 수 있습니다.

```
$ du -s /etc
117708  /etc
$ du -s /
10457861
```

du 명령은 읽을 수 있는 파일과 디렉토리(즉, 해당 사용자에게 접근을 허용하는 파일과 디렉토리)들에 대해서만 디스크 사용량을 계산해서 출력합니다. 따라서 읽기를 허용하지 않는 /etc/shadow 파일의 경우 위의 /etc 디렉토리의 총 사용량 117708블록에는 합산되지 않습니다. 다음 예에서 수퍼유저의 경우 총 사용량이 다르게 출력되는 것을 알 수 있습니다.

```
$ su -
암호:
Sun Microsystems Inc.   SunOS 5.10     Generic January 2005
# du -s /etc
117940  /etc
```

기본적으로 du 명령은 디렉토리들의 크기만 나열하지만 모든 파일의 크기를 나열할 수도 있습니다. -a 옵션(all)은 모든 파일에 대한 크기까지도 출력합니다.

```
$ du -a
2       ./.profile
2       ./.dt/sessions/lastsession
4       ./.dt/sessions
2       ./.dt/types
(...)
4       ./META-INF
2       ./slink.lnk
2       ./hlink.cpy
2       ./rose/kkk
0       ./rose/aaa
0       ./rose/bbb
2       ./rose/ccc
```

```
0      ./rose/ddd
6      ./rose
442    .
```

df 명령

df 명령(**d**isk **f**ree)은 시스템에서 얼마나 많은 디스크 공간이 현재 가용 상태인지를 파일시스템별로 계산해 줍니다.

```
$ df
/                  (/dev/dsk/c1t0d0s0 ) :          5018684 블록     769661 파일
/devices           (/devices          ) :                0 블록          0 파일
/system/contract   (ctfs              ) :                0 블록 2147483612 파일
/proc              (proc              ) :                0 블록      16151 파일
/etc/mnttab        (mnttab            ) :                0 블록          0 파일
/etc/svc/volatile  (swap              ) :          1506520 블록     143864 파일
/system/object     (objfs             ) :                0 블록 2147483441 파일
/etc/dfs/sharetab  (sharefs           ) :                0 블록 2147483646 파일
/lib/libc.so.1     (/usr/lib/libc/libc_hwcap2.so.1): 5018684 블록     769661 파일
/dev/fd            (fd                ) :                0 블록          0 파일
/tmp               (swap              ) :          1506520 블록     143864 파일
/var/run           (swap              ) :          1506520 블록     143864 파일
/export/home       (/dev/dsk/c1t0d0s7 ) :        464022160 블록   27925835 파일
```

-h 옵션(**h**uman readable format)을 사용하면 사용자가 읽기 쉬운 형태로 출력해 줍니다.

```
$ df -h
파일시스템           크기    사용    가용     용량  설치지점
/dev/dsk/c1t0d0s0   7.5G    5.1G    2.3G     69%   /
/devices              0K      0K      0K      0%   /devices
ctfs                  0K      0K      0K      0%   /system/contract
proc                  0K      0K      0K      0%   /proc
mnttab                0K      0K      0K      0%   /etc/mnttab
swap                737M    960K    736M      1%   /etc/svc/volatile
objfs                 0K      0K      0K      0%   /system/object
sharefs               0K      0K      0K      0%   /etc/dfs/sharetab
/usr/lib/libc/libc_hwcap2.so.1
                    7.5G    5.1G    2.3G     69%   /lib/libc.so.1
fd                    0K      0K      0K      0%   /dev/fd
swap                736M     80K    736M      1%   /tmp
swap                736M     28K    736M      1%   /var/run
/dev/dsk/c1t0d0s7   221G     77M    219G      1%   /export/home
```

Chapter 10

파일 압축 및 백업

1. 파일 아카이브
2. 파일 압축
3. 파일 아카이브와 압축

1. 파일 아카이브

아카이브 파일(archive file)이란 여러 개의 파일들을 하나의 큰 파일로 묶은 파일을 의미합니다. 아카이브 파일은 원래 백업이나 리스토어를 하기 위하여 중요한 파일들을 테이프와 같은 매체에 저장하는데 사용하였습니다. 그러나 이제는 파일을 전송하거나 소프트웨어의 배포나 설치에도 널리 사용하고 있습니다.

tar 명령은 유닉스에서 아카이브 파일을 만드는 표준 명령입니다. 초기에는 테이프 장치에 데이터를 백업하기 위한 목적으로 개발되었습니다. 그래서 tar라는 이름은 tape archive를 의미합니다. 그러나 현재는 테이프 백업 용도를 벗어나 소프트웨어 배포에서 사용하는 것과 같이 디렉토리 구조와 파일들의 속성을 보전하면서 하나의 큰 파일로 묶는데 주로 사용합니다.

즉 tar 명령은 주로 이동이나 압축하기 전에 관련된 파일들을 함께 번들로 묶거나 묶은 파일을 원래 상태로 푸는데 사용됩니다. tar 아카이브 파일은 일반적으로 확장자가 ".tar"입니다.

tar 명령

tar 명령을 주로 사용하는 형식은 다음과 같습니다.

형식

```
tar c[vf] archivefile filenames
tar t[vf] archivefile filenames
tar x[vf] archivefile filenames
```

기 능	설 명
c	새로운 아카이브 파일을 만듭니다(create).
t	아카이브 파일의 테이블 목록을 보여줍니다(table of contents).
x	아카이브 파일에서 파일들을 추출합니다(extract).
f	아카이브 파일이나 테이프 장치를 지정합니다(file). 파일명이 "-"인 경우 표준 입출력을 사용합니다.
v	자세한 정보표시(verbose) 모드로 실행됩니다.

> **참고**
>
> ☞ 대부분의 유닉스 명령들은 옵션 앞에 - (dash)를 필요로 하지만 tar와 같은 몇몇 명령들은 옵션 앞에 굳이 -를 붙이지 않아도 됩니다.

tar 명령으로 묶을 파일이나 디렉토리는 절대 경로명이 아닌 상대 경로명을 사용해야 합니다. 그래야 원하는 위치로 이동하여 현재의 디렉토리를 기준으로 파일을 풀 수 있습니다. 절대 경로명을 사용하면 현재의 위치에 관계없이 절대 경로명에 풀리기 때문에 기존의 파일이나 디렉토리를 덮어쓰게 됩니다.

아카이브 파일 만들기 : cvf

아카이브되는 파일들은 동일한 디렉토리에 있을 필요는 없습니다. 디렉토리가 주어지면 순환적으로 아카이브됩니다. 즉 서브 디렉토리를 포함한 디렉토리의 모든 내용들도 아카이브됩니다.

다음은 홈 디렉토리 내에 있는 모든 디렉토리와 파일들을 /tmp 디렉토리에 아카이브 파일을 생성하는 예입니다.

```
$ cd
$ ls
Desktop   Documents
$ tar cf /tmp/backup.tar *
$ ls -l /tmp/backup.tar
-rw-r--r--   1 itpark   staff     6144  7월 12일  20:26 /tmp/backup.tar
```

v 기능(verbose)은 반드시 필요한 것은 아니지만 어느 파일이 현재 아카이브 파일에 추가되고 있는지 자세한 정보를 보여줍니다.

```
$ tar cvf /tmp/backup.tar *
a Desktop/ 0K
a Desktop/starthere.desktop 2K
a Desktop/star.desktop 2K
a Documents/ 0K
$ ls -l /tmp/backup.tar
-rw-r--r--   1 itpark   staff     6144  7월 12일  20:28 /tmp/backup.tar
```

f 기능(file) 뒤에는 반드시 아카이브 파일명을 주어야 합니다. 만약에 아카이브 파일명을 주지 않으면 다음과 같은 에러 메시지를 보여줍니다.

```
$ tar cvf Desktop
tar: 파일명이 빠짐
```

참고로 아카이브될 대상 파일로 *을 주는 경우 .profile, .kshrc 등과 같은 점(dot) 파일은 아카이브되지 않습니다. 점파일을 포함한 현재 디렉토리의 모든 파일을 아카이브하려면 대상 파일로 "."을 명시하면 됩니다.

```
$ tar cvf /tmp/backup2.tar .
a ./ 0K
a ./.profile 1K
a ./.dt/ 0K
a ./.dt/sessions/ 0K
a ./.dt/sessions/lastsession 1K
(...)
$ ls -l /tmp/backup2.tar
-rw-r--r--  1 itpark   staff    194048  7월 12일  20:45 /tmp/backup2.tar
```

아카이브 파일 내용 보기 : tvf

t 기능은 f 다음에 명시한 아카이브 파일에 들어 있는 파일들의 목록(**t**able of contents)을 보여줍니다.

```
$ tar tf /tmp/backup.tar
Desktop/
Desktop/starthere.desktop
Desktop/star.desktop
Documents/
```

v 기능을 추가하면 아카이브 파일에 들어 있는 각 파일을 파일의 종류와 권한, 파일의 소유자와 그룹, 파일의 크기, 파일의 마지막 변경 일시, 파일명 등 자세하게 보여줍니다.

```
$ tar tvf /tmp/backup.tar
tar: 블록 크기 = 12
drwxr-xr-x 100/10     0  2010년  7월 12일 17:22  Desktop/
-rw-r--r-- 100/10  1241  2010년  7월 12일 17:22  Desktop/starthere.desktop
-rw-r--r-- 100/10  1431  2010년  7월 12일 17:22  Desktop/star.desktop
drwxr-xr-x 100/10     0  2010년  7월 12일 17:22  Documents/
```

아카이브 파일 풀기 : xvf

x 기능은 아카이브 파일을 현재의 디렉토리에 풀어(extract) 줍니다. tar 명령은 항상 현재의 디렉토리에 추출해 줍니다. 그러나 아카이브 파일을 생성할 때 대상 파일들을 절대 경로명으로 지정하였다면 현재 위치에 상관없이 원래의 위치에 파일을 풀어줍니다.

```
$ tar xvf /tmp/backup.tar
tar: 블록 크기 = 12
x Desktop, 0 bytes, 0 테이프 블록
x Desktop/starthere.desktop, 1241 bytes, 3 테이프 블록
x Desktop/star.desktop, 1431 bytes, 3 테이프 블록
x Documents, 0 bytes, 0 테이프 블록
(...)
$ ls
Desktop    Documents ...
```

2. 파일 압축

tar 명령을 사용하여 만든 아카이브 파일은 여러 개의 파일을 묶었기 때문에 크기가 매우 클 수 있습니다. 여러 개의 아카이브 파일을 만들게 되면 할당된 디스크 용량에 문제가 생길 수 있습니다. 또한 ftp를 이용하여 아카이브 파일을 송수신하는 경우에는 많은 시간이 걸리게 됩니다.

이러한 경우에 압축 명령을 이용하여 아카이브 파일의 크기를 줄일 수 있습니다. 솔라리스의 경우 다양한 압축 소프트웨어를 제공하고 있습니다.

compress, uncompress 명령

compress 명령은 모든 버전의 유닉스에서 사용할 수 있는 압축 프로그램으로 압축된 파일의 확장자는 .Z이고 압축 후 원래의 파일은 없어집니다. 디렉토리는 압축할 수 없습니다.

compress 명령의 일반적인 형식은 다음과 같습니다.

형식

```
compress [-cfv] filenames
zcat filenames
uncompress [-cfv] filenames
```

compress 명령

앞서 /tmp 디렉토리에 만든 backup2.tar 아카이브 파일을 예로 들어 설명하기 위해 /tmp 디렉토리로 이동합니다.

```
$ cd /tmp
```

파일의 크기를 확인한 후 compress 명령 실행 후 원래의 아카이브 파일이 존재하는지 확인합니다.

```
$ ls -l backup2.tar
-rw-r--r--  1 itpark  staff    194048  7월 12일  20:45 backup2.tar
$ compress backup2.tar
$ ls -l backup2.tar
backup2.tar: 해당 파일이나 디렉토리가 없음
```

아카이브 파일이 없다는 메시지가 나타나는데 이는 사라진 것이 아니라 압축 결과가 .Z라는 확장자를 가진 파일로 변경해서 저장되었기 때문입니다. 즉 위의 경우 backup2.tar.Z라는 파일로 변경 저장되었습니다.

```
$ ls -l backup2.tar.Z
-rw-r--r--  1 itpark  staff    43721  7월 12일  20:45 backup2.tar.Z
```

압축 결과 194KB짜리 파일이 43KB 로 줄어든 것을 확인할 수 있습니다.

zcat 명령

zcat 명령은 compress 명령으로 압축된 .Z 확장자를 가진 압축 파일을 풀지 않고 내용을 보는데 사용합니다. 위의 아카이브 파일의 경우 여러 개의 파일이고 크기가 크기 때문에 실습에 적합하지 않아 다음과 같이 간단한 파일을 만들어 -v 옵션도 함께 적용해 보겠습니다.

-v 옵션은 파일 크기가 얼마나 줄었는지를 보여줍니다.

```
$ cd ~
$ cp /etc/passwd apple
$ ls -l apple
-rw-r--r--   1 itpark   staff       715  7월 12일  21:50 apple
$ cat apple
(...)
$ compress -v apple
apple: 압축: 27.83% -- apple.Z로 대체됨
$ ls -l apple.Z
-rw-r--r--   1 itpark   staff       516  7월 12일  21:50 apple.Z
$ zcat apple.Z
(...)
```

uncompress 명령

uncompress 명령을 이용하여 .Z 압축 파일을 풀 수 있습니다.

```
$ uncompress -v apple.Z
apple.Z:  -- apple로 대체됨
$ ls -l apple
-rw-r--r--   1 itpark   staff       715  7월 12일  21:50 apple
```

-c 옵션을 주면 압축 푼 결과를 표준 출력, 즉 화면에 출력합니다. 이 때 압축 파일은 만들지 않습니다. 'uncompress -c' 명령은 zcat 명령과 동일합니다.

.tar.Z 파일 풀기

일반적으로 여러 개의 파일을 압축할 경우에는 먼저 tar 명령으로 아카이브 파일을 만든 후 compress 명령으로 압축을 합니다. 그러면 .tar.Z 확장자를 가진 파일이 만들어집니다. 앞서 /tmp 디렉토리에 만든 backup.tar 파일을 compress 명령으로 압축한 예입니다.

```
$ cd /tmp
$ compress backup.tar
$ ls -l backup.tar.Z
-rw-r--r--   1 itpark   staff      2902  7월 13일  10:57 backup.tar.Z
```

.tar.Z 확장자를 가진 아카이브 압축 파일을 풀어줄 때는 역순으로 해주면 됩니다.

먼저 .Z을 uncompress 명령으로 떼어내고 .tar를 'tar xvf' 로 떼어내면 원래의 파일이 됩니다.

```
$ uncompress backup.tar.Z
$ ls -l backup.tar
-rw-r--r--   1 itpark   staff      8704  7월 13일  10:57 backup.tar
$ tar xvf backup.tar
x Desktop, 0 bytes, 0 테이프 블록
x Desktop/starthere.desktop, 1241 bytes, 3 테이프 블록
x Desktop/star.desktop, 1431 bytes, 3 테이프 블록
(...)
```

특히 위의 예에서 .tar.Z 확장자를 가진 아카이브 압축 파일의 경우 zcat 명령을 이용하면 다음과 같이 uncompress 명령을 주지 않고도 한 번의 명령으로 풀어줄 수 있습니다. 실무에서 많이 사용되므로 알아두는 것이 좋습니다.

```
$ zcat backup.tar.Z | tar xvf -
```

위에서 zcat 은 uncompress -c 와 동일하고 tar 명령 마지막의 -은 표준 입력을 의미합니다. 즉 zcat 명령 결과인 표준 출력을 파이프로 넘기고 tar 명령에서 이를 표준 입력으로 받아 처리하는 것입니다.

pack, unpack 명령

pack 명령은 확장자가 .z인 파일을 생성하는 압축 명령으로 압축 후 원래의 파일은 없어집니다. 디렉토리는 압축할 수 없습니다.

pack 명령의 일반적인 형식은 다음과 같습니다.

형식

```
pack [-f] [-] filenames
pcat filenames
unpack filenames
```

pack 명령

새로운 파일을 임의로 생성한 후 pack 명령을 실행해 본 예입니다.

```
$ man ls > orange
페이지를 다시 포맷 중입니다.  기다려 주십시오... 완료
$ ls -l orange
-rw-r--r--   1 itpark   staff     37643  7월 13일  11:37 orange
$ pack orange
pack: orange: 51.5% 압축
$ ls -l orange
orange: 해당 파일이나 디렉토리가 없음
$ ls -l orange.z
-rw-r--r--   1 itpark   staff     18256  7월 13일  11:37 orange.z
```

- 옵션은 압축과 관련되어 자세한 정보를 보여줍니다.

```
$ man ls > cherry
페이지를 다시 포맷 중입니다.  기다려 주십시오... 완료
$ ls -l cherry
-rw-r--r--   1 itpark   staff     37643  7월 13일  12:22 cherry
$ pack - cherry
pack: cherry: 51.5% 압축
        37643에서 18256 바이트
        허프만 트리의 루트 아래에 16 레벨이 있습니다
        입력에 90 별개 바이트
        딕셔너리 오버헤드 = 113 바이트
        유효  엔트로피  = 3.88 비트/바이트
        점근선 엔트로피  = 3.86 비트/바이트
$ ls -l cherry.z
-rw-r--r--   1 itpark   staff     18256  7월 13일  12:22 cherry.z
```

-f 옵션은 강제로(force) 파일을 압축시킵니다. 파일의 크기가 아주 작을 경우 즉 압축률이 아주 작을 경우에는 압축이 되지 않는 경우가 있습니다. 왜냐하면 pack 명령 시 압축관련 정보를 파일에 추가하기 때문에 압축되는 정도에 비해 오히려 압축 파일의 크기가 더 커질수도 있고 압축 효과가 미미할 수 있기 때문입니다.

```
$ cat > tomato
Do your Best.
$ ls -l tomato
-rw-r--r--   1 itpark   staff        14  7월 13일  12:09 tomato
$ pack tomato
pack: tomato: 저장되지 않습니다 - 파일이 변경되지 않았습니다
$ pack -f tomato
pack: tomato: -114.3% 압축
$ ls -l tomato.z
-rw-r--r--   1 itpark   staff        30  7월 13일  12:09 tomato.z
```

강제로 압축한 결과 원래 파일 크기보다 압축 파일의 크기가 더 크다는 것을 알 수 있습니다. 따라서 -f 옵션은 디렉토리의 전체 파일을 압축할 때 일부 압축이 되지 않는 파일이 있을 경우 모든 파일을 압축하는 경우에 유용하게 사용할 수 있습니다.

예를 들어 다음과 같은 경우에 사용할 수 있습니다.

```
$ pack *.c
pack: 1.c: 53.3% 압축
pack: 2.c: 51.2% 압축
pack: 3.c: 저장되지 않습니다 - 파일이 변경되지 않았습니다
(...)
$ pack -f *.c
pack: 1.c: 53.3% 압축
pack: 2.c: 51.2% 압축
pack: 3.c: -114.3% 압축
(...)
```

pcat 명령

pcat 명령은 pack 명령으로 압축된 .z 확장자를 가진 압축 파일을 풀지 않고도 내용을 보는데 사용합니다.

다음은 pcat 명령의 사용 예입니다. 맨 마지막 명령은 pcat 명령을 이용하여 화면에 표준출력 되는 내용을 리다이렉션하여 압축된 파일을 풀지 않고 다른 파일로 복사할 수 있다는 것을 보여줍니다.

```
$ date > pear
$ pack pear
pack: pear: 저장되지 않습니다 - 파일이 변경되지 않았습니다
$ pack -f pear
pack: pear: -44.2% 압축
$ pcat pear.z
2010년 7월 13일 화요일 오후 01시 39분 28초
$ pcat pear.z > plum
```

unpack 명령

unpack 명령을 이용하여 .z 압축 파일을 풀 수 있습니다.

```
$ unpack pear.z
unpack: pear: 언팩
$ ls -l pear
-rw-r--r--   1 itpark   staff        43  7월 13일  13:39 pear
```

또는 다음과 같이 압축을 풀 파일의 확장자 .z를 붙이지 않아도 됩니다.

```
$ unpack pear
```

와일드 카드를 이용하여 여러 파일을 동시에 풀 수도 있습니다.

```
$ unpack *.c
```

gzip, gunzip 명령

gzip 명령은 GNU EMACS나 gcc 컴파일러와 같이 널리 사용되는 공개 소프트웨어를 만든 FSF(Free Software Foundation : 자유 소프트웨어 재단)에서 공개한 압축 프로그램입니다.

gzip 관련 명령의 형식은 다음과 같습니다.

형식

```
gzip [-cdrv] filenames
gunzip [-crv] filenames
gzcat  filenames
```

gzip 명령

gzip 명령은 유닉스나 리눅스 뿐만아니라 모든 플랫폼 상에서 이용할 수 있는 빠르고 효율적인 유틸리티입니다. gzip 명령으로 압축된 파일은 확장자 .gz가 붙습니다.

```
$ gzip pear
$ ls -l pear.gz
-rw-r--r--   1 itpark   staff        69  7월 13일  13:39 pear.gz
```

-d 옵션(**d**ecompress)을 이용하면 별도의 명령(gunzip)을 이용하지 않고도 압축

을 풀 수 있습니다.

```
$ gzip -d pear.gz
$ ls -l pear
-rw-r--r--   1 itpark   staff       43  7월 13일  13:39 pear
```

gzip 명령에 -v 옵션을 사용하면 절약된 공간의 크기를 보여줍니다.

```
$ gzip -v pear
pear:    -7.0% -- replaced with pear.gz
```

gzip 명령에 -l 옵션(list)을 사용하면 압축된 파일의 절약된 공간의 크기를 보여줍니다.

```
$ gzip -l pear.gz
       compressed       uncompressed  ratio uncompressed_name
               69                 43  -7.0% pear
```

gzcat 명령

gzcat 명령은 gzip 명령으로 압축된 .gz 확장자를 가진 압축 파일을 풀지 않고도 내용을 보는데 사용합니다.

다음은 gzcat 명령의 사용 예입니다.

```
$ gzcat pear.gz
2010년 7월 13일 화요일 오후 01시 39분 28초
```

.gz 확장자을 주지 않아도 됩니다.

```
$ gzcat pear
2010년 7월 13일 화요일 오후 01시 39분 28초
```

gunzip 명령

gunzip 명령을 이용하여 .gz 압축 파일을 풀 수 있습니다.

```
$ gunzip pear.gz
```

gunzip 명령에 -c 옵션을 사용하면 실제로 압축을 해제하는 것이 아니라 기존의 압축된 .gz 파일은 그대로 두고 압축해제된 파일의 복사본을 화면에 출력해 줍니다.

```
$ gzip pear
$ gunzip -c pear.gz
2010년 7월 13일 화요일 오후 01시 39분 28초
$ ls -l pear.gz
-rw-r--r--   1 itpark   staff        69  7월 13일  13:39 pear.gz
```

zip, unzip 명령

zip 명령은 PC에서 널리 사용되고 있는 압축 포맷 ZIP을 유닉스에서도 사용할 수 있도록 하는 압축 프로그램으로 파일의 패키징 즉 아카이브 파일 생성에도 사용할 수 있습니다. 또한 유닉스, 윈도, 매킨토시 등 대부분의 운영체제에서 사용 가능합니다.

압축된 파일의 확장자는 .zip입니다.

zip 관련 명령의 형식은 다음과 같습니다.

형식

```
zip -r [-v] zipfile filenames
unzip [-lv] zipfile [-x filenames]
```

zip 명령

zip 명령은 파일을 압축하여 .zip 압축 파일을 만듭니다.

```
$ man ls > melon
페이지를 다시 포맷 중입니다.  기다려 주십시오... 완료
$ ls -l melon
-rw-r--r--   1 itpark   staff     37643  7월 13일  15:28 melon
$ zip lemon.zip melon
  adding: melon (deflated 77%)
$ ls -l lemon.zip melon
-rw-r--r--   1 itpark   staff      8776  7월 13일  15:28 lemon.zip
-rw-r--r--   1 itpark   staff     37643  7월 13일  15:28 melon
```

압축할 파일이 여러 개이면 모두 압축하여 하나의 아카이브 파일로 만듭니다.

```
$ zip cherry.zip mango melon orange
  adding: mango (deflated 77%)
  adding: melon (deflated 77%)
  adding: orange (deflated 67%)
$ ls -l cherry.zip
-rw-r--r--   1 itpark   staff     17823  7월 13일  15:50 cherry.zip
```

-r 옵션(recursively)을 이용하면 compress 나 pack, gzip과는 달리 디렉토리도 압축할 수 있습니다. 다음은 홈 디렉토리의 Desktop 디렉토리를 Desktop.zip 파일로 압축한 예입니다.

```
$ cd
$ zip -r Desktop Desktop
  adding: Desktop/ (stored 0%)
  adding: Desktop/starthere.desktop (deflated 53%)
  adding: Desktop/star.desktop (deflated 50%)
$ ls -l Desktop.zip
-rw-r--r--   1 itpark   staff      1768  7월 13일  15:30 Desktop.zip
```

unzip 명령

unzip 명령을 이용하여 .zip 압축 파일을 풀 수 있습니다.

```
$ unzip lemon
Archive:  lemon.zip
replace melon? [y]es, [n]o, [A]ll, [N]one, [r]ename: y
  inflating: melon
$ unzip Desktop
Archive:  Desktop.zip
replace Desktop/starthere.desktop? [y]es,[n]o,[A]ll,[N]one,[r]ename: y
  inflating: Desktop/starthere.desktop
replace Desktop/star.desktop? [y]es, [n]o, [A]ll, [N]one, [r]ename: y
  inflating: Desktop/star.desktop
```

-l 옵션(list)을 .zip 아카이브 파일의 목록을 볼 수 있습니다.

```
$ unzip -l cherry.zip
Archive:  cherry.zip
```

```
 Length    Date       Time    Name
--------   ----       ----    ----
  37643    07-13-10   11:42   mango
  37643    07-13-10   15:28   melon
    525    07-13-10   11:40   orange
--------                      -------
  75811                       3 files
```

bzip2, bunzip2 명령

bzip2 명령은 오픈 소스의 압축 프로그램으로 압축률이 좋고 안정성이 있어 널리 사용되고 있습니다. gzip이나 ZIP에 비해 압축률은 좋으나 압축 시간이 조금 더 걸립니다. ZIP 포맷과는 달리 압축 기능만 있고 아카이브 기능은 없습니다. gzip과 비슷하다고 볼 수 있습니다. 주로 tar와 함께 사용합니다.

압축된 파일의 확장자는 .bz2입니다.

bzip2 관련 명령의 형식은 다음과 같습니다.

형식

```
bzip2 [-cdkv] filenames
bzcat [-z] filenames
bunzip2 [-ckvz] filenames
```

bzip2 명령

bzip2 명령은 파일을 압축하여 .bz2 압축 파일을 만듭니다.

```
$ bzip2 melon
$ ls -l melon.bz2
-rw-r--r--  1 itpark  staff    8182  7월 13일  15:28 melon.bz2
```

bzcat 명령

압축된 .bz2 파일의 내용을 볼 수 있습니다.

```
$ bzcat melon.bz2
(...)
```

bunzip2 명령

bunzip2 명령을 이용하여 .bz2 압축 파일을 풀 수 있습니다.

```
$ bunzip2 melon.bz2
```

.tar.bz2 파일

일반적으로 bzip2로 압축한 파일은 tar 파일과 함께 사용합니다.

bzip2로 압축한 tar 파일을 만드는 일반적인 예입니다.

```
$ tar -cvf - 파일목록 | bzip2 > 압축파일명.tar.bz2
```

bzip2로 압축한 tar 파일을 푸는 일반적인 예입니다.

```
$ bzcat 압축파일명.tar.bz2 | tar -xvf -
```

참고로 GUN tar인 경우에는 -j 옵션을 지원하기 때문에 파이프를 사용하지 않고 다음과 같이 간단히 압축 파일을 만들거나 풀 수 있습니다.

```
$ tar -cvjf 압축파일명.tar.bz2 파일목록
```

```
$ tar -xvjf 압축파일명.tar.bz2
```

3. 파일 아카이브와 압축

jar(**J**ava **Ar**chive Tool)는 원래 자바로 만든 애플릿이나 애플리케이션 파일들을 하나의 아카이브 파일로 묶는데 사용되었는데 지금은 아카이브 파일로 묶어 압축하는 일반적인 도구로 사용하고 있습니다.

tar 명령은 단순한 아카이브 파일을 만들지만 jar 명령은 압축된 아카이브 파일을 만듭니다.

솔라리스의 경우 Solaris 10부터 지원합니다. jar 명령은 자바 가상머신(Java virtual machine : JVM) 소프트웨어를 사용하는 어떠한 시스템에서도 사용가능합니다.

jar 명령

jar 명령의 형식은 다음과 같습니다. tar 명령의 형식과 비슷합니다.

형식

```
jar c[v] [f jar_file] filenames
jar t[v] [f jar_file] filenames
jar x[v] [f jar_file] filenames
```

기 능	설 명
c	새로운 jar 파일을 만듭니다(create).
t	jar 파일의 테이블 목록을 보여줍니다(table of contents).
x	jar 파일에서 파일들을 추출합니다(extract).
f	jar 파일을 지정합니다(file). f 옵션이 없으면 표준출력(화면)으로 출력합니다.
v	자세한 정보표시(verbose) 모드로 실행됩니다.

jar 파일 만들기 : cvf

아카이브되는 파일들은 동일한 디렉토리에 있을 필요는 없습니다. 디렉토리가 주어지면 순환적으로 아카이브됩니다. 즉 서브디렉토리를 포함한 디렉토리의 모든 내용들도 아카이브됩니다.

다음은 홈 디렉토리 내에 있는 모든 디렉토리와 파일들을 /tmp 디렉토리에 아카이브 파일을 생성하는 예입니다.

```
$ cd
$ ls
Desktop   Documents  love     mango   orange   rose     tomato
$ tar cf /tmp/backup.tar *
$ ls -l /tmp/backup.tar
-rw-r--r--   1 itpark   staff    48640  7월 13일  16:53 /tmp/backup.tar
$ jar cf /tmp/backup.jar *
$ ls -l /tmp/backup.jar
-rw-r--r--   1 itpark   staff    11463  7월 13일  16:55 /tmp/backup.jar
```

만들어진 backup.tar 파일과 backup.jar 파일의 크기를 비교해 보면 jar 파일의 크기가 훨씬 작음을 알 수 있습니다.

v 기능은 어느 파일이 현재 jar 파일에 추가되고 있고 각 파일의 압축률 등 자세한 정보를 보여줍니다.

```
$ jar cvf /tmp/backup.jar *
추가된 manifest
추가 중: Desktop/(내부 = 0) (외부 = 0)(0%가 저장되었습니다.)
추가 중: Desktop/starthere.desktop(내부 = 1241) (외부 = 588)(52%가 감소되었습니다.)
추가 중: Desktop/star.desktop(내부 = 1431)(외부 = 722)(49%가 감소되었습니다.)
추가 중: Documents/(내부 = 0) (외부 = 0)(0%가 저장되었습니다.)
추가 중: love(내부 = 27) (외부= 29)(-7%가 감소되었습니다.)
추가 중: mango(내부 = 37643) (외부 = 8634)(77%가 감소되었습니다.)
추가 중: orange(내부 = 525) (외부 = 171)(67%가 감소되었습니다.)
추가 중: rose/(내부 = 0) (외부 = 0)(0%가 저장되었습니다.)
추가 중: tomato(내부 = 14) (외부 = 16)(-14%가 감소되었습니다.)
```

f 기능 뒤에는 반드시 jar 파일명을 주어야 합니다. 만약에 jar 파일명을 주지 않으면 다음과 같은 에러 메시지를 보여줍니다.

```
$ jar cvf Desktop
'c' 플래그에는 입력 파일이 지정되어야 합니다!
사용법: jar {ctxu}[vfm0Mi] [jar-file] [manifest-file] [-C dir] files ...
옵션:
    -c  새 아카이브를 만듭니다.
(...)
```

참고

☞ 심볼릭 링크 파일의 경우 원본 파일을 아카이브 하려면 tar 명령은 h 기능을 사용해야 하지만 jar 명령은 옵션을 주지 않아도 원본 파일을 아카이브합니다.

아카이브 파일만 만들기 : tv0f

jar 명령에서 압축은 하지 않고 tar 명령과 같이 아카이브 파일만 생성하려면 다음과 같이 0 옵션을 추가하면 됩니다.

```
$ jar cv0f /tmp/backup3.jar *
추가된 manifest
추가 중: Desktop/(내부 = 0) (외부 = 0)(0%가 저장되었습니다.)
```

```
(...)
추가 중: Documents/(내부 = 0) (외부 = 0)(0%가 저장되었습니다.)
추가 중: love(내부 = 27) (외부 = 27)(0%가 저장되었습니다.)
추가 중: mango(내부 = 37643) (외부 = 37643)(0%가 저장되었습니다.)
추가 중: orange(내부 = 525) (외부 = 525)(0%가 저장되었습니다.)
추가 중: rose/(내부 = 0) (외부 = 0)(0%가 저장되었습니다.)
추가 중: tomato(내부 = 14) (외부 = 14)(0%가 저장되었습니다.)
$ ls -l /tmp/backup*
-rw-r--r--   1 itpark   staff     11463  7월 13일  16:59 /tmp/backup.jar
-rw-r--r--   1 itpark   staff     48640  7월 13일  10:57 /tmp/backup.tar
-rw-r--r--   1 itpark   staff     42054  7월 13일  17:06 /tmp/backup3.jar
```

위 예의 ls -l 결과에서 압축되지 않은 jar 파일(backup3.jar)과 tar 파일(backup.tar)의 크기를 비교해 보면 같은 아카이브 파일이지만 tar 파일이 더 큰 것을 알 수 있습니다. 이것은 tar 파일의 경우 테이프 백업과 관련된 정보가 추가로 더 들어 있기 때문입니다. 따라서 아카이브 파일만을 만들 경우에는 tar 명령보다는 jar 명령을 사용하는 것이 디스크 용량을 줄일 수 있습니다.

jar **파일 내용 보기** : tvf

t 기능은 f 다음에 명시한 jar 파일에 들어 있는 파일들의 목록(**t**able of contents)을 보여줍니다.

```
$ jar tvf /tmp/backup.jar
     0 Tue Jul 13 16:59:10 KST 2010 META-INF/
    71 Tue Jul 13 16:59:10 KST 2010 META-INF/MANIFEST.MF
     0 Tue Jul 13 15:34:42 KST 2010 Desktop/
  1241 Mon Jul 12 17:22:02 KST 2010 Desktop/starthere.desktop
  1431 Mon Jul 12 17:22:02 KST 2010 Desktop/star.desktop
     0 Mon Jul 12 17:22:02 KST 2010 Documents/
    27 Mon Jul 12 21:42:38 KST 2010 love
 37643 Tue Jul 13 11:42:18 KST 2010 mango
   525 Tue Jul 13 11:40:04 KST 2010 orange
     0 Tue Jul 13 12:08:00 KST 2010 rose/
    14 Tue Jul 13 12:09:50 KST 2010 tomato
```

위의 예에서 앞에 있는 META-INF/ 디렉토리와 META-INF/MANIFEST.MF 파일은 항상 jar 파일의 맨 앞에 추가됩니다. 이 파일은 jar 파일 생성 시에 필요한 정보를 저장하는 파일입니다.

아카이브 파일 풀기 : xvf

x 기능은 jar 파일을 현재의 디렉토리에 풀어(extract)줍니다.

```
$ jar xvf /tmp/backup.jar
  META-INF/이(가) 작성되었습니다.
 META-INF/MANIFEST.MF이(가) 증가되었습니다.
  Desktop/이(가) 작성되었습니다.
 Desktop/starthere.desktop이(가) 증가되었습니다.
 (...)
```

압축이 풀리면 각 파일의 마지막 수정시간이 압축을 푼 시간으로 변경됩니다. 또한 META-INF 디렉토리가 생기고 그 밑에 MANIFEST.MF 파일이 생성됩니다. 자바 패키지 배포가 아닌 단순히 압축 아카이브 파일인 경우에는 파일의 내용에 아무 것도 없습니다.

```
$ cd META-INF/
$ cat MANIFEST.MF
Manifest-Version: 1.0
Created-By: 1.5.0_20 (Sun Microsystems Inc.)

$
```

Chapter 11

셸 스크립트

1. 프로그래밍 언어로서의 셸
2. 셸 스크립트 변수
3. 인용
4. 조건식 표현
5. 반복문
6. 셸 함수

1. 프로그래밍 언어로서의 셸

셸은 기본적으로 명령어를 해석하는 기능을 합니다. 명령어를 프롬프트 상에서 셸로 직접 입력하거나 실행시키거나 또는 명령어를 가지고 있는 파일을 셸이 읽어서 실행시킬 수 있습니다.

셸 명령어를 가지고 있는 파일을 셸 프로그램(shell program) 또는 셸 스크립트(shell script)라고 합니다.

여기서는 본 셸을 기본으로 설명합니다.

셸 스크립트란

유닉스 명령은 기본적으로 한 번에 하나 씩 실행됩니다. 그러나 하나의 작업이 여러 개의 명령을 이용할 경우 일일이 명령을 실행하는 것보다 한 번에 처리하는 경우가 효율적일 수 있습니다. 특히 반복적으로 수행하는 작업의 경우, 예를 들면, 시스템 시작이나 종료 시 필요한 서비스 작업을 하는 경우에 더욱 효율적입니다. 이를 위해 작성하는 텍스트 파일이 셸 스크립트입니다.

명령어 라인에서 입력하는 어떤 명령이라도 셸 스크립트에 포함될 수 있고 마찬가지로 셸 스크립트에 포함된 어떤 명령이라도 유닉스 명령어 라인에서 실행할 수 있습니다.

프로그래밍 경험이 없더라도 셸 스크립트를 작성하고 실행할 수 있습니다. 단지 명령어 라이에서 셸 스크립트 이름만 입력하면 셸 스크립트 안의 명령어 순서대로 실행됩니다.

셸 스크립트 종류

전통적으로 유닉스 운영체제를 관리하는 표준 시스템 관리 스크립트(Standard administrative scripts)는 본 셸 스크립트입니다. 따라서 유닉스 시스템 관리자는 본 셸 스크립트를 잘 알아야 합니다. C 셸이나 콘 셸이 본 셸 보다 편리하고 실행속도가 빠르고 개선된 기능이 더 많지만 유닉스 시스템을 관리하는데 사용되는 셸 스크립트는 여전히 본 셸 스크립트를 사용하고 있습니다.

어떤 셸 스크립트인지를 구분하려면 다양한 셸 나름대로의 명령어 문법을 잘 알고 있어야 합니다. 쉽게 구분할 수 있는 방법은 셸 스크립트의 첫 번째 라인을 보면 알 수 있습니다.

셸 스크립트의 첫 번째 라인은 아래 4가지 중 하나인데 각각 본 셸, 콘 셸, C 셸, 배시 셸 스크립트임을 나타냅니다.

```
#!/bin/sh
```

```
#!/bin/ksh
```

```
#!/bin/csh
```

```
#!/bin/bash
```

따라서 C 셸을 사용하고 있더라도 스크립트 첫 라인에 #!/bin/sh을 입력하고 스크립트를 작성하면 본 셸 스크립트를 실행할 수 있습니다.

참고

☞ 해시(hash) 문자(#) 는 기본적으로 셸 스크립트에서 주석(comment)을 달 때 주석 라인의 첫 글자로 사용됩니다. 그러나 위의 경우에는 해시 문자가 주석이 아닙니다. 첫 번째 라인에서 # 다음에 느낌표(!)가 나오면 이 스크립트를 해석하는데 사용하는 셸의 종류를 나타냅니다.

주석

주석(comments)은 셸 스크립트에 대한 기본적인 정보를 입력하거나 설명이 필요할 때 입력하는 텍스트입니다. 셸 스크립트 실행에는 아무 영향을 주지 않습니다.

주석은 해시 (#) 문자로 시작합니다. # 문자 이후의 그 라인의 모든 텍스트는 주석으로 인식하여 셸은 무시하게 됩니다.

```
$ #I love Unix
$ ls -l #long
```

스크립트 이름주기

스크립트에 이름을 줄 때는 조심해야 합니다. 예를 들면 script는 기존의 유닉스 명령어이기 때문에 단독으로 사용해서는 안 됩니다. 또한 test의 경우도 셸의 내부 명령어이기 때문에 단독으로 사용해서는 안 됩니다.

셸 스크립트 실행

셸 스크립트를 작성하면 기본적으로 파일에 실행 권한(x 퍼미션)이 없기 때문에 이를 실행하려면 다음 두 가지 방법이 있습니다.

- sh 명령을 이용합니다.
- 셸 스크립트 파일에 실행 권한을 부여한 후 실행합니다.

예를 들어, 파일명이 my.sh인 스크립트를 실행시키려면

```
$ sh my.sh
```

또는

```
$ ls -l my.sh
-rw-r--r--  1 ckuser  staff  45  5월 25일 18:20 my.sh
$ chmod u+x my.sh
-rwxr--r--  1 ckuser  staff  45  5월 25일 18:20 my.sh
$ ./my.sh
```

참고

☞ ./my.sh의 의미는 현재 디렉토리에 있는 my.sh 파일을 실행하라는 의미입니다. 유닉스에서는 현재의 디렉토리가 PATH 변수에 정의되어 있지 않으면 현재 디렉토리의 파일을 실행시킬 수 없습니다. PATH에 정의되어 있는 디렉토리를 보려면 다음 명령을 입력합니다.

```
$ echo $PATH
/usr/bin:/usr/ucb:/etc:.
```

맨 마지막에 .이 있기 때문에 위의 경우 my.sh 만 입력해도 됩니다.

참고

☞ 셸 스크립트 파일의 경우 확장자를 .sh와 같이 주어 셸 스크립트임을 쉽게 알 수 있도록 하는 것이 바람직합니다.

echo 명령

echo 명령은 화면에 원하는 문자열을 출력합니다.

문자열에 공백이 있으면 문자열 전체를 " "로 묶어주면 됩니다.

```
$ vi echo1.sh
#!/bin/sh
echo "I love Unix"

$ sh echo1.sh
I love Unix
```

다음은 여러 줄을 출력합니다.

```
$ vi echo2.sh
#!/bin/sh
echo "Solaris"
echo "Unix"
echo "HP-UX"

$ sh echo2.sh
Solaris
Unix
HP-UX
```

다음은 위 스크립트와 동일한 결과를 출력합니다. 출력할 내용이 많을 경우 echo 문을 문장의 맨 마지막에서 닫아주면 됩니다.

```
$ vi echo3.sh
#!/bin/sh
echo "Linux
Unix
Windows"

$ sh echo3.sh
Linux
Unix
Windows
```

역따옴표(` `)를 사용하여 명령어의 실행결과를 출력할 수도 있습니다.

```
$ vi echo4.sh
#!/bin/sh
echo `date`

$ sh echo4.sh
2010년 5월 25일 화요일 오후 06시 21분 35초
```

expr 명령

expr 명령(**expr**ession)을 사용하여 셸에서 연산작업을 수행할 수 있습니다.

```
$ expr 1 + 3
4
$ expr 4 - 1
3
$ expr 10 / 2
5
$ expr 20 % 3
2
$ expr 10 \* 2
20
$ echo `expr 6 + 3`
9
```

2. 셸 스크립트 변수

변수는 어떤 프로그래밍 언어에서도 중요한 특징이며 이를 잘 이용하면 강력한 처리를 할 수 있습니다.

변수의 설정 및 확장

다음 스크립트는 변수를 설정하고 확장하는 전형적인 방법입니다.

변수에 값을 설정할 때 주의할 점은 "=" 앞뒤에는 공백을 주면 안 됩니다.

```
$ vi var.sh
#!/bin/sh
myname=Park
mypc=Pentium
myno=201077888
echo "My name is $myname"
echo "My os is $myos"
echo "My number is $myno"
$ sh var.sh
My name is Park
My pc is Pentium
My number is 201077888
```

변수값 입력

read 명령어를 이용하여 표준입력(자판)으로부터 변수값을 읽어서 변수에 값을 줄 수 있습니다.

다음은 사용자의 로그인명을 입력받아 이를 화면에 표준 출력하는 스크립트 예입니다.

```
$ vi read.sh
#!/bin/sh
echo "Enter your login name : "
read name
echo "Your login name is $name"

$ sh read.sh
Enter your login name :
Park
Your login name is Park
```

명령어 치환을 사용한 변수 설정

명령어 치환(command substitution)은 명령어를 역 단일인용부호(backward single quotation mark : ` `)로 둘러싸면 됩니다. 이는 명령어의 출력 결과를 변수의 값으로 설정하는데 유용하게 사용할 수 있습니다.

```
$ pwd
/home/ckuser
$ vi substitute.sh
#!/bin/sh
directory=`pwd`
echo The current directory is: $directory

$ sh substitute.sh
The current directory is: /home/ckuser
```

위치 매개변수와 set 명령

위치 매개변수(Positional parameters or positional variables)는 내장된 특별한 셸 변수입니다. 이름에서 알 수 있듯이 위치 매개변수는 이름이 순차적(sequential order)으로 숫자로 되어 있습니다.

```
$ vi set.sh
#!/bin/sh
set `date`
echo Here are the positional variables that have been set:
echo The first is: $1
```

```
echo The second is: $2
echo The third is: $3
echo The fourth is: $4
echo The fifth is: $5
echo The sixth is: $6

$ sh set.sh
Here are the positional variables that have been set:
The first is: 2010년
The second is: 5월
The third is: 25일
The fourth is: 화요일
The fifth is: 오후
The sixth is: 08시
```

참고

☞ **인수, 옵션, 매개변수의 구분**

다음과 같은 명령어가 있다고 합시다.

$ ls -l -F file1 file2

위의 ls 명령은 4개의 인수(argument)를 갖습니다. 인수는 옵션(option)과 매개변수(parameter)로 구분되는데 - 다음에 나오는 문자인 -l, -F를 옵션이라고 하고 옵션 다음에 나오는 file1, file2를 매개변수라고 합니다.

다시 말해 위의 명령은 4개의 인수, 즉 2개의 옵션과 2개의 매개변수로 이루어져 있습니다.

스크립트 인수(script arguments)

위치 매개변수는 전형적으로 실행 시에 스크립트에게 인수나 매개변수를 넘겨주는데 사용합니다. 다음 예와 같이 $0는 스크립트 이름이 부여됩니다.

```
$ vi arg.sh
#!/bin/sh

echo The script name is : $0
echo The first argument passed is: $1
echo The second argument passed is: $2
echo
echo The highest numbered parameter is: $#
echo The parameters passed to the script together are: $@
```

```
$ chmod u+x arg.sh
$ ./arg.sh start stop
The script name is : ./script_arg
The first argument passed is: start
The second argument passed is: stop

The highest numbered parameter is: 2
The parameters passed to the script together are: start stop
```

다음의 매개변수는 셸에 의해 자동적으로 설정됩니다.

변수명	설 정 값
$@	모든 위치 매개변수를 치환($1부터)
$#	위치 매개변수의 갯수
$?	마지막 실행 명령어의 반환값
$$	이 셸의 프로세스 번호
$!	마지막 백그라운드 작업의 프로세스 번호

3. 인용(Quoting)

인용부호(quotation mark)는 셸이 명령어를 어떻게 해석하는가를 조정합니다.

백슬래시 문자(＼)

백슬래시 문자(backslash character: 한글의 경우₩로 표시)는 바로 다음에 나오는 문자를 셸이 해석하지 못하도록 합니다(newline까지도).

```
$ vi backslash.sh
#!/bin/sh

name=Park
echo "Hello \$name. Where are you going?"

$ sh backslash.sh
Hello $name. Where are you going?
```

단일 인용부호(' ')

단일 인용부호(single forward quotes)는 그 안에 들어 있는 모든 메타 문자를 셸이 해석하지 못하도록 합니다. 즉 문자 그대로 해석합니다.

```
$ vi quote1.sh
#!/bin/sh

echo  a              b
echo 'a              b'

num=25
echo 'The value of num is $num'

$ sh quote1.sh
a b
a              b
The value of num is $num
```

이중 인용부호(" ")

이중 인용부호(double quotes)는 그 안에 들어 있는 텍스트를 문자 그대로 셸이 해석하도록 합니다. 그러나 변수확장($)과 명령어 치환(` `)은 실행됩니다.

```
$ vi quote2.sh
#!/bin/sh

num=25
echo "The value of num is $num"
name=Park
echo "Hi $name, I'm glad to meet you!"
echo "Hey $name, the time is `date`"

$ sh quote2.sh
The value of num is 25
Hi Park, I'm glad to meet you!
Hey Park, the time is 2010년 5월 25일 화요일 오후 08시 10분 20초
```

4. 조건식 표현

exit 상태

실행되는 모든 명령어, 프로그램, 그리고 셸 문장은 그와 관련된 exit 상태를 가지고 있습니다. 이러한 상태는 실행이 끝날 때 부여됩니다.

exit 상태의 몇 가지 특징을 알아보면 다음과 같습니다.

- exit 상태는 정수 변수이고 $? 라는 셸의 예약(reserve)된 변수 안에 저장됩니다.
- exit 상태가 0이라는 것은 명령어가 성공적으로 수행되었다는 것을 나타냅니다(에러가 0개 발생함).
- exit 상태가 0이 아니면 실패했다는 것을 나타냅니다(하나 또는 그 이상의 에러가 발생했거나 명령어가 요청한 것을 완수할 수 없었음).

다음 예는 성공적인 명령실행과 실패한 명령실행이 exit 상태를 적절히 설정했는지를 보여줍니다.

```
$ pwd
/home/ckuser
$ echo $?
0
$ pwwd
 pwwd: 없음
$ echo $?
1
```

test 연산자

test 연산자는 exit 상태를 조사하며 if 문과 같은 다른 조건문의 내부에서 가장 많이 사용됩니다. 이 연산자는 셸에 내장된 구문으로 다음과 같은 형식을 가지고 있습니다.

형식

```
test expression
```

다음 예는 변수 name의 값이 Park이라는 값으로 설정되었는지를 조사합니다. 만약 제대로 설정되었다면 그 문의 exit 상태는 0 (TRUE)로 설정될 것이며 그렇지 않다면 0 이 아닐 것입니다(FALSE).

```
test "$name" = Park
```

test의 약식 표기

test 연산자는 셸 스크립트에서 광범위하게 사용되기 때문에 약식으로 표기할 수 있는 다른 형태가 있습니다. 위의 문을 약식으로 표기하면 다음과 같습니다.

```
[ "$name" = Park ]
```

다음 예는 test 연산자와 exit 상태를 보여줍니다.

```
$ vi test1.sh
#!/bin/sh

name=Park
[ "$name" = "Park" ]
echo $?

name=susan
[ "$name" = "Park" ]
echo $?

$ sh test1.sh
0
1
```

test 스트링 연산자

- *string1*이 *string2*와 동일하면 TRUE를 반환

```
[ string1 = string2 ]
```

- *string1*이 *string2*와 동일하지 않으면 TRUE를 반환

```
[ string1 != string2 ]
```

- *string*이 null string이 아니면 TRUE를 반환

```
[ string ]
```

- *string*의 길이가 0이 아니면 TRUE를 반환

```
[ -n string ]
```

- *string*의 길이가 0이면 TRUE를 반환

```
[ -z string ]
```

test 정수 연산자

- *int1*이 *int2*와 같으면 TRUE를 반환

```
[ int1 -eq int2 ]
```

- *int1*이 *int2*와 같거나 크면 TRUE를 반환

```
[ int1 -ge int2 ]
```

- *int1*이 *int2*보다 크면 TRUE를 반환

```
[ int1 -gt int2 ]
```

- *int1*이 *int2*와 같거나 작으면 TRUE를 반환

```
[ int1 -le int2 ]
```

- *int1*이 *int2*보다 작으면 TRUE를 반환

```
[ int1 -lt int2 ]
```

- *int1*이 *int2*와 같지 않으면 TRUE를 반환

```
[ int1 -ne int2 ]
```

test 파일 연산자

- *file*이 디렉토리이면 TRUE를 반환

```
[ -d file ]
```

- *file*이 일반 파일(ordinary file)이면 TRUE를 반환

```
[ -f file ]
```

- *file*을 프로세스가 읽을 수 있으면 TRUE를 반환

```
[ -r file ]
```

- *file*을 프로세스가 쓸 수 있으면 TRUE를 반환

```
[ -w file ]
```

- *file*을 실행할 수 있으면 TRUE를 반환

```
[ -x file ]
```

test 단항 연산자

- *expression*이 FALSE이면 TRUE를 반환

```
[ ! expression ]
```

- 두 *expression*이 모두 TRUE이면 TRUE를 반환

```
[ expression1 -a expression2 ]
```

• 두 *expression* 중 하나 또는 모두 FALSE이면 TRUE를 반환

```
[ expression1 -o expression2 ]
```

if 문

```
$ vi if1.sh
#!/bin/sh

if [ 10 -gt 3 ]
then
  echo "It is right"
fi

$ sh if1.sh
It is right
```

```
$ vi if2.sh
#!/bin/sh

if [ -d /home/ckuser ]
then
  echo Yes, ckuser has a home directory
else
  echo Who removed ckuser\'s directory?
  echo He will be upset.
fi

$ sh if2.sh
Yes, ckuser has a home directory
```

흐름 제어(Flow Control)

case문(case/in/esac)

case문은 조사해야 할 조건문이 많을 때 주로 사용됩니다. 긴 if/then/elif/fi 문을 사용하는 것보다 더 쉽습니다.

```
$ date
2010년 5월 25일 화요일 오후 09시 31분 40초
$ LANG=C
$ export LANG
$ date
Tue May 25 21:27:01 KST 2010
$ vi case1.sh
#!/bin/sh

hour=`date | cut -c12-13`
echo $hour

case "$hour" in
        0? | 1[01])
                echo "Good Morning." ;;
        1[2-7])
                echo "Good Afternoon." ;;
        *)
                echo "Good Evening." ;;
esac

$ sh case1.sh
21
Good Evening.
$ LANG=C
$ export LANG
```

5. 반복문

셸 스크립트에서는 어떤 특정 조건이 만족할 때까지 또는 어떤 목록의 각 요소에 대하여 일련의 명령문(a group of statements)을 실행하고자 할 때 반복적으로 하나의 문이나 일련의 문을 실행시킬 때가 많이 있습니다.

셸에서는 이러한 경우를 위하여 세 종류의 루핑 구조를 제공합니다.

while 루프(while/do/done)

```
$ vi while.sh
#!/bin/sh

x=1
while [ $x -le $1 ]
do
   y=1
   while [ $y -le $1 ]
   do
      echo `expr $x \* $y` "     \c"
      y=`expr $y + 1`
   done
   echo
   x=`expr $x + 1`
done

$ sh while.sh 5
1      2      3      4      5
2      4      6      8      10
3      6      9      12     15
4      8      12     16     20
5      10     15     20     25
```

until 루프(until/do/done)

```
$ vi until.sh
#!/bin/sh

x=1
until [ $x -gt 3 ]
do
   echo x = $x
   x=`expr $x + 1`
done

% sh until.sh
x = 1
x = 2
x = 3
```

for 루프(for/do/done)

for 루프는 어떤 값들을 갖는 목록을 지정할 수 있습니다. 일련의 문은 목록에 있는 각 값에 대해 실행됩니다. 시스템 관리에 필요한 대부분의 스크립트에서는 for 루프를 사용하고 있습니다.

```
$ vi for.sh
#!/bin/sh

echo "Subdirectoris in `pwd`:"
for file in `ls`
do
      if [ -f $file ]
      then
        echo $file
      fi
done

$ sh for.sh
Subdirectoris in /home/ckuser/shprog:
script_arg
script_read
script_var1
script_var2
.....
```

trap 명령

trap 명령은 셸이 특정한 값의 시그널을 받았을 때 어떤 명령을 실행할 수 있도록 지정할 수 있습니다. 다음 예는 시그널 번호 2인 <ctrl-c> 키를 입력하면 echo 명령과 exit 명령이 실행되는 스크립트입니다.

6. 셸 함수

셸 함수는 일반적으로 다음과 같은 특징을 가지고 있습니다.

함수는 에러 체킹 등과 같이 스크립트를 다른 여러 부문이나 모듈로 조직화하여 각각이 별도의 작업을 수행할 수 있도록 해줍니다.

각 함수는 함수명(function name)이라는 이름을 붙여 줍니다. 그 함수의 코드를 실행시키려면 함수명을 호출해야 합니다.

스크립트에서 함수의 정의는 그 함수가 호출되기 전에 나와야 합니다. 따라서 대부분의 스크립트 작성자는 스크립트의 전반부에 함수를 정의합니다.

함수는 매개변수를 전달할 수 있고 값(정수 또는 문자열)을 반환할 수 있습니다. 함수 내부에 변수를 설정하고 함수 외부에서 그것을 호출함으로써 값을 반환할 수 있습니다.

```
$ vi function.sh
#!/bin/sh

printplease ()
{
      echo $1$2$3$4
      message="What is it"
}

printplease in for ma tion
echo $message
printplease won d er ful

$ sh function.sh
information
How are you?
wonderful
```

Chapter 12

프로세스 및 작업관리

1. 프로세스란
2. 프로세스 보기
3. 특정 프로세스 찾기
4. 프로세스에 시그널 보내기
5. 콘 셸의 작업관리

1. 프로세스란

프로세스란 실행중인 프로그램(executing program)입니다. 즉 프로그램이 메모리에 적재되어 실제로 실행되고 있는 상태를 말합니다.

실제로 유닉스에서는 동시에 많은 프로세스들이 실행되고 있습니다. 이를 멀티태스킹(multitasking)이라 하는데, 이는 한 번에 하나 이상의 툴이나 응용 프로그램을 사용할 수 있다는 것입니다.

예를 들어, 여러 사용자가 동시에 vi 편집기를 이용하여 서로 다른 파일들을 편집한다고 할 때, vi라는 프로그램은 하나이지만 여러 사용자마다 파일을 편집하고 있 기 때문에 여러 개의 프로세스가 한 번에 실행되고 있는 것입니다.

프로세스를 구성하는 중요한 구성요소로는 프로세스를 구별하는 유일한 데이터인 PID, 현재 프로세스를 만든 부모 프로세스를 나타내는 PPID, 프로그램을 실행한 사용 EUID와 GUID, 프로그램을 실행한 터미널을 나타내는 제어 터미널, 셸 프롬프트에서 입력한 명령어, 옵션, 인수와 입력 시간, 프로세스가 동작한 시간 등 여러 가지가 있습니다.

PID

모든 프로세스는 유일한 프로세스 식별 번호(**p**rocess **id**entification number)를 가지고 있습니다. 이를 PID라고 합니다. 사용자는 사용자 이름과 UID를 사용하고 파일의 경우 파일명과 inode를 사용하지만 프로세스의 경우 프로세스에 이름이 없기 때문에 PID로 프로세스를 식별합니다. 커널은 이 PID를 이용하여 프로세스를 추적, 제어, 관리합니다.

프로세스 UID와 GID

각 프로세스는 그 프로세스와 관련된 사용자 식별 번호인 UID와 그룹 식별 번호인 GID를 가지고 있습니다. 이 번호들은 누가 프로세스를 소유하고 있는가를 가리키며 프로세스의 기능을 결정합니다. 일반적으로 프로세스와 관련된 UID와 GID는 그 프로세스를 실행한 사용자의 UID, GID와 동일합니다.

부모 프로세스(PPID)

하나의 프로세스가 다른 프로세스를 생성할 때 처음의 프로세스는 새로 생성된 프로세스의 부모가 됩니다. 처음의 프로세스를 부모 프로세스(parent process)라 하고 새로 생성된 프로세스를 자식 프로세스(child process)라 하는데 부모 프로세스의 PID를 PPID(**P**arent **PID**)라 합니다.

자식 프로세스가 실행되는 동안 부모 프로세스는 대기 상태가 됩니다. 자식 프로세스는 작업이 종료되면 이를 부모 프로세스에 통보합니다. 그러면 기다리고 있던 부모 프로세스는 자식 프로세스를 종료시킵니다. 만일 부모 프로세스가 대화형 셸인 경우, 즉 셸 프롬프트에서 명령어를 입력하여 프로그램을 실행하였다면 셸이 부모 프로세스가 되어 셸의 PID가 실행되는 프로세스의 PPID가 됩니다.

2. 프로세스 보기

ps 명령

시스템 상에서 현재 실행되고 있는 프로세스를 보려면 ps 명령(**p**rocess **s**tatus)을 사용합니다. 이 명령은 특히 문제가 생긴 프로세스를 죽이고자 할 때 사용하는 kill 명령이 PID(Process ID)를 필요로 하기 때문에 해당 프로세스의 PID를 알고자 할 때 많이 사용합니다.

형식

```
ps options
```

옵션 없이 ps 명령을 입력하면 사용자 자신의 프로세스 상태만 보여줍니다. 출력결과는 아래와 같이 4개의 필드로 구성되어 있는데 PID는 프로세스 식별 번호, TTY는 연결된 터미널, TIME은 프로세스가 소비한 총시간, COMMAND는 명령어를 표시합니다.

```
$ ps
  PID TTY        TIME CMD
11443 pts/6      0:00 ps
11398 pts/6      0:00 ksh
```

-e 옵션(every)은 현재 시스템에서 실행 중인 모든 프로세스의 상태를 한 줄에 하나씩 출력합니다.

```
$ ps -e
  PID TTY             TIME CMD
    0 ?           0:29 sched
    1 ?           0:01 init
    2 ?           0:00 pageout
    3 ?          41:24 fsflush
  294 ?           0:00 cron
    7 ?           0:07 svc.star
    9 ?           0:15 svc.conf
  908 pts/2       0:00 gnome-ke
  335 ?           0:00 rpcbind
  424 ?           0:00 smcboot
  344 ?           0:00 statd
  808 ?           0:00 iiimx
  340 ?           0:00 nfs4cbd
(...)
 3402 ?           5:56 vold
 3415 ?           0:00 CDDBSlav
11391 ?           0:00 sshd
11398 pts/6       0:00 ksh
11480 pts/6       0:00 ps
```

위의 명령 실행 결과 중 TTY 필드에 ?은 데몬(daemon) 프로세스를 의미합니다. 데몬 프로세스란 사용자가 터미널에서 실행시킨 프로세스가 아니라 시스템이 실행시킨 프로세스입니다.

-f 옵션(full)은 현재 터미널에서 실행중인 프로세스의 정보를 자세하게 출력합니다.

```
$ ps -f
     UID   PID  PPID  C    STIME TTY       TIME CMD
  ckuser 11451 11398  0 19:59:05 pts/6     0:00 ps -f
  ckuser 11398 11392  0 18:23:54 pts/6     0:00 -ksh
```

-l 옵션(long listing)은 현재 터미널에서 실행중인 프로세스의 정보를 -f 옵션보다 더 자세하게 출력합니다.

```
$ ps -l
 F S   UID   PID  PPID  C PRI NI     ADDR     SZ    WCHAN TTY        TIME CMD
 0 O   105 11452 11398  0  40 20        ?    453          pts/6      0:00 ps
 0 S   105 11398 11392  0  50 20        ?    404        ? pts/6      0:00 ksh
```

-a 옵션(all)을 사용하면 모든 사용자의 프로세스가 포함되지만 터미널에서 실행시키지 않은 프로세스들은 제외합니다. 즉 제어 터미널을 가지고 있으면서 최근 가장 많이 실행된 프로세스의 목록이 출력됩니다.

```
$ ps -a
   PID TTY         TIME CMD
   908 pts/2       0:00 gnome-ke
   879 pts/2       0:01 gnome-se
   872 pts/2       0:00 Xsession
   856 pts/2       0:00 ksh
 11445 pts/6       0:00 ps
```

일반적으로 표준 형식으로 시스템 상의 모든 프로세스를 보려면 다음 명령을 실행합니다.

```
$ ps -ef | more
     UID   PID  PPID   C    STIME TTY         TIME CMD
    root     0     0   0   10월 08 ?           0:29 sched
    root     1     0   0   10월 08 ?           0:01 /sbin/init -r
    root     2     0   0   10월 08 ?           0:00 pageout
    root     3     0   0   10월 08 ?          41:26 fsflush
    root   294     1   0   10월 08 ?           0:00 /usr/sbin/cron
    root     7     1   0   10월 08 ?           0:07 /lib/svc/bin/svc.startd -r
    root     9     1   0   10월 08 ?           0:15 /lib/svc/bin/svc.configd
    root   908     1   0   10월 08 pts/2       0:00 /usr/bin/gnome-keyring-daemon
  daemon   335     1   0   10월 08 ?           0:00 /usr/sbin/rpcbind
    root   424   422   0   10월 08 ?           0:00 /usr/sadm/lib/smc/bin/smcboot
  daemon   344     1   0   10월 08 ?           0:00 /usr/lib/nfs/statd
    root   808     1   0   10월 08 ?           0:00 /usr/bin/iiimx -iiimd
  daemon   340     1   0   10월 08 ?           0:00 /usr/lib/nfs/nfs4cbd
```

```
   root    239      1  0  10월 08 ?        0:00 /lib/svc/method/iscsid
   root    164      1  0  10월 08 ?        0:00 /usr/lib/picl/picld
   root    144      1  0  10월 08 ?        0:00 /usr/lib/sysevent/syseventd
 daemon    341      1  0  10월 08 ?        0:13 /usr/lib/nfs/nfsmapid
 daemon    155      1  0  10월 08 ?        0:01 /usr/lib/crypto/kcfd
   root    382      7  0  10월 08 console  0:00 /usr/lib/saf/ttymon -g -d /dev/console
                                                -l console -m ldterm,ttcompat
                                                -h -p solp
   root    148      1  0  10월 08 ?        0:00 /usr/lib/power/powerd
   root    423    422  0  10월 08 ?        0:00 /usr/sadm/lib/smc/bin/smcboot
   root    172      1  0  10월 08 ?        0:15 /usr/sbin/nscd
   root    422      1  0  10월 08 ?        0:00 /usr/sadm/lib/smc/bin/smcboot
   root    543      1  0  10월 08 ?        0:00 /usr/sbin/syslogd
 daemon    352      1  0  10월 08 ?        0:00 /usr/lib/nfs/lockd
   root    374      7  0  10월 08 ?        0:00 /usr/lib/saf/sac -t 300
   root   3411      1  0  10월 11 ?       28:16 /usr/bin//gnome-cd
   root    400    374  0  10월 08 ?        0:00 /usr/lib/saf/ttymon
   root    384      1  0  10월 08 ?        0:01 /usr/lib/utmpd
ckuser2 11233  11227  0  17:02:20 pts/5   0:00 -ksh
   root   3541      1  0  10월 11 ?        0:00 /usr/lib/nautilus-throbber--oaf
                                              -activate-iid=OAFIID:Nautilus_Throbb
                                              er_Factory
   root    813    808  0  10월 08 ?       13:06 iiim-panel --disable-crash-dialog
   root    412      1  0  10월 08 ?        0:05 /usr/lib/inet/inetd start
   root    879    872  0  10월 08 pts/2    0:01 /usr/bin/gnome-session
--계속--
```

위의 출력 결과의 각각의 필드의 의미는 다음과 같습니다.

- UID : 프로세스 소유주의 사용자 이름
- PID : 각각의 프로세스가 가진 프로세스 식별 번호
- PPID : 각 프로세스의 부모 프로세스의 PID
- C : 스케쥴링을 위한 CPU 이용(현재는 사용하지 않음)
- STIME : 프로세스가 시작된 시간
- TTY : 프로세스가 실행된 터미널
- TIME : 프로세스의 CPU 점유 시간
- CMD : 명령어와 옵션, 인수

3. 특정 프로세스 찾기

시스템 상에서는 수백 개의 프로세스가 실행되고 있기 때문에 특정 프로세스를 찾으려면 ps 명령과 grep 명령을 파이프라인으로 연결하여 찾거나 pgrep 명령 단독으로 사용하여 찾을 수 있습니다.

ps 명령과 grep 명령

예를 들어 프로세스 중 sendmail이라는 문자열이 들어 있는 프로세스를 찾으려면 다음과 같이 입력합니다.

```
$ ps -ef | grep sendmail
smmsp      765     1  0 10월 08 ?       15:01 /usr/lib/sendmail -Ac -q15m
root       766     1  0 10월 08 ?       0:08 /usr/lib/sendmail -bd -q15m
ckuser   11523 11398  0 20:33:05 pts/6  0:00 grep sendmail
```

pgrep 명령

위와 같이 ps 명령과 grep 명령을 함께 사용하는 대신 하나의 명령으로 편하게 작업할 수 있는 명령이 pgrep 명령(**p**rocess **grep**)입니다.

형식

```
pgrep [-nvlx] pattern
```

옵션 없이 찾고자 하는 패턴만 입력하면 해당 프로세스의 PID만을 보여줍니다.

```
$ pgrep snmpd
610
624
```

-l 옵션(long)은 프로세스의 PID뿐만 아니라 명령어의 이름도 함께 보여줍니다.

```
$ pgrep -l snmpd
 610 snmpdx
 624 snmpd
```

-x 옵션(exact)은 패턴과 정확히 일치하는 이름을 가진 프로세스를 보여줍니다.

```
$ pgrep -lx snmpd
 624 snmpd
```

-t 옵션(terminal)은 해당 제어 터미널에서 실행시킨 프로세스만 볼 수 있습니다.

```
$ pgrep -lt pts/6
11398 ksh
```

참고로 시스템 관리 명령으로 prstat 명령(**pr**ocess **stat**us)이 있습니다. 시스템의 프로세스들은 지속적으로 변하고 있습니다. prstat 명령은 이렇게 현재 운영되고 있는 시스템에서 실시간으로 다이나믹하게 업데이트되는 프로세스 목록을 5초마다 새롭게 프로세스의 목록과 그 정보를 갱신하여 출력합니다.

명령을 마치려면 q를 입력합니다.

```
$ prstat
   PID USERNAME  SIZE   RSS STATE  PRI NICE      TIME  CPU PROCESS/NLWP
  3411 root      125M   19M sleep   49    0   0:28:20 0.1% gnome-cd/1
   974 root       97M   28M sleep   59    0   0:35:00 0.1% java/14
   674 root       77M   55M sleep   59    0   0:39:37 0.1% Xorg/1
 11545 ckuser   5576K 3116K cpu1    59    0   0:00:00 0.0% prstat/1
   949 root       70M   13M sleep   59    0   0:07:53 0.0% gnome-netstatus/1
  3402 root     5276K 2536K sleep   59    0   0:05:57 0.0% vold/5
   932 root      136M   30M sleep   59    0   0:03:45 0.0% gnome-panel/1
  1033 root      184M   28M sleep   59    0   0:05:24 0.0% gnome-terminal/2
   763 noaccess  161M   98M sleep   59    0   0:05:39 0.0% java/19
   951 root       67M 9772K sleep   59    0   0:01:30 0.0% mixer_applet2/1
  1063 root     3304K 1176K sleep   59    0   0:00:00 0.0% ksh/1
(...)
   164 root     3356K 1992K sleep   59    0   0:00:00 0.0% picld/4
   239 root     2332K  752K sleep   59    0   0:00:00 0.0% iscsid/2
   340 daemon   2444K 1300K sleep   60  -20   0:00:00 0.0% nfs4cbd/2
Total: 84 processes, 265 lwps, load averages: 0.01, 0.01, 0.01
_
```

4. 프로세스에 시그널 보내기

현재 실행중인 프로그램, 즉 프로세스에게 전달되는 메시지를 시그널(signal)이라고 합니다. 현재 실행중인 프로세스를 제어하기 위하여는 시그널을 사용해야 합니다.

솔라리스에는 40여개의 시그널이 미리 정의되어 있고 프로세스가 시그널을 받았을 때 행하는 기본적인 동작도 미지 정해져 있습니다.

일반적으로 많이 사용되는 중요한 시그널은 다음과 같습니다.

시그널 번호	시그널 이름	시그널	이벤트	정 의
1	SIGHUP	HUP	Hang up	전화선이나 터미널 접속을 해제 또는 어떤 프로그램에서는 재실행
2	SIGINT	INT	Interrupt	〈Ctrl-C〉 키와 동일
9	SIGKILL	KILL	Kill	프로세스를 강제로 죽임
15	SIGTERM	TERM	Terminate	프로세스를 정상적으로 종료시킴. kill 명령과 pkill 명령의 디폴트 시그널

프로세스에 시그널을 보내는 여러 명령에서 프로세스에 전달할 메시지를 인수로 명시할 때 시그널이나 시그널 번호를 사용합니다. 일반적으로 시그널은 기억하기 쉬운 단어로 되어 있어 사용하기 편하지만 입력의 편의상 시그널 번호를 많이 사용합니다.

kill 명령

프로세스에 시그널을 보내는 가장 대표적인 명령이 kill 명령입니다. kill 명령을 사용하면 솔라리스에 정의되어 있는 40여개의 시그널 중 어떤 시그널이라도 프로세스에 전달할 수 있습니다.

형식1
```
kill [-signal] PIDs
```

형식2
```
kill [-s signal] PIDs
```

작업을 하다보면 실행중인 프로세스를 강제로 종료시켜야 하는 경우가 있습니다. <Ctrl-C>를 이용하면 실행중인 프로세스를 강제로 종료시킬 수 있지만 백그라운드에서 실행되는 프로세스까지 종료시킬 수는 없습니다. 이 때 kill 명령을 많이 사용합니다.

프로세스에 전달될 시그널을 명시하지 않으면 시그널 번호 15번인 TERM 시그널이 명시된 것으로 간주하여 프로세스를 종료시킵니다. 그래서 명령의 이름이 kill입니다.

-l 옵션은 시그널로 사용할 수 있는 모든 시그널 이름을 보여줍니다.

```
$ kill -l
EXIT HUP INT QUIT ILL TRAP ABRT EMT FPE KILL BUS SEGV SYS PIPE ALRM
TERM USR1 USR2 CLD PWR WINCH URG POLL STOP TSTP CONT TTIN TTOU VTALRM
PROF XCPU XFSZ WAITING LWP FREEZE THAW CANCEL LOST XRES JVM1 JVM2 RTMIN
RTMIN+1 RTMIN+2 RTMIN+3 RTMAX-3 RTMAX-2 RTMAX-1 RTMAX
```

예를 들어 vi 작업을 하다가 <Ctrl-Z> 키를 눌러 일시 중지시킨 후 다른 작업을 할 수 있습니다. 이 때 일지중지시킨 vi 작업을 끝내려면 먼저 vi 프로세스의 ID를 확인한 후 kill 명령을 다음과 같이 실행합니다.

```
$ pgrep -xl vi
11613 vi
$ kill 11613
```

이와 같이 대부분의 프로세스는 SIGTERM 시그널로 프로세스를 종료시킬 수 있지만 일부의 프로세스는 종료가 되지 않는 경우가 있습니다. 디폴트 시그널로 프로세스가 죽지 않을 경우 강제로 종료시킬 경우에는 시그널 9 (SIGKILL)와 함께 사용하면 됩니다.

```
$ kill -9 11613
```

사용자는 자신이 소유자인 프로세스만을 종료시킬 수 있으나 수퍼유저는 시스템 상의 어떤 프로세스라도 종료시킬 수 있습니다.

pkill 명령

kill 명령이 실행중인 작업의 PID를 이용하여 현재 실행중인 프로세스 종료하는 것이라면 pkill 명령(**p**rocess **kill**)은 프로세스 이름으로 종료시키는 방법입니다.

형식

```
pkill [-options] pattern
```

pkill 명령의 옵션은 pgrep 명령의 옵션과 비슷합니다.

앞의 예를 pkill 명령을 이용하여 강제로 종료하려면 다음과 같이 실행합니다.

```
$ pkill -9 -x vi
[1] - 중단됨(Killed)          vi love
```

5. 콘 셸의 작업관리

포그라운드와 백그라운드 처리

명령을 처리하는 방법에는 포그라운드 처리(foreground processing)와 백그라운드 처리(background processing) 두 가지 방법이 있습니다.

포그라운드 처리는 지금까지 명령을 처리한 방법과 같이 셸 프롬프트 상에서 명령을 입력하고 <Enter> 키를 쳐서 명령을 실행하는 것입니다. 포그라운드 처리가 실행되는 동안에는 셸 프롬프트가 출력되지 않고, 포그라운드 처리가 종료되어야 비로소 셸 프롬프트가 나타나 다음 명령을 입력받을 준비를 합니다.

다음의 예는 sleep 명령을 이용하여 100초 간 기다리는 작업을 수행하는 mytest라는 스크립트 프로그램을 구동하였을 때 바로 셸 프롬프트가 나타나지 않고 10초 후에 mytest라는 프로그램이 종료되었을 때 비로소 셸 프롬프트가 나타나는 것을 알 수 있습니다.

```
$ cat > mytest
sleep 100
<Ctrl-d>
$ chmod 0755 mytest
$ ./mytest
(100초후)
$
```

백그라운드 처리는 프로그램이 종료되지 않더라도 셸 프롬프트가 출력되어 다음 명령을 입력받을 준비를 하고 백그라운드 처리 작업은 그대로 시스템 내에서 계속 동작하게 됩니다. 따라서 하나의 터미널에서 백그라운드 처리로 명령을 실행하면 여러 개의 프로세스를 구동시킬 수 있습니다.

백그라운드 처리작업은 많은 시간을 요하는 프로그램을 구동하거나 배치(batch)작업을 실행할 때 사용하는 방법이며, 시스템 관련 프로세스들은 시스템 초기화시에 백그라운드로 동작하게 됩니다.

프로그램이나 명령을 백그라운드로 구동하는 방법은 다음과 같이 프로그램이나 명령어 다음에 "&" 기호를 붙이면 됩니다.

형식

```
command &
```

위에서 작성한 mytest 셸 스크립트를 백그라운드로 실행해 보기로 하겠습니다. 100초 동안 기다리지 않고 바로 셸 프롬프트가 나타나 다른 작업을 바로 실행할 수 있습니다.

```
$ ./mytest&
[1]    11662
$
```

jobs 명령

jobs라는 명령을 사용하면 백그라운드에서 실행되고 있거나 완료된 프로세스를 볼 수 있습니다.

형식

```
jobs [-l]
```

옵션 없이 jobs 명령을 실행한 결과입니다.

```
$ ./mytest&
[1]     11686
$ jobs
[1] +  실행중                    ./mytest&
```

-l 옵션은 프로세스의 PID를 추가로 보여줍니다.

```
$ ./mytest&
[1]     11688
$ jobs -l
[1] + 11688      실행중                    ./mytest&
```

fg 명령

백그라운드로 실행중인 프로세스를 포그라운드로 실행되게 하기 위해서 fg 명령(**f**ore**g**round)이 사용됩니다.

형식

```
fg [%job_number]
```

작업 번호 없이 그냥 fg 명령만 입력하면 가장 최근의 작업이 포그라운드로 실행됩니다. 특정 작업을 포그라운드로 실행하려면 jobs에 나오는 첫 번째 필드인 작업 번호를 입력하면 됩니다.

```
$ ./mytest&
[1]     11690
$ jobs
[1] +  실행중                    ./mytest&
$ fg %1
./mytest
(남은 시간이 지난후...)
$
```

bg 명령

<Ctrl-z>으로 일시적으로 중지된 포그라운드 작업을 다시 백그라운드로 재개시킬 때 bg 명령(**b**ack**g**round)을 사용합니다.

형식

```
bg [%job_number]
```

작업 번호 없이 그냥 사용되면 가장 최근의 작업이 백그라운드로 실행됩니다. 특정 작업을 백그라운드로 실행하려면 jobs에 나오는 첫 번째 필드인 작업 번호를 입력하면 됩니다.

```
$ ./mytest
^Z[1] +  정지(SIGTSTP)          ./mytest
$ bg %1
[1]    ./mytest&
$ jobs
[1] +  실행중                   ./mytest
```

at 명령

at 명령을 이용하면 특정 시간에 명령이나 스크립트를 실행시킬 수 있습니다. 명령은 단 한 번만 실행됩니다.

다음의 예는 오후 8시 45분에 mytest 셸 스크립트를 실행하는 예입니다. 물론 지정 시간 이후에 이 명령을 실행시키면 다음 날 오후 8시 45분에 실행됩니다.

```
$ at 8:45AM
at> ./mytest
at> <Ctrl-d><EOT>
명령어는 /bin/ksh을(를) 사용하여 실행됩니다
작업 1287531900.a 시간 수 10월 20 08:45:00 2010
$
```

시간 인자는 다음과 같이 여러 형식을 줄 수 있습니다.

- at 8:00pm April 6
- at 7 am Wednesday

- at now + 10 minutes
- at midnight + 35 minutes

현재 큐에 대기하고 있는 내용을 보려면 다음과 같은 명령을 입력합니다.

```
$ atq
Rank   Execution  Date      Owner    Job            Queue   Job Name
 1st   Oct 20, 2010 08:45   ckuser   1287531900.a     a     stdin
```

큐에 대기하고 있는 작업을 삭제하려면 atrm 명령을 사용합니다.

```
$ atrm 1287531900.a
1287531900.a: removed
```

crontab 명령

crontab 파일은 정기적으로 특정 시간에 실행됩니다.

crontab 파일의 형식은 다음과 같습니다. 각 줄당 6개의 필드로 구성되어 있으며 각 필드의 구분자는 스페이스 또는 탭입니다.

```
30  17  *  *  *  /usr/bin/banner "Time to go" > /dev/console
```

- 1번째 필드 (10) : 분(minute)을 나타내며 0~59 사이의 값입니다.
- 2번째 필드 (3) : 시간(hour)을 나타내며 24시간제로 0~23 사이의 값입니다.
- 3번째 필드 (*) : 그 달의 날짜(day-of-month)를 나타내며 1~31 사이의 값입니다.
- 4번째 필드 (*) : 달(month)을 나타내며 1~12 사이의 값입니다.
- 5번째 필드 (0) : 그 주의 몇 번째 날짜(day-of-week)인가를 나타내며 0~6 사이의 값이며 0은 일요일을 나타냅니다.
- 6번째 필드 (/usr/lib/newsyslog) : 실행시킬 명령어를 나타냅니다.

위의 첫 4개의 필드는 다음과 같은 형식일 수 있습니다.

- n : 값이 n인 경우에만
- n, p, q : 값이 n, p 또는 q인 경우에만
- n-p : 값이 n과 p 사이인 경우에만
- * : 모든 경우

일반 사용자가 crontab 파일을 작성하는 방법은 다음과 같습니다.

1 EDITOR 변수의 값을 vi 로 변경합니다.

```
$ EDITOR=vi
$ export EDITOR
```

2 crontab -e 명령을 이용하여 crontab 파일을 편집(edit)합니다. 다음의 예는 월요일부터 금요일까지 오후 5시 30분에 "Time to go"라는 메시지를 화면에 보여줍니다.

```
$ crontab -e
30 17 * * 1-5 /usr/bin/banner "Time to go" > /dev/console
~
:wq
```

3 현재의 crontab 파일을 확인합니다.

```
$ crontab -l
30 17 * * 1-5 /usr/bin/banner "Time to go" > /dev/console
```

```
$ vi trap.sh
#!/bin/sh

trap 'echo Control-C pressed; exit 1' 2
while [ 1 ]
do
   echo infinite loop...
   sleep 2

$ sh
$ chmod u+x trap.sh
```

```
$ sh trap.sh
infinite loop...
infinite loop...
infinite loop...
^CControl-C pressed
$ echo $?
1
$ exit
```

Chapter 13

통신 및 네트워크 기본 명령어

1. 다른 사용자와 통신하기
2. 원격 접속
3. 파일 송수신
4. 전자 우편

1. 다른 사용자와 통신하기

write 명령

write 명령은 표준 입력인 키보드에서 입력한 메시지를 상대방 사용자의 단말기에 전송합니다. write 명령은 상대방이 무슨 작업을 하고 있든 상관없이 메시지를 그대로 상대방의 단말기로 출력됩니다.

형식

```
write user [terminal]
```

다음은 ckuser 사용자가 같은 시스템의 ckuser2 사용자에게 메시지를 보내는 예입니다.

메시지를 보내기 위하여 **write ckuser2** 명령을 실행합니다. 그러면 메시지 입력을 받기 위하여 커서가 대기 상태가 됩니다.

```
$ write ckuser2
_
```

이 때 ckuser2 사용자의 단말기에는 다음과 같이 cksuer 사용자로부터 메시지가 올 것이라는 안내 메시지가 나타납니다. 여기서 solpark은 사용하고 있는 시스템의 이름입니다. ckuser 사용자가 메시지를 입력하고 <Enter> 키를 칠 때마다 ckuser2 사용자에게 메시지가 보내집니다.

```
solpark (pts/5) [ 10월 19일 화 10:53:34 ]에 있는 ckuser의 메시지 ...
_
```

ckuser 사용자가 메시지를 계속 입력하고 메시지의 입력을 종료하려면 <Ctrl-d> 키를 입력합니다.

```
$ write ckuser2
Have a lunch
<Ctrl-d>
```

그러면 ckuser2 사용자의 단말기에 다음과 같이 메시지가 출력됩니다.

```
  solpark (pts/5) [ 10월 19일 화 10:53:34 ]에 있는 ckuser의 메시지 ...
Have a lunch!
<EOT>
```

만약 상대방이 동일한 사용자 이름으로 여러 단말기로 로그인한 경우에는 다음과 같은 메시지를 보여줍니다. 기본적으로 단말기 번호가 빠른 단말기로 연결되어 안내 메시지를 보냅니다. 여기서는 "pts/6" 단말기에 안내 메시지가 출력됩니다.

```
$ write ckuser2
ckuser2이(가) 두 장소 이상에서 로그온했습니다.
"pts/6"에 연결되어 있습니다.
다른 위치:
pts/7
```

위의 경우 만일 ckuser2 사용자가 사용하는 단말기가 pts/6 이 아닌 pts/7로 메시지를 보내려면 다음과 같이 단말기를 지정해 주어야 합니다.

```
$ write ckuser2 pts/7
_
```

메시지를 보내기 전에 상대방이 어떤 단말기로 작업중인지를 알려면 w 명령을 이용하면 됩니다. ckuser2 사용자가 두 개의 단말기에서 작업중인 것을 알 수 있습니다.

```
$ w
 11시25분오전  현재 가동중 10일, 17:37,  6 사용자,  로드 평균: 0.01, 0.01, 0.01
사용자    터미늘       로그인시간      휴지    JCPU   PCPU   활동
root      console  2010년10월 8일  11일간                  /usr/bin/gnome-session
root      pts/3    2010년10월 8일  8일간   5:14   5:12   ksh
root      pts/4    2010년10월 8일  18:41                 ksh
ckuser    pts/5    10시36분오전                          w
ckuser2   pts/6    10시53분오전     31                    -ksh
ckuser2   pts/7    11시16분오전     9                     -ksh
```

wall 명령

wall 명령(write **all** user)은 시스템에 로그인해 있는 모든 사용자에게 메시지를 전송합니다. 특히 모든 사용자에게 긴급하게 전달할 내용이 있을 때 사용합니다.

형식

```
wall [-a] [-g groupname] [filename]
```

다음은 wall 명령을 이용하여 시스템의 모든 사용자에게 메시지를 보내는 예입니다.

```
$ wall
I love Unix
<Ctrl-d>
```

그러면 모든 사용자의 단말기에 다음과 같은 메시지가 출력됩니다. 물론 본인의 단말기에도 동일한 메시지가 출력됩니다.

```
Broadcast Message from ckuser (pts/5) on solpark 화 10월 19 11:31:02...
I love Unix
```

전송하고자 하는 메시지를 미리 파일로 작성해 두었다면 파일명을 인수로 지정할 수 있습니다. 파일명이 msg1이라면 다음과 같이 입력하면 됩니다.

```
$ wall msg1
```

가상 단말기를 포함하여 모든 사용자의 단말기에 메시지를 전송하려면 -a 옵션(all)을 사용합니다.

```
$ wall -a
_
```

특정 그룹의 사용자들에게만 메시지를 전송하려면 -g 옵션(group)을 사용합니다. 다음은 staff 그룹에 속한 모든 사용자들에게 메지지를 전송하는 예입니다.

```
$ wall -g staff
_
```

talk 명령

talk 명령은 상대방과 일대일로 대화할 수 있는 기능을 제공합니다.

형식

```
talk address [terminal]
```

address(주소)의 형식은 다음과 같습니다.

사용자명@호스트명 (예 : ckuser@solpark)

write 명령과 wall 명령은 동일한 시스템에 로그인되어 있는 사용자에게만 메시지를 전송할 수 있지만 talk 명령은 동일한 시스템뿐만 아니라 네트워크로 연결되어 있는 다른 시스템의 사용자와도 메시지를 주고 받을 수 있습니다. 위의 주소 형식에서 동일한 시스템의 사용자의 경우 "@호스트명"을 생략해도 됩니다.

다음은 동일한 시스템의 ckuser2 사용자와 talk 명령을 이용하여 대화하는 예입니다.

먼저 대화하고자 하는 사용자를 지정하여 talk 명령을 실행합니다.

```
$ talk ckuser2
_
```

그러면 자신의 단말기가 다음과 같이 바뀝니다.

```
[호출한 사람의 기기에서 초청 확인중]



--------------------------------------------------------------



```

이 때 상대방인 ckuser2 사용자의 단말기에는 다음과 같이 talk 요청이 들어왔다는 메시지가 출력됩니다. 메시지의 마지막 라인은 대화에 응하려면 "talk ckuser@solpark"을 입력하라는 것입니다. 동일한 시스템인 경우 "talk ckuser"라고 입력해도 됩니다.

```
$ talk ckuser
_
```

그러면 양쪽 사용자의 단말기 화면이 다음과 같이 바뀌고 대화를 할 수 있습니다.

```
[Connetion established]



-------------------------------------------------------------------


```

화면이 두 부분으로 되어 있는데 위의 부분이 자신이 메시지를 입력하는 곳이고 아래 부분이 상대방이 입력한 메시지가 출력되는 곳입니다. 서로 메시지를 입력하는 즉시 상대방의 화면으로 출력됩니다. <Enter> 키를 입력할 필요가 없습니다. 대화를 종료하려면 <Ctrl-d> 키를 입력합니다.

mesg 명령

위에서 배운 write, wall, talk 명령들은 상대방의 의사와는 상관없이 일방적으로 메시지를 전송합니다. 어떤 경우에는 이러한 명령에 의한 메시지를 받고 싶지 않을 때가 있습니다. 즉 현재 하고 있는 작업에 방해를 받고 싶지 않을 때입니다. 이럴 경우에는 mesg 명령(**mes**sa**g**e)을 이용하여 메시지 수신여부를 설정할 수 있습니다.

형식

```
mesg [n|y]
```

메시지를 받고 싶지 않을 경우에는 n 옵션(no)을 사용합니다.

```
$ mesg n
```

그러면 상대방이 메시지를 보내려고 명령을 실행하면 다음과 같이 권한이 거부되었다는 메시지를 보여주어 메시지를 보낼 수 없게 됩니다.

```
$ write ckuser2
권한이 거부되었습니다.
```

다시 메시지를 받으려면 y 옵션(yes)을 사용합니다.

```
$ mesg y
```

2. 원격 접속

telnet 프로그램

Telnet(**Tel**ecommunication **net**work)은 멀리 떨어져 있는 호스트에 원격 접속하는 프로토콜로 전통적으로 오래된 서비스입니다. 초창기에 개발되었기 때문에 보안이 취약하므로 내부 네트워크에서만 사용하는 것이 좋으며 외부 네트워크에 있는 호스트로 원격 접속하려면 ssh(Secure Shell)라는 보안 프로토콜 이용하면 됩니다. telnet과 같은 원격 로그인 프로그램에는 rlogin, ssh가 있으며 rlogin 역시 보안이 취약하기 때문에 실무에서 외부 네트워크로 접속하고자 할 때는 ssh를 사용하는 경향이 있습니다.

형식

```
telnet hostname
```

telnet 접속 방법

telnet 서버에 접속하는 방법은 두 가지가 있습니다.

telnet 명령 시 접속할 호스트명을 주지 않고 telnet 내부 명령인 open 명령을 이용하여 호스트명을 지정할 수 있습니다. 호스트명 대신에 IP 주소를 입력해도 됩니다.

```
$ telnet cne.chungkang.ac.kr
Trying 203.230.223.235...
Connected to cne.chungkang.ac.kr.
Escape character is '^]'.


SunOS 5.9

login:
```

또는 telnet 명령 시 접속할 호스트명을 바로 지정할 수 있습니다.

```
$ telnet
telnet> open cne.chungkang.ac.kr
Trying 203.230.223.235...
Connected to cne.chungkang.ac.kr.
Escape character is '^]'.


SunOS 5.9

login:
```

telnet 서비스 종료

telnet 서비스를 종료하려면 원격 호스트의 프롬프트에서 exit 명령을 입력하면 됩니다.

```
$ telnet cne.chungkang.ac.kr
Trying 203.230.223.235...
Connected to cne.chungkang.ac.kr.
Escape character is '^]'.


SunOS 5.9

login: itpark
Password: 
Last login: Tue Oct 19 16:11:30 from 203.230.223.160
Sun Microsystems Inc.   SunOS 5.9       Generic May 2002
$ exit
Connection to cne.chungkang.ac.kr closed by foreign host.
$
```

혹시 telnet 원격 접속 후 로그인 프롬프트에서 로그인하지 않고 종료하려면 <Ctrl-]> 키를 입력한 후 telnet> 프롬프트에서 quit 명령을 입력합니다.

```
$ telnet cne.chungkang.ac.kr
Trying 203.230.223.235...
Connected to cne.chungkang.ac.kr.
Escape character is '^]'.


SunOS 5.9

login:<Ctrl-]>
telnet> quit
Connection to cne.chungkang.ac.kr closed.
$
```

telnet 내부 명령

telnet 명령 내부에서 사용할 수 있는 명령은 help 또는 ? 명령을 입력하면 볼 수 있습니다.

```
telnet> ?
Commands may be abbreviated.  Commands are:

close       close current connection
logout      forcibly logout remote user and close the connection
display     display operating parameters
mode        try to enter line or character mode ('mode ?' for more)
open        connect to a site
quit        exit telnet
send        transmit special characters ('send ?' for more)
set         set operating parameters ('set ?' for more)
unset       unset operating parameters ('unset ?' for more)
status      print status information
toggle      toggle operating parameters ('toggle ?' for more)
slc         change state of special charaters ('slc ?' for more)
auth        turn on (off) authentication ('auth ?' for more)
encrypt     turn on (off) encryption ('encrypt ?' for more)
forward     turn on (off) credential forwarding ('forward ?' for more)
z           suspend telnet
!           invoke a subshell
environ     change environment variables ('environ ?' for more)
?           print help information
<return>    leave command mode
```

ssh 프로그램

현재 인터넷상에서 해킹이 많이 발생되므로 각 사이트에서는 일반적으로 해킹을 막기 위하여 telnet이나 ftp와 같은 응용 프로그램을 사용하여 접속하지 못하도록 구성되어 있습니다. 이와 같은 경우 리모트 컴퓨터로 로그인하거나 파일을 전송하기 위해 만들어진 응용 프로그램이 ssh(**s**ecure **sh**ell)입니다.

ssh 명령의 형식은 다음과 같습니다.

형식

```
ssh [-l login_name] hostname | user@hostname [command]
```

다음은 cne.chungkang.ac.kr 원격 호스트에 접속하는 예입니다. 원격 호스트에 현재의 사용자 이름이 등록되어 있으면 바로 접속이 되지만 등록이 되어 있지 않으면 -l 옵션(local)을 이용하여 사용자 이름을 지정해 주어야 합니다.

solpark 호스트의 ckuser 사용자가 cne.chungkang.ac.kr 원격 호스트의 ckuser 사용자로 로그인한 예입니다.

```
$ ssh cne.chungkang.ac.kr
Password:
Last login: Tue Oct 19 17:35:53 2010 from 203.230.223.160
Sun Microsystems Inc.   SunOS 5.9       Generic May 2002
$ exit
cne.chungkang.ac.kr에 대한 연결이 닫혔습니다.
$
```

solpark 호스트의 ckuser 사용자가 cne.chungkang.ac.kr 원격 호스트의 itpark 사용자로 로그인한 예입니다.

```
$ ssh -l itpark cne.chungkang.ac.kr
Password:
Last login: Tue Oct 19 17:35:53 2010 from 203.230.223.160
Sun Microsystems Inc.   SunOS 5.9       Generic May 2002
$ exit
cne.chungkang.ac.kr에 대한 연결이 닫혔습니다.
$
```

또한 원격 호스트 상에 원격 명령을 직접 실행할 수 있습니다.

다음의 예는 ckuser 사용자가 원격 호스트 cne.chungkang.ac.kr에서 itpark 사용자로 ls -al 명령을 실행시킨 것입니다.

```
$ ssh -l itpark cne.chungkang.ac.kr ls -al
Password:
玥? 14
drwxr-xr-x   2 itpark   other       512 2010??  2?? 10??.
drwxr-xr-x 108 root     root       2048 2010??  2?? 10??..
-rw-r--r--   1 itpark   other       136 2010??  2?? 10??local.cshrc
-rw-r--r--   1 itpark   other       157 2010??  2?? 10??local.login
-rw-r--r--   1 itpark   other       174 2010??  2?? 10??local.profile
-rw-r--r--   1 itpark   other       144 2010??  2?? 10??.profile
$
```

3. 파일 송수신

ftp 프로그램

ftp(**F**ile **T**ransfer **P**rotocol)는 인터넷 상에서 파일을 전송하기 위한 기본 프로토콜입니다. 명령 프롬프트에서 ftp라는 명령어를 입력한 후 원격 호스트로 접속한 후 파일을 업로드시키거나 다운로드를 받습니다.

ftp 서버에 접속을 할 경우 ID가 있는 사용자는 ID와 패스워드를 입력하고 사용자 ID가 없을 경우에는 'anonymous' 라는 사용자 ID와 자신의 전자메일 주소를 패스워드로 입력합니다. anonymous의 뜻은 "익명의" 라는 뜻입니다.

형식

```
ftp hostname
```

ftp 접속 방법

ftp 서버에 접속하는 방법은 두 가지가 있습니다.

ftp 명령 시 접속할 호스트명을 주지 않고 ftp 내부 명령인 open 명령을 이용하여 호스트명을 지정할 수 있습니다. 호스트명 대신에 IP 주소를 입력해도 됩니다.

```
$ ftp
ftp> open solpark
Connected to solpark.
220 solpark ftp server ready.
Name (solpark:ckuser): ckuser2
331 Password required for ckuser2.
Password:
230 User ckuser2 logged in.
Remote system type is UNIX.
Using binary mode to transfer files.
ftp>
```

또는 ftp 명령 시 접속할 호스트명을 바로 지정할 수 있습니다.

```
$ ftp solpark
Connected to solpark.
220 solpark ftp server ready.
Name (solpark:ckuser): ckuser2
331 Password required for ckuser2.
Password:
230 User ckuser2 logged in.
Remote system type is UNIX.
Using binary mode to transfer files.
ftp>
```

ftp 전송 모드

ftp 접속 시 사용하는 파일 전송의 디폴트 모드는 이진 모드(binary mode)입니다. 이진 모드에서는 실행 파일, 이미지 등 텍스트 파일이 아닌 파일들을 송수신할 수 있습니다.

텍스트 파일을 전송하기 위해서는 아스키 모드(ASCII mode)를 사용해야 합니다.

이진 모드로 설정하려면 bin 명령(**bin**ary)을 입력합니다.

```
ftp> bin
200 Type set to I.
```

아스키 모드로 설정하려면 asc 명령(**asc**ii)을 입력합니다.

```
ftp> asc
200 Type set to A.
```

지금 현재의 모드를 확인하려면 type 명령을 입력합니다.

```
ftp> typ
Using binary mode to transfer files.
```

참고

☞ ftp 내부 명령은 앞 3글자만 입력해도 됩니다.

ftp 내부 명령

ftp 명령 내부에서 사용할 수 있는 명령은 help 또는 ? 명령을 입력하면 볼 수 있습니다.

```
ftp> help
Commands may be abbreviated.  Commands are:

!             cr            mdir          protect       safe
$             delete        mechanism     proxy         send
account       debug         mget          put           sendport
append        dir           mkdir         pwd           site
ascii         disconnect    mls           quit          status
bell          form          mode          quote         struct
binary        get           mput          recv          sunique
bye           glob          nlist         reget         tcpwindow
case          hash          nmap          remotehelp    tenex
ccc           help          ntrans        rename        trace
cd            lcd           open          reset         type
cdup          ls            passive       restart       user
clear         macdef        private       rmdir         verbose
close         mdelete       prompt        runique       ?
```

이 중에서 자주 사용되는 내부 명령은 다음 표와 같습니다.

명령어	의 미
ascii	텍스트 파일을 전송할 때 사용
binary	실행 파일, 이미지 파일과 같은 파일을 전송할 때 사용
bye, quit	ftp를 종료할 때 사용. quit와 같은 의미임
cd	원격 호스트의 작업 디렉토리를 이동할 때 사용
lcd	로컬 호스트의 작업 디렉토리을 이동할 때 사용
close	원격 호스트와의 접속을 끊어줌
dir, ls	원격 호스트의 현재 디렉토리 내용을 리스트함. dir은 상세한 정보 출력
!ls	로컬 호스트의 현재 디렉토리 내용을 리스트함
get	원격 호스트의 파일을 한 개를 자신의 컴퓨터로 가져옴
mget	원격 호스트의 여러 파일을 자신의 컴퓨터로 가져옴
put	로컬 호스트 내의 파일 한 개를 원격 호스트로 보냄
mput	로컬 호스트 내의 여러 파일을 원격 호스트로 보냄
open	원격 호스트와 접속하기 위해 사용
user	사용자명을 다시 입력하기 위해 사용
prompt	mget이나 mput를 사용할 때 파일 전송여부를 물어볼 것인지를 결정
hash	파일이 전송되는 동안 #를 표시하여 진행상태를 알려줌
pwd	원격 호스트에서의 현재 디렉토리 위치를 보여줌
!pwd	로컬 호스트에서의 현재 디렉토리 위치를 보여줌

파일 송수신

다음 예는 solpark 시스템의 ckuser2 사용자가 ftp 명령을 이용하여 ckuser 사용자로 접속한 후 ckuser 사용자의 홈 디렉토리에 있는 local.cshrc, local.login, local.profile 파일을 자신의 홈 디렉토리로 가져오는 예입니다.

참고

☞ 물론 ftp 명령 시 다른 원격 시스템으로 접속하여야 하나 실습의 편의 상 동일한 시스템의 다른 사용자를 원격 호스트로 가정하고 파일을 가져오는 것으로 설명합니다. 실습을 위해서는 ckuser2 사용자로 로그인하기 바랍니다.

먼저 solpark 시스템의 ckuser 사용자로 접속합니다. 물론 ckuser 사용자의 패스워드를 알아야 합니다. 디폴트로 이진 모드로 설정되어 있는 것을 알 수 있습니다.

```
$ ftp solpark
Connected to solpark.
220 solpark ftp server ready.
Name (solpark:ckuser2): ckuser
331 Password required for ckuser.
Password:
230 User ckuser logged in.
Remote system type is UNIX.
Using binary mode to transfer files.
ftp>
```

텍스트 파일을 전송하기 위하여 아스키 모드로 설정합니다.

```
ftp> ascii
200 Type set to A.
```

사용자의 로컬 호스트의 현재 디렉토리와 원격 호스트의 현재 디렉토리를 확인해 봅니다.

```
ftp> !pwd
/export/home/ckuser2
ftp> pwd
257 "/export/home/ckuser" is current directory.
```

ls 명령과 dir 명령을 이용하여 원격 호스트의 현재 디렉토리를 출력합니다.

```
ftp> ls
200 PORT command successful.
150 Opening ASCII mode data connection for file list.
file.1
file.2
file1
file2
file3
file_1
file_2
file_3
local.cshrc
local.login
local.profile
(...)
```

dir 명령이 ls 명령보다 더 자세한 정보를 보여줍니다.

```
ftp> dir
200 PORT command successful.
150 Opening ASCII mode data connection for /bin/ls.
총 20
-rw-r--r--   1 ckuser   other      75  10월 18일  16:50 .kshrc
-rw-r--r--   1 ckuser   other     224  10월 18일  16:50 .profile
-rw-------   1 ckuser   other    1114  10월 19일  14:06 .sh_history
-rw-r--r--   1 ckuser   other       0  10월 18일  16:53 file.1
-rw-r--r--   1 ckuser   other       0  10월 18일  16:53 file.2
-rw-r--r--   1 ckuser   other       0  10월 18일  16:53 file1
-rw-r--r--   1 ckuser   other       0  10월 18일  16:53 file2
-rw-r--r--   1 ckuser   other       0  10월 18일  16:53 file3
-rw-r--r--   1 ckuser   other       0  10월 18일  16:53 file_1
-rw-r--r--   1 ckuser   other       0  10월 18일  16:53 file_2
-rw-r--r--   1 ckuser   other       0  10월 18일  16:53 file_3
-rw-r--r--   1 ckuser   other     136  10월 18일  16:48 local.cshrc
-rw-r--r--   1 ckuser   other     157  10월 18일  16:48 local.login
-rw-r--r--   1 ckuser   other     174  10월 18일  16:48 local.profile
(...)
```

get 명령을 이용하여 local.profile 파일을 내 로컬 호스트로 가져옵니다.

```
ftp> get local.profile
200 PORT command successful.
150 Opening ASCII mode data connection for local.profile (174 bytes).
226 Transfer complete.
local: local.profile remote: local.profile
182 bytes received in 0.00041 seconds (428.30 Kbytes/s)
ftp>
```

위의 명령의 결과 중 첫 라인에 명령이 제대로 실행되었다는 메시지인 "200 PORT command successful" 메시지와 함께 전송 상태를 자세히 보여 주고 있습니다. 이를 보지 않으려면 ver 명령(**ver**bose)을 입력합니다. verbose 명령은 토글 명령(on, off)입니다.

```
ftp> ver
Verbose mode off.
```

verbose 모드를 off로 한 후 다시 명령을 실행해 보면 아무 메시지도 보여주지 않는 것을 알 수 있습니다.

```
ftp> get local.profile
ftp>
```

한 번에 여러 파일을 가져오려면 mget 명령(**m**ulti **get**)을 사용합니다.

```
ftp> mget local.*
mget local.cshrc? y
mget local.login? y
mget local.profile? y
ftp>
```

mget 명령을 사용할 때 위와 같이 각 파일에 대하여 수신여부를 묻게 됩니다. 수신여부를 묻지 않고 한꺼번에 다 가져오려면 prompt 명령을 실행 후 mget 명령(**m**ulti **get**)을 실행하면 됩니다. prompt 명령도 토글 명령(on, off)입니다.

```
ftp> prompt
Interactive mode off.
ftp> mget local.cshrc local.login local.profile
ftp>
```

ftp 접속을 종료하려면 bye 명령 또는 quit 명령을 입력합니다.

```
ftp> bye
$
```

물론 파일을 송신할 때는 get 명령 대신 put 명령을, mget 명령 대신 mput 명령을 사용하면 됩니다.

익명의 ftp 사용

익명의 ftp(anonymous ftp)란 ftp 서비스를 제공하는 호스트에 사용자 등록이 되어 있지 않더라도 "anonymous"라는 사용자 이름을 이용하여 ftp 서비스를 받을 수 있는 것을 말합니다. 이 때의 패스워드는 일반적으로 자신의 e-mail 주소를 입력하면 됩니다.

모든 호스트가 익명의 ftp 서비스를 제공하지 않습니다. 익명의 ftp 서비스는 공공 목적이 강한 서비스로 서비스를 제공하는 호스트가 익명의 ftp 서비스를 제공할 수 있도록 설정되어 있어야 이용 가능합니다.

다음은 kaist에서 제공하는 익명의 ftp 서비스에 접속한 예입니다.

```
$ ftp ftp.kaist.ac.kr
Connected to ftp.kaist.ac.kr.
220 KAIST File Archive (ftp.kaist.ac.kr)
Name (ftp.kaist.ac.kr:ckuser): anonymous
331 Please specify the password.
Password:
230-
230-  Welcome to KAIST File Archive, ftp.kaist.ac.kr!
230-  (AKA ftp.kr.debian.org, kr.archive.ubuntu.com, ftp2.kr.vim.org,
230-  {cvsup,ftp}2.kr.freebsd.org)
230-
230-  We provide mirrors of open source softwares, e.g. Debian, *BSDs,
230-  Mozilla, Apache, etc. and publically available files and software.
230-  Various access methods are available: ftp, HTTP, Rsync or CVSup.
230-  This system is running at SPARCS Room, KAIST, Daejeon, Korea, Asia.
230-  Two machines with total 6-core x64 CPUs and 12GB of main memory are
230-  used to keep our 6.5TB RAID storage online.  KAIST and KT sponsored
230-  hardware and network connectivity.  SPARCS operates the whole service.
230-
230-  Use entirely at your own risk -- no warranty is expressed or implied.
230-  * None of the service providers in any way whatsoever can be
230-    responsible for any problems that might be caused by this service.
230-  * Every access to this service is recorded and can be used and
230-    published for the purpose of improving the quality of the service.
230-  * We may limit any accesses without forewarning that may prevent
230-    operators from maintaining reasonable quality of the service.
230-
230-  Contact ftp@ftp.kaist.ac.kr for any problem or suggestion.
230-  For more information, visit: http://ftp.kaist.ac.kr/
230-
230   Login successful.
Remote system type is UNIX.
Using binary mode to transfer files.
ftp>
```

4. 전자 우편

보통 일반 사용자들이 메일을 읽고 작성할 때에는 PC의 윈도 환경에서 Outlook Express나 Netscape Messenger 등을 사용할 것입니다. 또는 네이버나 다음 사이트와 같이 웹 브라우저 상에서 바로 메일을 사용할 수 있는 웹 메일을 사용할 수도 있습니다. 이러한 프로그램은 GUI 환경으로 편리한 메뉴도 갖추고 있어서 초보자들도 쉽게 사용할 수 있습니다.

그러나 다음과 같은 유닉스 환경에서는 명령어 라인에서 직접 메일 프로그램을 사용할 수밖에 없습니다.

- 명령어 라인 로그인 셸을 사용하고 있을 때
- 터미널(단말기)을 사용하고 있을 때
- 메일을 읽기 위하여 원격으로 유닉스 메일서버에 로그인하였을 때

mailx 프로그램

유닉스 환경에서 사용되는 표준 메일 프로그램에는 두 가지가 있습니다. AT&T UNIX 열에서는 mailx 프로그램을 사용하고, BSD UNIX 계열에서는 mail 프로그램을 사용합니다. mailx의 x는 "**ex**tended"(확장된)를 의미합니다.

여기서는 mailx 프로그램에 대하여 설명합니다. 실습의 편의를 위하여 동일한 시스템의 ckuser 사용자와 ckuser2 사용자를 예로 들어 설명하며 두 사용자의 구분은 셸 프롬프트 앞에 사용자명이 표시됩니다.

형식1	**mailx**
형식2	**mailx** *username@hostname*

모든 사용자는 메일을 수신할 메일박스를 갖고 있습니다. 디폴트로 메일박스는 /usr/mail 디렉토리에 사용자 이름으로 된 파일입니다.

ckuser2 사용자의 경우 /usr/mail/ckuser2 파일로 저장됩니다.

메일을 수신하게 되면 위의 메일박스에 보내진 후 메일을 읽고 나면 자동적으로 사용자의 홈 디렉토리에 위치한 mbox에 저장됩니다.

메일 확인

메일이 왔는지 확인하려면 다음과 같이 입력합니다.

```
ckuser $ mailx
ckuser에 대한 우편이 없습니다
```

위의 경우에는 새로운 메일이 없다는 것을 보여줍니다.

만약 새로운 메일이 있다면 다음과 같이 읽을 메일의 목록을 보여줍니다. 메일을 읽지 않고 빠져 나가려면 q를 입력합니다.

```
ckuser2 $ mailx
mailx version 5.0  도움말을 보려면 ?를 입력하십시오.
"/usr/mail/ckuser2": 1개 메시지 1개 신규
>N  1 ckuser@solpark     Tue Oct 19 16:41   18/578   test1
? q
/usr/mail/ckuser2에 1개의 메시지가 보관되었습니다
```

메일 보내기

메일을 보내려면 다음과 같이 4단계 작업을 해야 합니다.

1. mailx 명령 뒤에 인자로 메일을 받을 사람의 e-mail 주소를 입력합니다.
2. 메일 제목(subject)을 입력하고 <Enter> 키를 칩니다.
3. 메일 메시지를 작성합니다.
4. 점(.)을 입력하고 <Enter> 키를 치거나 또는 <Ctrl-d> 키를 칩니다. 그러면 메일 작성이 끝나고 메일이 전송됩니다.

다음은 ckuser 사용자가 ckuser2 사용자에게 메일을 보내는 예입니다. 실습의 편의상 3개의 메일을 보냅니다.

```
ckuser $ mailx ckuser2
Subject: test1
I love Unix.
.<Enter>
EOT
ckuser $
```

```
ckuser $ mailx ckuser2
Subject: test2
You love Unix.
.<Enter>
EOT
ckuser $
```

```
ckuser $ mailx ckuser2
Subject: test3
We love Unix.
.<Enter>
EOT
ckuser $
```

참고

☞ .<Enter> 키 대신 ^d(<Ctrl-d>)를 입력해도 됩니다. EOT는 End Of Transmission(전송완료)의 약자입니다.

메시지 작성 취소

메일 메시지를 작성하다가 취소하려면 <Ctrl-C> 키를 누릅니다.

```
ckuser $ mailx ckuser2
Subject: test4
I love Solaris.^C
(인터럽트 - 편지를 하나 이상 강제 종료)
^Cckuser $
```

참고

☞ 메일 작성 시 한 라인은 256자까지 가능합니다. 256자가 넘으면 화면이 정지되고 아무 키도 입력되지 않습니다. 이 때 <Ctrl-C> 키를 입력하여 빠져나옵니다.

메일 메시지를 작성하다가 취소한 경우에는 메일의 내용이 사용자의 홈 디렉토리에 dead.letter 라는 이름으로 자동적으로 저장됩니다. rm 명령을 이용하여 삭제하거나 mv 명령을 이용하여 다른 이름으로 저장한 후 나중에 수정한 후 전송할 수 있습니다.

메시지 작성 명령

메시지를 작성하는 중간에 별도의 명령을 사용할 수 있습니다. 이러한 명령은 메시지의 내용(본문)과는 무관합니다. 따라서 명령의 경우에는 내용과 구분하기 위하여 첫 컬럼에 틸드 문자(~)를 사용하여 명령을 실행합니다. 이러한 명령을 틸드 에스케이프(tilde escape) 명령이라 하는데, 예를 들어 ~p는 지금까지 입력한 내용을 다시 보여줍니다.

```
ckuser $ mailx ckuser2
Subject: test5
You love Solaris.
~p
-------
메시지 내용:
To: ckuser2
Subject: test2

You love Solaris.
(계속)
_
```

위와 같이 메시지를 작성하는 도중에 여러 가지 명령을 실행할 수 있는데 이러한 틸드(~) 이스케이프 명령의 종류에는 다음과 같은 것이 있습니다. 이를 잘 활용하면 메일 작성에 많은 도움을 줄 것입니다.

문자	기 능	비고
~h	머릿말 내용(제목, To, Cc 및 Bcc 항목)를 편집	header
~s 제목	제목 변경	subject
~t 사용자	To 항목에 사용자 추가(복수 사용자 가능)	to
~c 사용자	Cc 항목에 사용자 추가(복수 사용자 가능)	cc
~b 사용자	Bcc 항목에 사용자 추가(복수 사용자 가능)	bcc
~d	dead.letter 파일을 읽어들임	dead.letter
~p	지금까지 작성한 메시지를 보여줌	print
~r, ~< 파일	파일을 읽어들임	read
~r, ~<!명령어	명령어 출력을 메시지로 읽어들임	
~v	vi 편집기를 불러옴	vi
~e	EDITOR 환경변수에 설정되어 있는 편집기를 불러옴	
~w 파일	메시지를 별도의 파일로 저장(헤더 없음)	write
~x	끝냄, 메시지를 저장하지 않음	exit
~q,~Q	끝내고 $HOME/dead.letter로 메시지 저장	quit
~!명령어	셸 명령어 수행	
~:,~_명령어	정규 mailx 명령어 실행	
~.	입력 끝	
~?	틸드 에스케이프 명령 도움말 화면출력	
~~	틸드 문자 자체를 나타낼 때	

메일 읽기

사용자가 시스템에 로그인 시에 읽을 메일이 있으면 다음과 같은 'You have new mail'이라는 메시지를 화면에 디스플레이합니다.

다음은 메일을 받은 ckuser2 사용자가 로그인 시에 나타나는 메시지입니다.

```
login : ckuser2
password :
Last login: Tue Oct 19 11:16:27 2010 from 58.140.17.25
Sun Microsystems Inc.   SunOS 5.10      Generic January 2005
You have new mail.
ckuser2 $
```

위와 같은 메시지가 나타나서 메일을 읽으려면 다음과 같이 입력합니다.

```
ckuser2 $ mailx
mailx version 5.0  도움말을 보려면 ?를 입력하십시오.
"/usr/mail/ckuser2": 3개 메시지 3개 신규
>N  1 ckuser@solpark     Tue Oct 19 16:48   17/572   test1
 N  2 ckuser2@solpark    Tue Oct 19 17:07   17/578   test2
 N  3 ckuser2@solpark    Tue Oct 19 17:08   17/577   test3
?
```

참고

☞ 메일 프롬프트 : 위의 화면 중 맨 아래 첫 컬럼에 나타난 "?"는 "메일 프롬프트"입니다.

위 예의 경우에는 3개의 메시지뿐이지만 경우에 따라 한 화면에서 다 보여주지 못할 정도로 많은 메일이 있을 수 있습니다. 이 때에는 아래의 명령을 이용하여 모든 메일의 헤더들만을 살펴볼 수 있습니다.

문자	기 능	비고
z+	다음 메일 헤더들을 화면 가득 보여줍니다.	next screenful
z-	이전 메일 헤더들을 화면 가득 보여줍니다.	previous screenful
h	어느 때고 메일 헤더들을 화면에 다시 보여줍니다.	redisplay

mailx 명령 실행결과 읽을 메일이 있으면 첫 화면에 보여주는 것을 메일 헤더(mail header) 라고 합니다. 메일 헤더는 다음과 같은 내용으로 구성되어 있습니다.

- mailx 프로그램 버전
- 도움말이 필요시 ?을 입력하라는 메시지
- 메일박스의 위치
- 다음과 같은 메일박스의 상태
  - 메일박스에 있는 총 메시지의 수
  - 새로운 메시지의 수
  - 각 메시지의 상태(새 메시지 또는 읽지 않은 메시지 등)
  - 메일을 수신한 순서에 따른 각 메시지의 번호
  - 보낸 사람(사용자 및 컴퓨터 이름)

– 메시지를 보낸 날짜 및 시간
– 메시지의 크기 (메시지의 라인 수/문자 수)
– 메시지의 제목

메일 헤더

새로운 메시지이거나 이전에 수신한 메시지인데 아직 읽지 않은 메시지의 경우에는 다음과 같은 문자 중 하나가 표시됩니다.

문자	기 능	비고
N	새로운 메시지를 나타냅니다.	new
U	이전에 받은 메시지로 이전의 mailx 프로그램에서 읽지 않은 메시지입니다.	unread
R	새로운 메시지로 이번 mailx 프로그램에서 읽은 메시지입니다.	read
O	이전에 읽은 메시지로 현재의 메일박스에 저장되어 있는 메시지입니다.	
〉	현재의 메시지를 가리킵니다.	

첫 번째 메시지를 읽으려면 메일 프롬프트(?)에서 <Enter> 키를 칩니다. 그러면 첫 메일의 메시지가 화면에 나타난다. 물론 '>' 기호가 첫 번째 위치하지 않고 다른 곳에 있는 경우에는 '>' 기호가 위치한 메일의 메시지(현재의 메시지)가 나타납니다.

바로 다음 번 메시지를 읽으려면 <Enter> 키를 칩니다.

특정한 메시지를 선택하여 읽으려면 메일 프롬프트에서 그 메시지의 번호를 입력하고 <Enter> 키를 칩니다.

```
ckuser2 $ mailx
mailx version 5.0  도움말을 보려면 ?를 입력하십시오.
"/usr/mail/ckuser2": 3개 메시지 3개 신규
>N  1 ckuser@solpark     Tue Oct 19 16:48   17/572   test1
 N  2 ckuser2@solpark    Tue Oct 19 17:07   17/578   test2
 N  3 ckuser2@solpark    Tue Oct 19 17:08   17/577   test3
?<Enter>
Message  1:
From ckuser@solpark Tue Oct 19 16:48:13 2010
Date: Tue, 19 Oct 2010 16:48:13 +0900 (KST)
```

```
From: ckuser@solpark
To: ckuser2@solpark
Subject: test1

I love Unix.

? 3
Message  3:
From ckuser2@solpark Tue Oct 19 17:08:23 2010
Date: Tue, 19 Oct 2010 17:08:23 +0900 (KST)
From: ckuser2@solpark
To: ckuser2@solpark
Subject: test3

We love Unix.

?
```

메시지 삭제

메일 메시지를 삭제하려면 ? 프롬프트에서 d 명령(**d**elete)을 사용합니다.

다음은 현재의 메시지를 삭제하는 예입니다.

```
? d
```

현재의 메시지가 아닌 메시지를 삭제하려면 해당 메시지의 번호(여러 개도 가능)를 입력합니다. 다음은 한 번에 여러 개의 메시지를 삭제하는 예입니다.

```
? d 2 3
```

메시지 번호의 범위를 주어 메시지를 삭제할 수 있습니다. 다음은 1번부터 3번 메시지를 한 번에 삭제하는 예입니다.

```
? d 1-3
```

메시지 삭제 취소

삭제한 메시지를 되살릴 수 있습니다. 삭제를 취소하려면 u 명령(**u**ndelete)을 사용하는데 사용 방법은 위의 d (삭제) 명령과 동일합니다. 단 mailx 프로그램을 종료하기 전까지만 삭제를 취소할 수 있습니다.

메시지 번호의 범위를 주어 메시지 삭제를 취소할 수 있습니다. 다음은 1번부터 3번 메시지 삭제를 한 번에 취소하는 예입니다.

```
? u 1 2 3
```

```
? u 1-3
```

메일 답장

현재의 메시지에 대하여 답장하려면 mailx 프로그램 내에서 r 명령(reply)을 사용합니다.

```
ckuser2 $ mailx
mailx version 5.0  도움말을 보려면 ?를 입력하십시오.
"/usr/mail/ckuser2": 1개 메시지 1개 읽지 않음
>U  1 ckuser2@solpark    Tue Oct 19 17:07   18/588   test2
? 1
Message  1:
From ckuser2@solpark Tue Oct 19 17:07:59 2010
Date: Tue, 19 Oct 2010 17:07:58 +0900 (KST)
From: ckuser2@solpark
To: ckuser2@solpark
Subject: test2

You love Unix.

? r
To: ckuser2@solpark
Subject: Re: test2

I think so.
.<Enter>
EOT
?
```

현재의 메시지가 아닌 메시지에 대하여 답장을 하려면 해당 메시지의 번호를 입력합니다.

```
? r 3
```

현재의 메시지를 보낸 사람뿐 아니라 이 메시지를 수신한 모든 사람에게 답장을 하려면 R 명령을 입력합니다.

```
? R
```

현재의 메시지가 아닌 메시지에 대하여 이 메시지를 보낸 사람뿐 아니라 동일한 메시지를 수신한 모든 사람에게 답장을 하려면 다음과 같이 명령을 입력합니다.

```
? R 2
```

참고

☞ **r 명령과 R 명령 구분을 확실히**
메시지에 대한 답장을 할 때에는 r 명령과 R 명령을 구분하여 잘 사용하여야 합니다.
R 명령을 잘못 사용하면 원하지 않은 사람들에게도 메시지가 보내질 수도 있습니다.

메일 저장

현재의 메시지를 파일로 저장(**save**)할 수도 있습니다. 이 파일은 사용자의 홈 디렉토리에 저장됩니다.

```
? s filename
```

물론 현재의 메시지가 아닌 메시지를 파일로 저장하려면 메시지 번호를 함께 입력하면 됩니다.

```
? s <message number> filename
```

메일 인쇄

메일 메시지를 lp 명령과 파이프(|)를 이용하여 사용자의 디폴트 프린터(default printer)로 출력할 수 있습니다.

다음은 3번 메시지를 프린트하는 예입니다.

```
? |3 lp
```

메일 종료

메일 프로그램을 종료하려면 q 명령(**q**uit)을 입력합니다.

```
? q
```

q 명령으로 종료하면 읽지 않은 메시지들은 메일서버의 사용자의 계정 디렉토리(/usr/mail/*username*)에 그대로 남아 있고, 읽은 메시지들은 사용자의 홈 디렉토리의 메일박스(mbox) 파일에 저장됩니다.

```
ckuser2 $ cd
ckuser2 $ ls -l mbox
-rw-------   1 ckuser2  other     1760 10월 19일  17:35 mbox
ckuser2 $ ls -l /usr/mail/ckuser2
-rw-rw----   1 ckuser2  mail       579 10월 19일  17:08 /usr/mail/ckuser2
```

변경된 내용을 저장하지 않고 그대로 종료하려면 x 명령(e**x**it)을 사용합니다.

```
? x
```

사용자의 홈 디렉토리에 있는 메일박스(mbox) 파일에 들어 있는 메시지를 읽으려면 셸 프롬프트에서 다음과 같은 명령을 입력합니다.

```
ckuser2 $ mailx -f
mailx version 5.0  도움말을 보려면 ?를 입력하십시오.
"/export/home/ckuser2/mbox": 3개 메시지
>O  1 ckuser@solpark    Tue Oct 19 16:48   18/583   test1
 O  2 ckuser2@solpark   Tue Oct 19 17:08   18/588   test3
 O  3 ckuser2@solpark   Tue Oct 19 17:07   18/589   test2
?
```

파일 이용 메일 보내기

mailx 명령과 표준입력 리다이렉션(<)을 사용하여 파일의 내용을 메일로 보낼

수 있습니다.

다음은 미리 작성된 loveletter 파일의 내용을 ckuser2 사용자에게 보내는 예입니다.

```
ckuser $ mail ckuser2 < loveletter
```

위의 경우에는 메일의 제목 없이 보내집니다. 메일에 제목을 붙여서 보내려면 다음과 같이 -s 옵션(subject)을 함께 사용합니다.

```
ckuser $ mail -s "test4" ckuser2 < loveletter
```

메일 앨리어스 작성

메일 앨리어스를 이용하여 여러 사람에게 한 번에 메일을 보낼 수 있습니다. 즉 동일한 메시지를 어떤 한 그룹의 모든 사람들에게 보낼 때 사용합니다. 메일 앨리어스는 배포 목록(distribution list)이라고도 합니다.

메일 앨리어스를 만들거나 추가하려면 vi 프로그램을 이용하여 사용자의 홈 디렉토리에 있는 .mailrc 파일에 다음과 같이 작성해 주면 됩니다.

```
$ cd ~
$ vi .mailrc
alias mobile ckuser5 ckuser6 ckuser7 ckuser8 ckuser9
~
~
:wq
".mailrc" [newfile]
$
```

위와 같이 .mailrc 파일에 alias 를 등록하게 되면 됩니다. 그 사용 형식을 다음과 같습니다.

다음 예는 위에서 등록한 mobile이라는 앨리어스를 사용하여 ckuser5 ckuser6 ckuser7 ckuser8 ckuser9에게 한 번에 메일을 보내는 경우입니다.

```
$ mail mobile
```

찾아보기

저자약력

박 영 준

- 고려대학교 공과대학 산업공학과 졸업
- 고려대학교 경영대학원 전자정보처리론 전공 수료
- 청강문화산업대학 전자계산소장
- (현) 청강문화산업대학 사이버정보보안과 교수

유닉스 에센셜

2010년 11월 25일 1판 1쇄 발행

저 자 박 영 준
발행인 남 승 우

발행처 도서출판 상尙 학學 당堂
서울특별시 동작구 사당3동 220-43
TEL : 02) 595-1692~4
FAX : 02) 595-1394
E-mail : namdoo6@unitel.co.kr
신고 : 2-155호 (1968. 11. 29)

정가 22,000원

ISBN 978-89-93383-96-6 93000